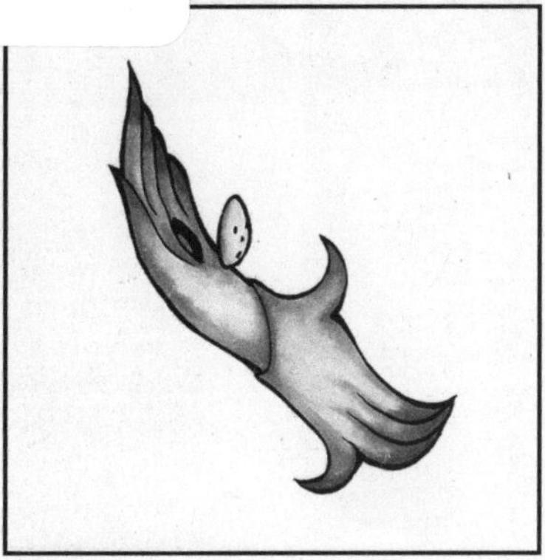

KOHEI HORIKOSHI

Vielen Dank, dass du Band 37 in die Hand genommen hast! Ich bewundere Menschen, die es schaffen, in harten Zeiten optimistisch zu bleiben.

MY HERO ACADEMIA Vol. 37

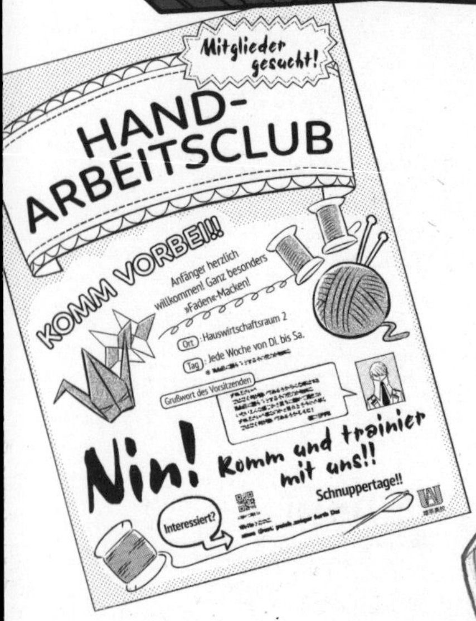

Ein »Handarbeitsclub« war es nur dem Namen nach. Inhaltlich war es reines Heldentraining. Die Macken der beiden funktionieren ähnlich. Nach Edgeshots Jahrgang gab es keinen Handarbeitsclub mehr.

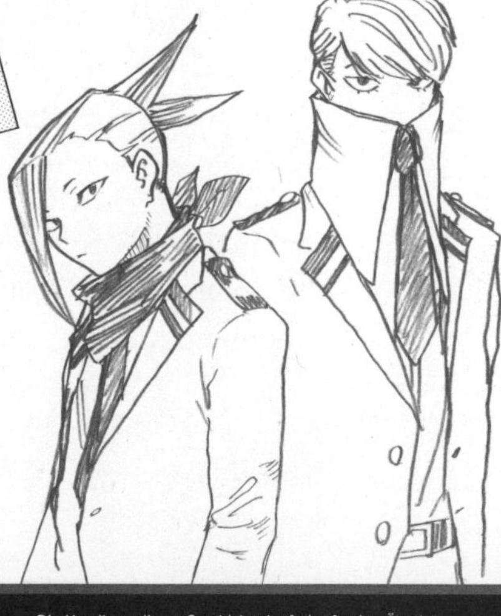

VERTEIDIGER UND ANGREIFER

CARLSEN MANGA

Völckersstraße 14-20, 22765 Hamburg
Aus dem Japanischen von Antje Bockel

Redaktion: Anne Berling | Textbearbeitung: Steffen Haubner
Produktionsmanagement: Wiebke Düsedau
Grafik: Sonnenfisch Production – Laura Bartels

ISBN: 978-3-551-79986-9

MY HERO ACADEMIA VOL. 37

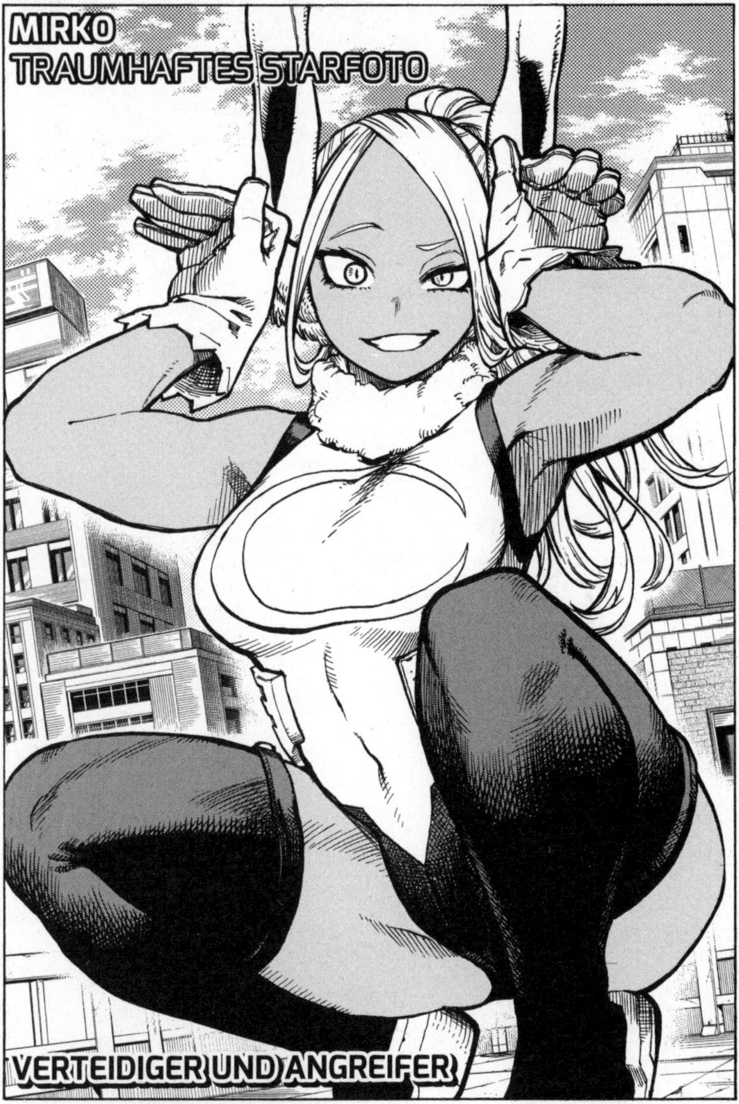

KOHEI HORIKOSHI

Vol. 37

MY HERO ACADEMIA

CONTENTS

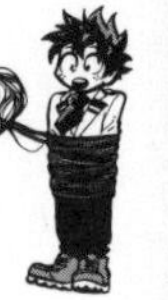

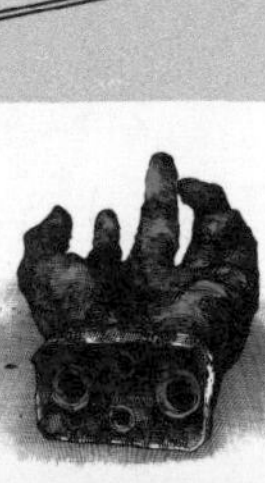

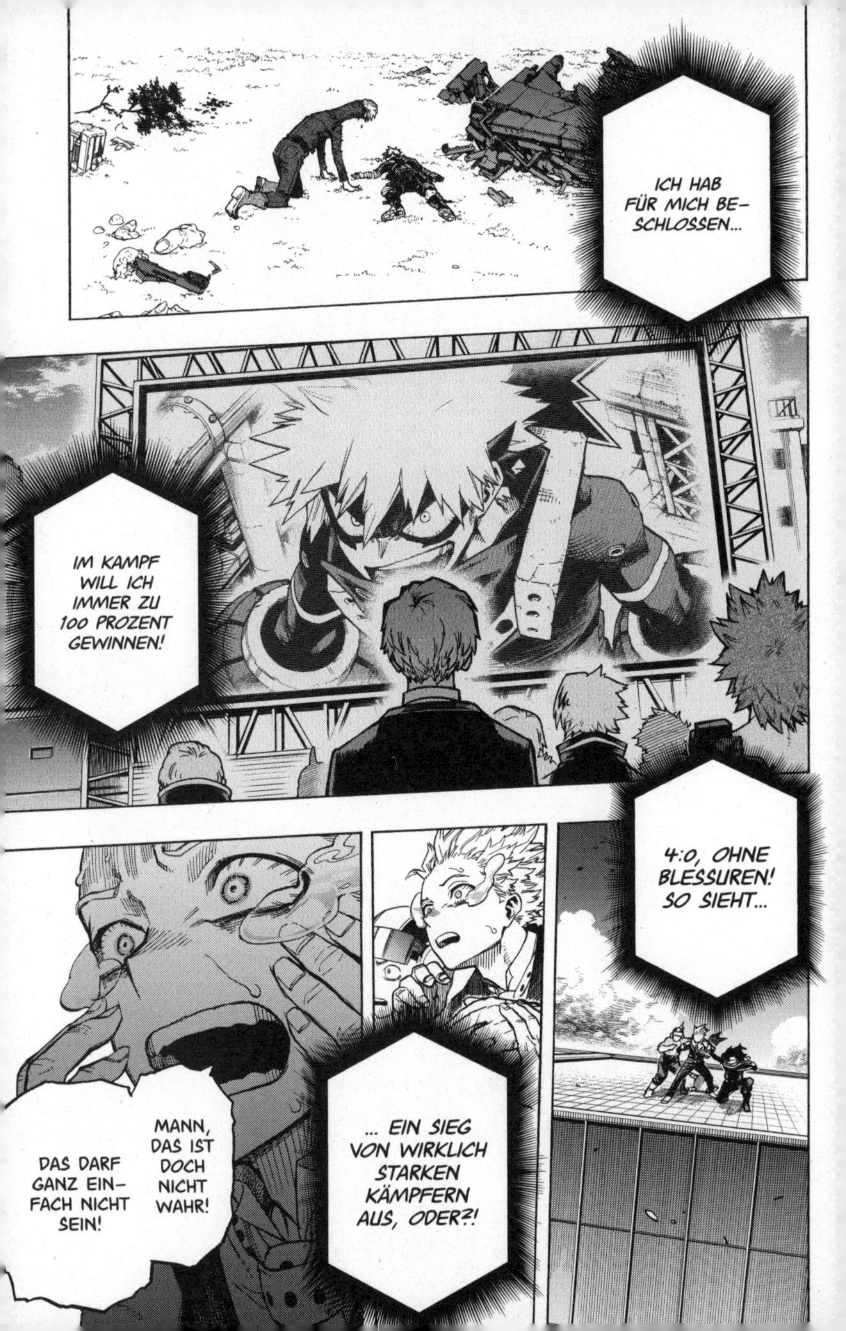
ICH HAB FÜR MICH BE-SCHLOSSEN...
IM KAMPF WILL ICH IMMER ZU 100 PROZENT GEWINNEN!
4:0, OHNE BLESSUREN! SO SIEHT...
... EIN SIEG VON WIRKLICH STARKEN KÄMPFERN AUS, ODER?!
MANN, DAS IST DOCH NICHT WAHR!
DAS DARF GANZ EIN-FACH NICHT SEIN!

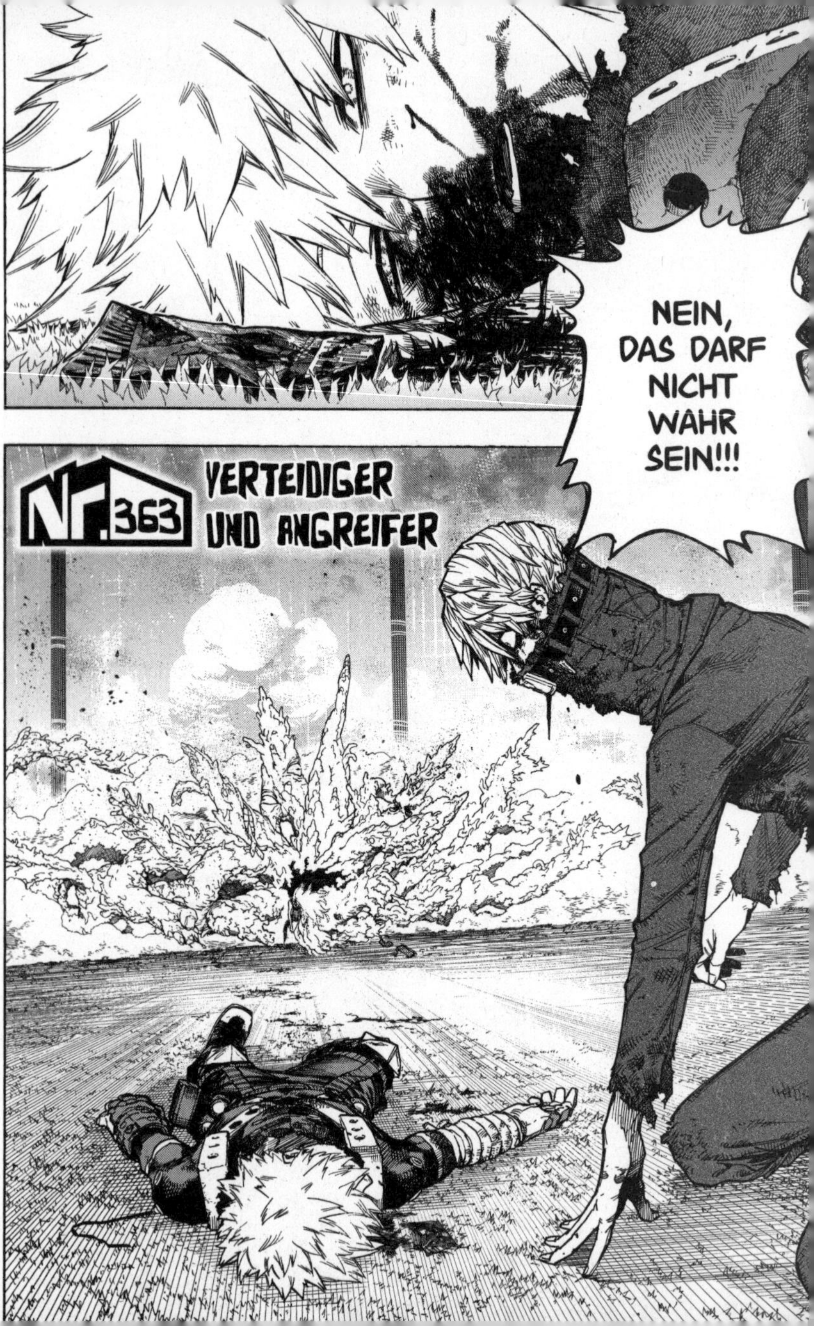
NEIN, DAS DARF NICHT WAHR SEIN!!!
NR. 363
VERTEIDIGER UND ANGREIFER

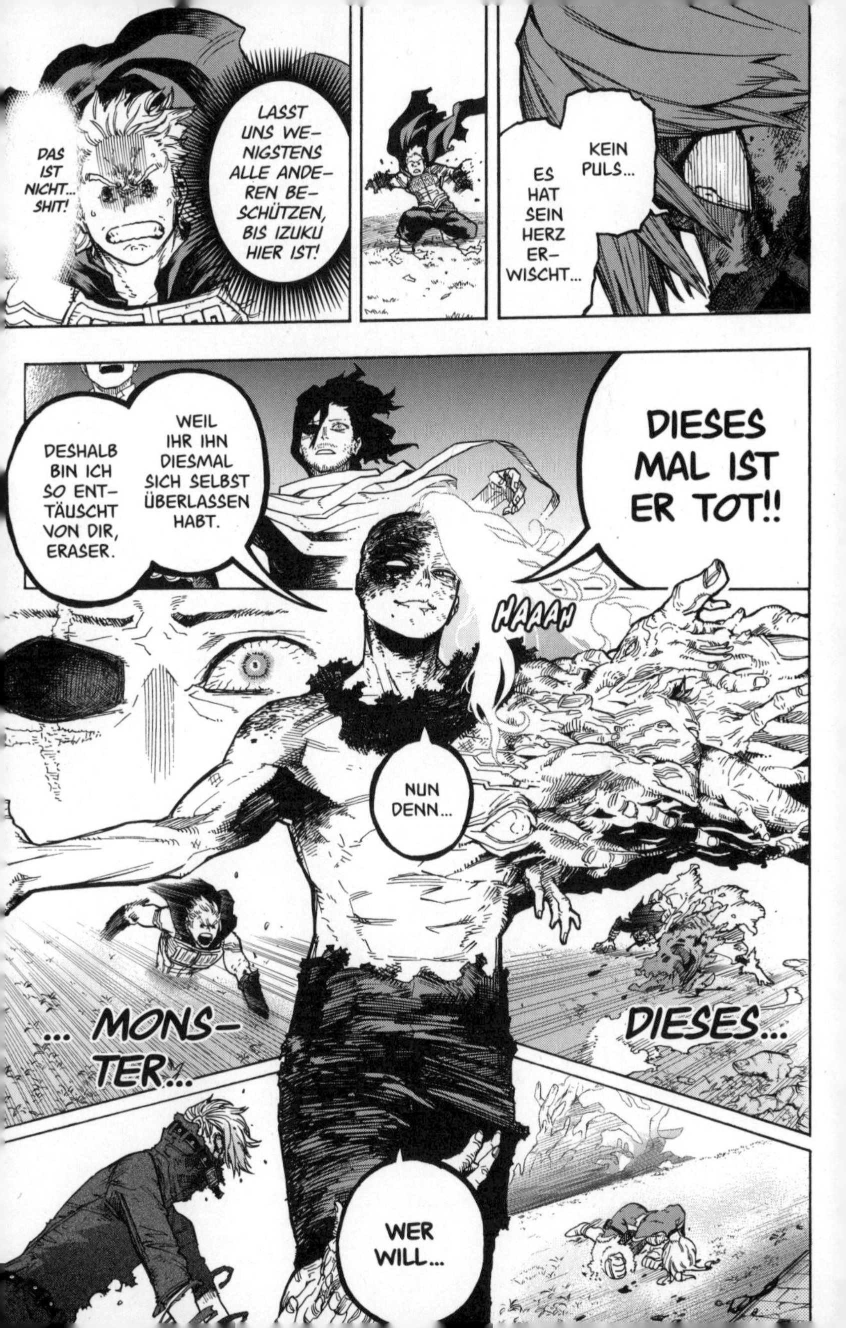
KEIN PULS...
ES HAT SEIN HERZ ERWISCHT...
LASST UNS WENIGSTENS ALLE ANDEREN BESCHÜTZEN, BIS IZUKU HIER IST!
DAS IST NICHT... SHIT!
DIESES MAL IST ER TOT!!
WEIL IHR IHN DIESMAL SICH SELBST ÜBERLASSEN HABT.
DESHALB BIN ICH SO ENTTÄUSCHT VON DIR, ERASER.
HAAAH
NUN DENN...
DIESES...
... MONSTER...
WER WILL...

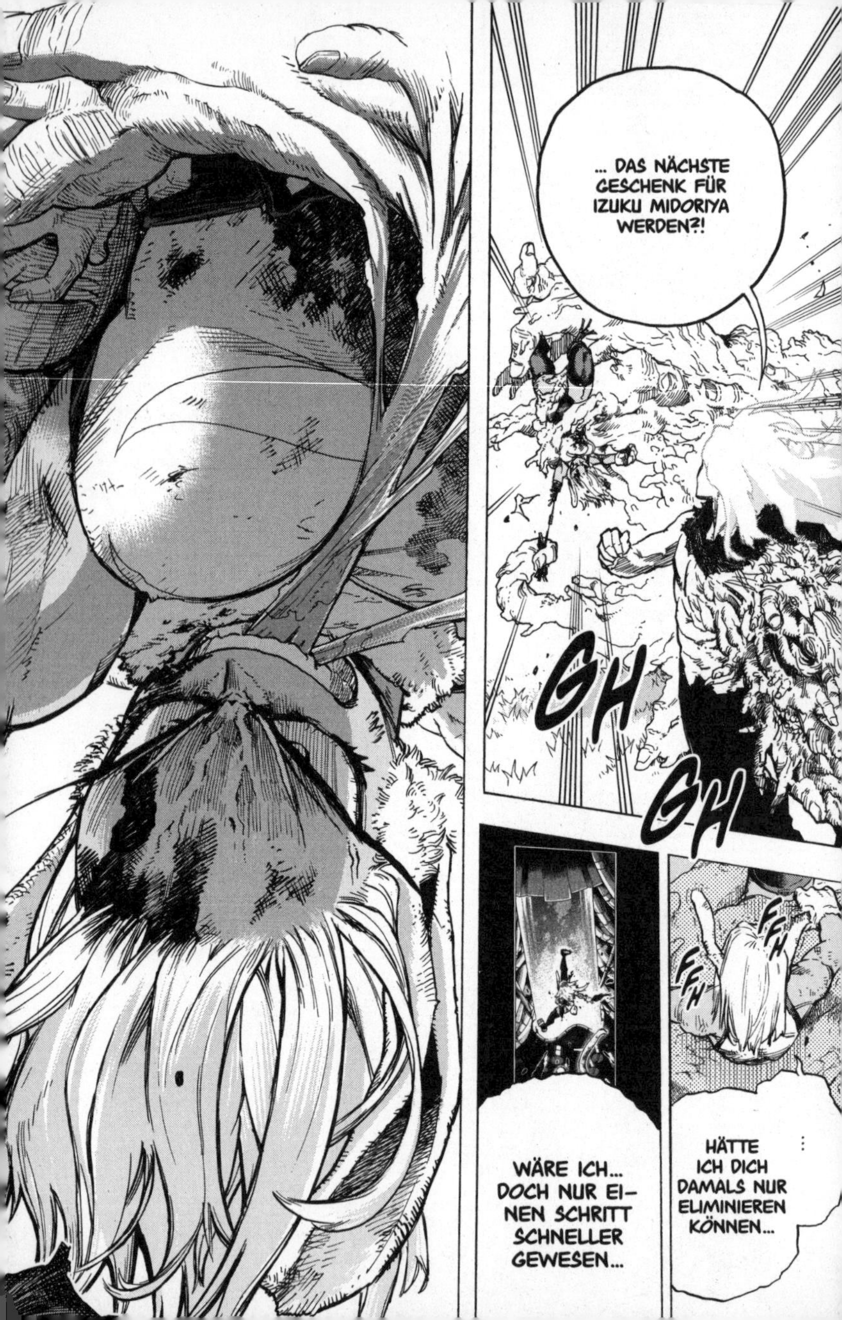
... DAS NÄCHSTE GESCHENK FÜR IZUKU MIDORIYA WERDEN?!
GH
GH
FFH
FFH
HÄTTE ICH DICH DAMALS NUR ELIMINIEREN KÖNNEN...
WÄRE ICH... DOCH NUR EI-NEN SCHRITT SCHNELLER GEWESEN...

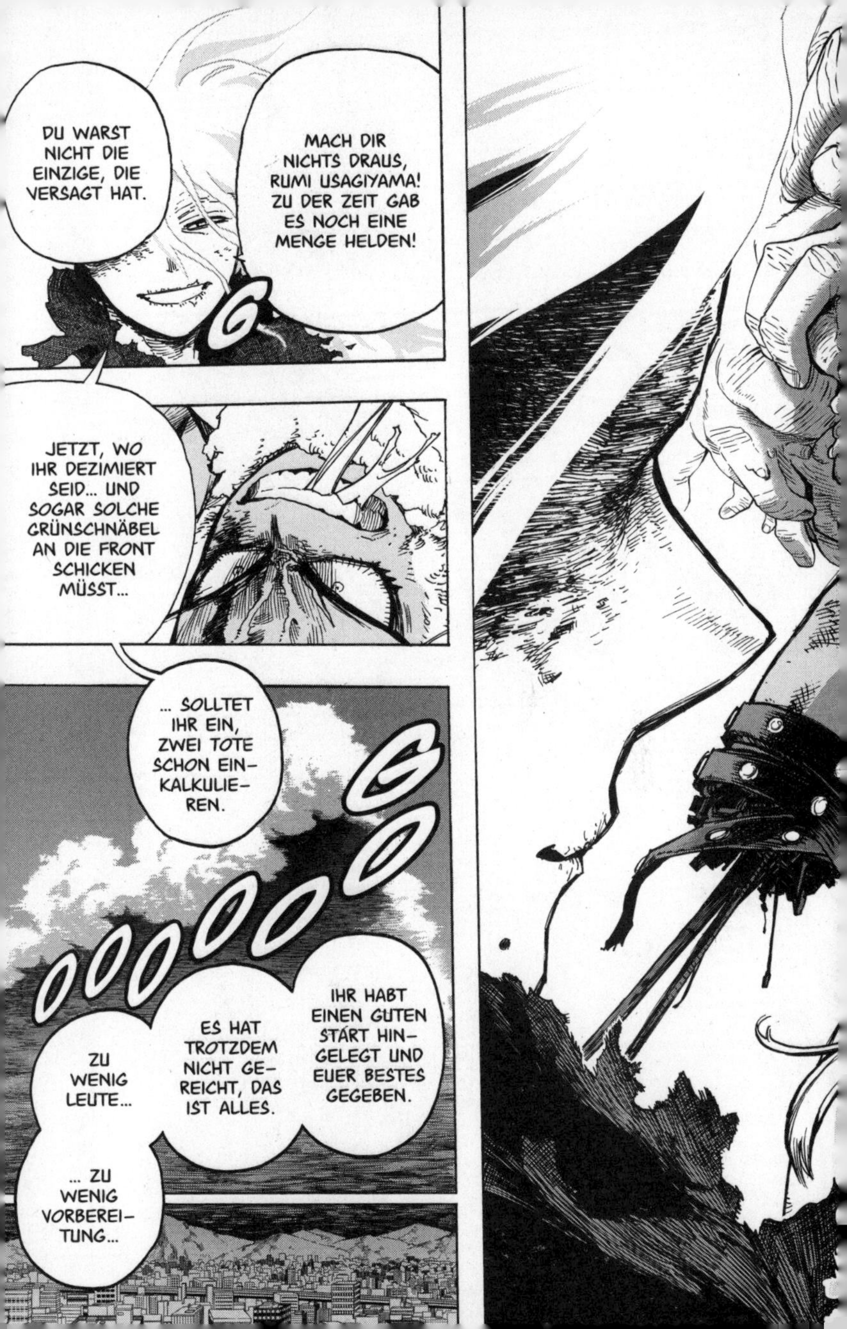
MACH DIR NICHTS DRAUS, RUMI USAGIYAMA! ZU DER ZEIT GAB ES NOCH EINE MENGE HELDEN!
DU WARST NICHT DIE EINZIGE, DIE VERSAGT HAT.
JETZT, WO IHR DEZIMIERT SEID... UND SOGAR SOLCHE GRÜNSCHNÄBEL AN DIE FRONT SCHICKEN MÜSST...
... SOLLTET IHR EIN, ZWEI TOTE SCHON EIN-KALKULIE-REN.
GGOOOOOOOO
IHR HABT EINEN GUTEN START HIN-GELEGT UND EUER BESTES GEGEBEN.
ES HAT TROTZDEM NICHT GE-REICHT, DAS IST ALLES.
ZU WENIG LEUTE...
... ZU WENIG VORBEREI-TUNG...

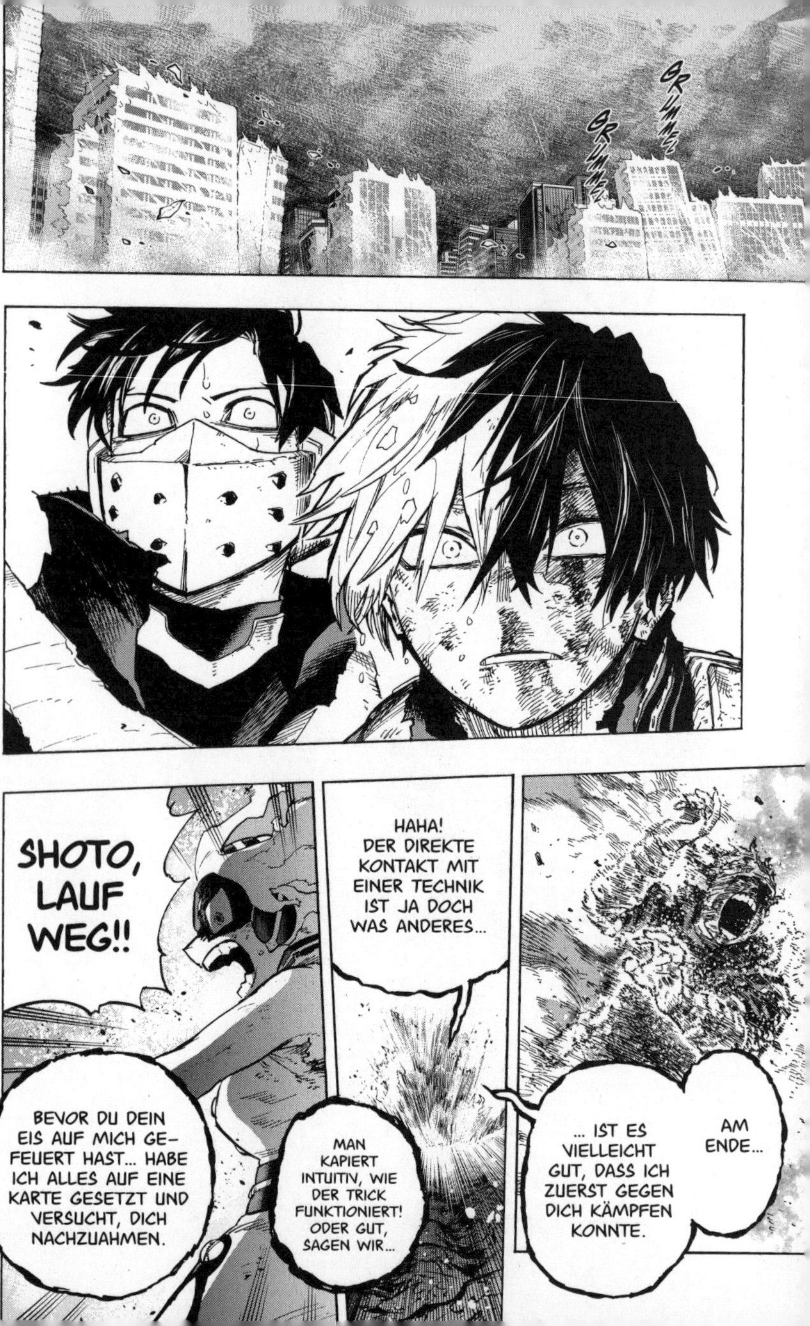
GRUMMEL
GRUMMEL
SHOTO, LAUF WEG!!
HAHA! DER DIREKTE KONTAKT MIT EINER TECHNIK IST JA DOCH WAS ANDERES...
BEVOR DU DEIN EIS AUF MICH GE- FEUERT HAST... HABE ICH ALLES AUF EINE KARTE GESETZT UND VERSUCHT, DICH NACHZUAHMEN.
MAN KAPIERT INTUITIV, WIE DER TRICK FUNKTIONIERT! ODER GUT, SAGEN WIR...
AM ENDE...
... IST ES VIELLEICHT GUT, DASS ICH ZUERST GEGEN DICH KÄMPFEN KONNTE.

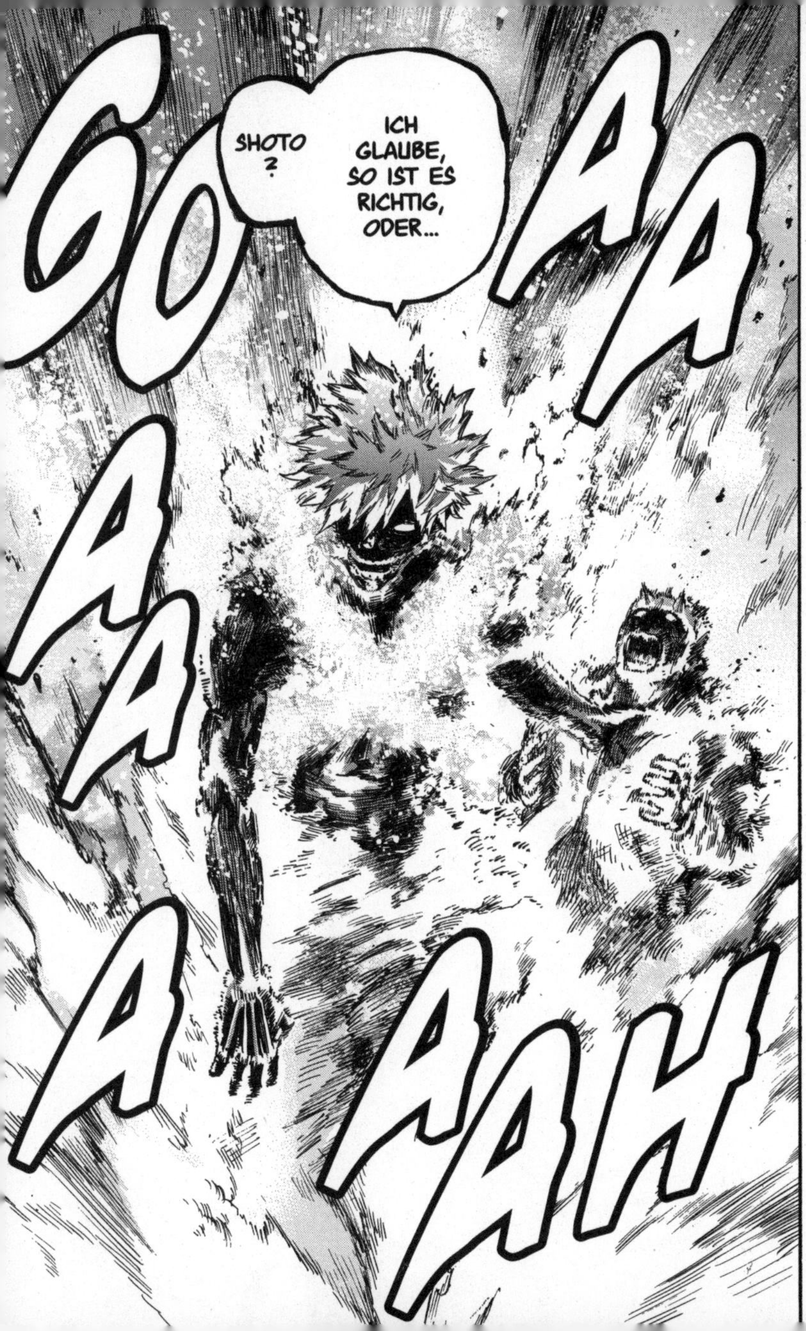

GOOAAAAAAAAH
ICH GLAUBE, SO IST ES RICHTIG, ODER...
SHOTO?

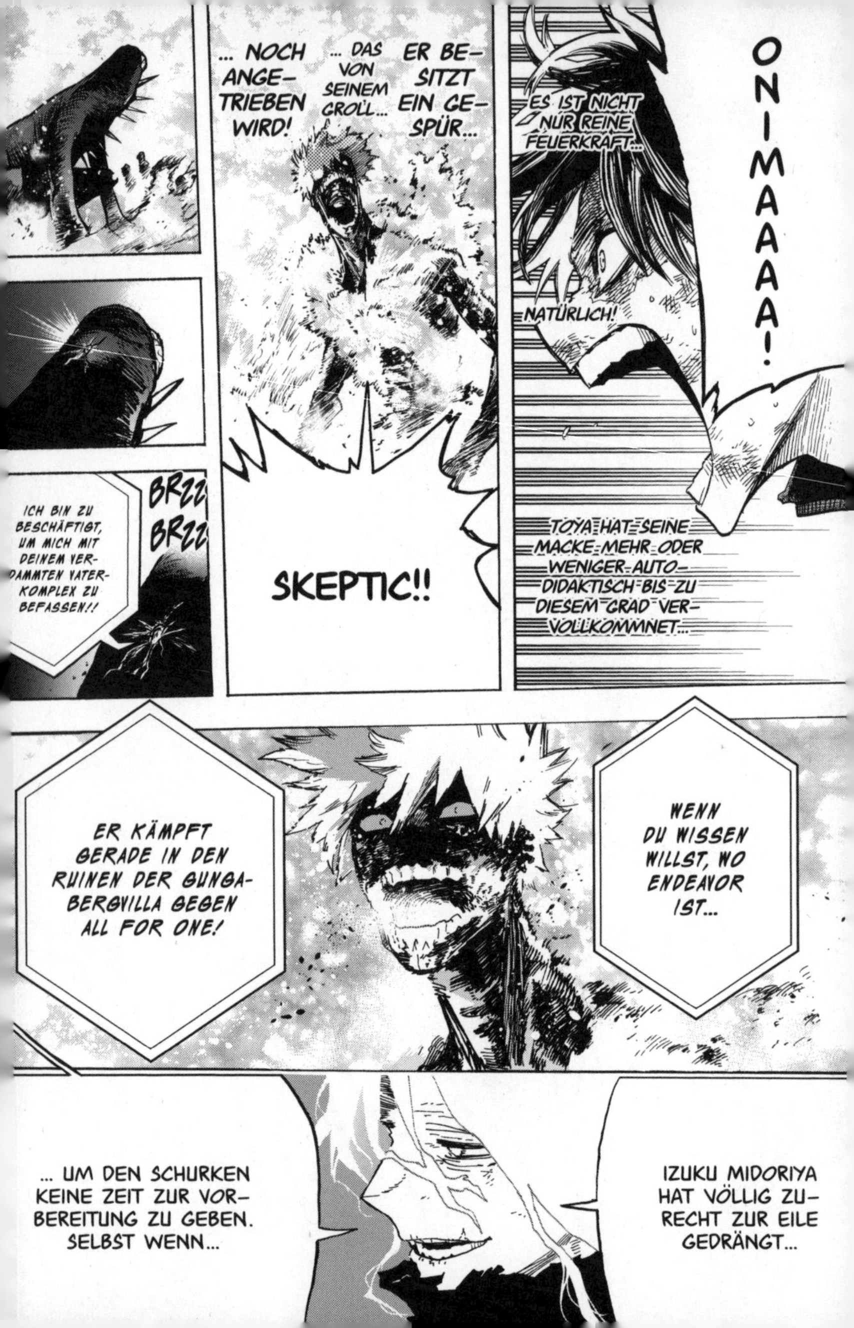
ONIMAAAAA!
ES IST NICHT NUR REINE FEUERKRAFT...
NATÜRLICH!
TOYA HAT SEINE MACKE MEHR ODER WENIGER AUTODIDAKTISCH BIS ZU DIESEM GRAD VERVOLLKOMMNET...
ER BESITZT EIN GESPÜR...
... DAS VON SEINEM GROLL...
... NOCH ANGETRIEBEN WIRD!
SKEPTIC!!
BRZZ
BRZZ
ICH BIN ZU BESCHÄFTIGT, UM MICH MIT DEINEM VERDAMMTEN VATERKOMPLEX ZU BEFASSEN!!
WENN DU WISSEN WILLST, WO ENDEAVOR IST...
ER KÄMPFT GERADE IN DEN RUINEN DER GUNGABERGVILLA GEGEN ALL FOR ONE!
IZUKU MIDORIYA HAT VÖLLIG ZURECHT ZUR EILE GEDRÄNGT...
... UM DEN SCHURKEN KEINE ZEIT ZUR VORBEREITUNG ZU GEBEN. SELBST WENN...

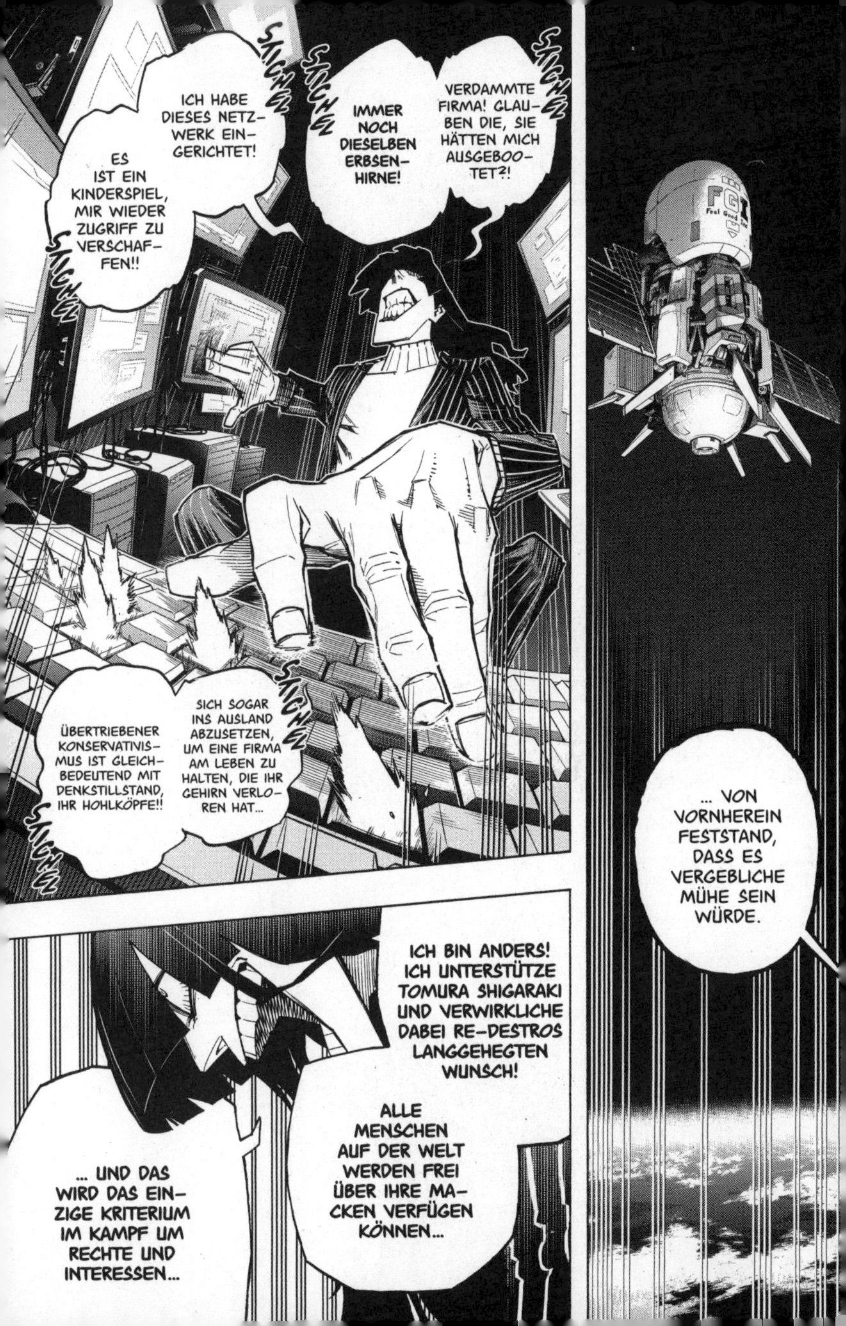
... VON VORNHEREIN FESTSTAND, DASS ES VERGEBLICHE MÜHE SEIN WÜRDE.
VERDAMMTE FIRMA! GLAUBEN DIE, SIE HÄTTEN MICH AUSGEBOOTET?!
IMMER NOCH DIESELBEN ERBSENHIRNE!
ICH HABE DIESES NETZWERK EINGERICHTET!
ES IST EIN KINDERSPIEL, MIR WIEDER ZUGRIFF ZU VERSCHAFFEN!!
SICH SOGAR INS AUSLAND ABZUSETZEN, UM EINE FIRMA AM LEBEN ZU HALTEN, DIE IHR GEHIRN VERLOREN HAT...
ÜBERTRIEBENER KONSERVATIVISMUS IST GLEICHBEDEUTEND MIT DENKSTILLSTAND, IHR HOHLKÖPFE!!
ICH BIN ANDERS! ICH UNTERSTÜTZE TOMURA SHIGARAKI UND VERWIRKLICHE DABEI RE-DESTROS LANGGEHEGTEN WUNSCH!
ALLE MENSCHEN AUF DER WELT WERDEN FREI ÜBER IHRE MACKEN VERFÜGEN KÖNNEN...
... UND DAS WIRD DAS EINZIGE KRITERIUM IM KAMPF UM RECHTE UND INTERESSEN...

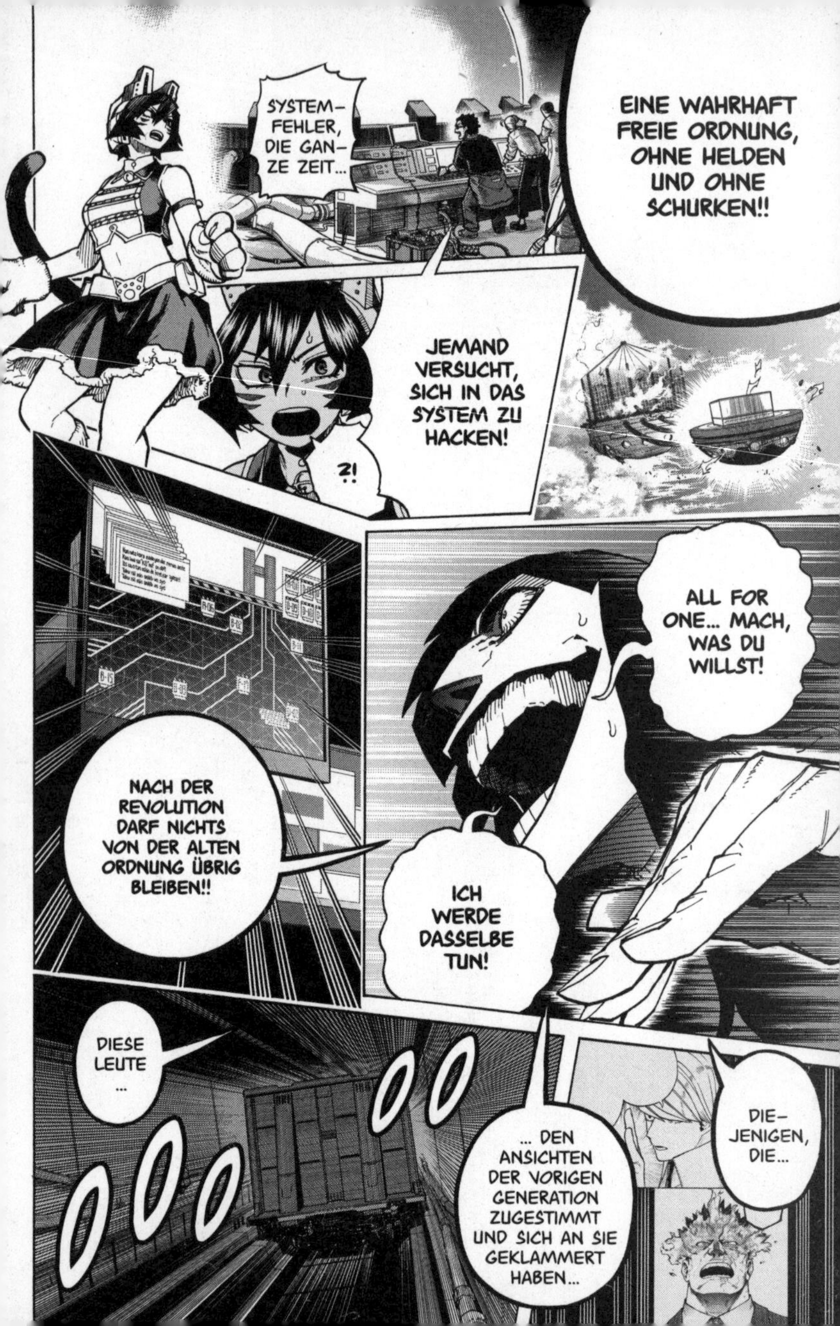
EINE WAHRHAFT FREIE ORDNUNG, OHNE HELDEN UND OHNE SCHURKEN!!
SYSTEM-FEHLER, DIE GAN-ZE ZEIT...
JEMAND VERSUCHT, SICH IN DAS SYSTEM ZU HACKEN!
Z!
ALL FOR ONE... MACH, WAS DU WILLST!
ICH WERDE DASSELBE TUN!
NACH DER REVOLUTION DARF NICHTS VON DER ALTEN ORDNUNG ÜBRIG BLEIBEN!!
DIE-JENIGEN, DIE...
... DEN ANSICHTEN DER VORIGEN GENERATION ZUGESTIMMT UND SICH AN SIE GEKLAMMERT HABEN...
DIESE LEUTE ...

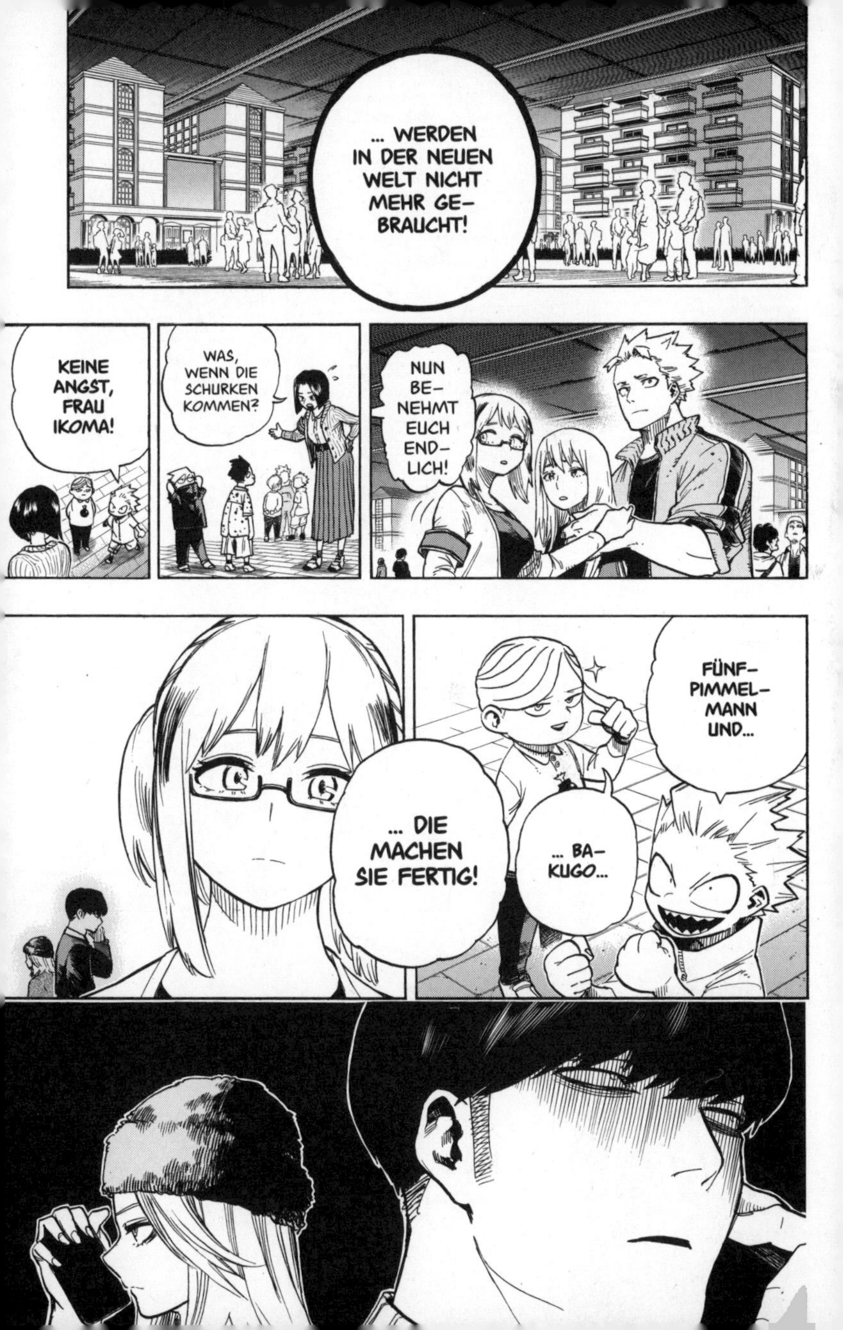
... WERDEN IN DER NEUEN WELT NICHT MEHR GE-BRAUCHT!
NUN BE-NEHMT EUCH END-LICH!
WAS, WENN DIE SCHURKEN KOMMEN?
KEINE ANGST, FRAU IKOMA!
FÜNF-PIMMEL-MANN UND...
... BA-KUGO...
... DIE MACHEN SIE FERTIG!

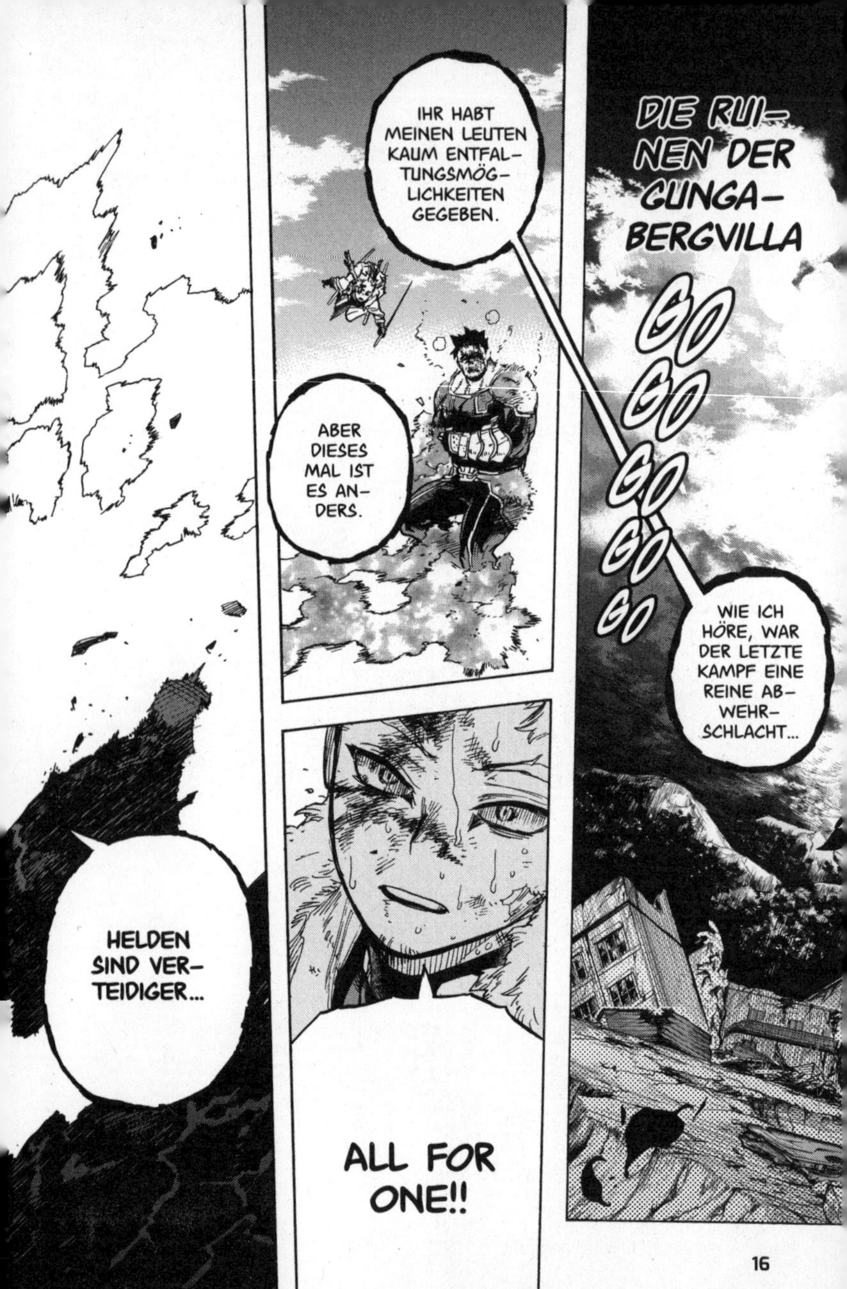
DIE RUINEN DER GUNGA-BERGVILLA
GO GO GO GO GO GO GO
WIE ICH HÖRE, WAR DER LETZTE KAMPF EINE REINE ABWEHRSCHLACHT...
IHR HABT MEINEN LEUTEN KAUM ENTFALTUNGSMÖGLICHKEITEN GEGEBEN.
ABER DIESES MAL IST ES ANDERS.
ALL FOR ONE!!
HELDEN SIND VERTEIDIGER...

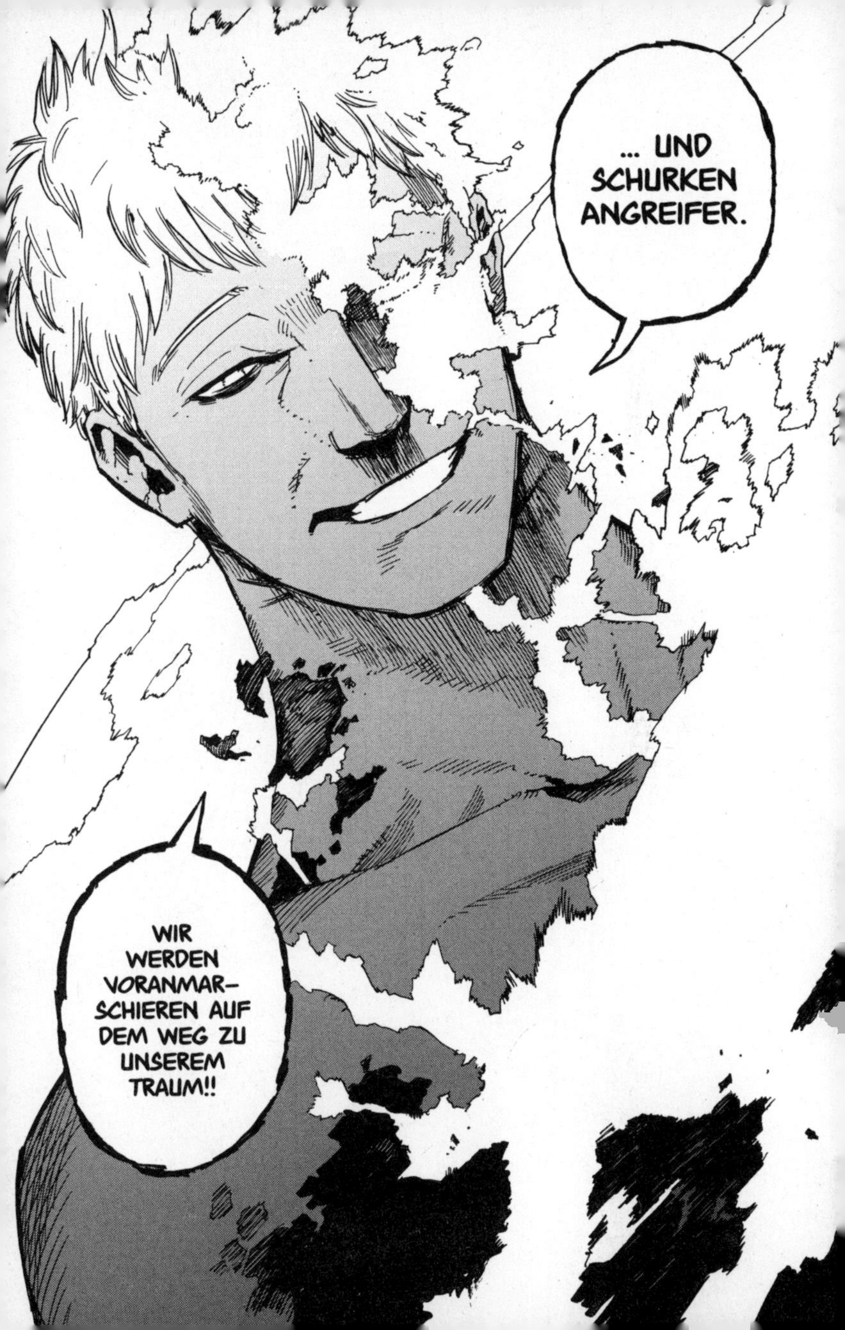
... UND SCHURKEN ANGREIFER.
WIR WERDEN VORANMAR-SCHIEREN AUF DEM WEG ZU UNSEREM TRAUM!!

Je länger ich Manga zeichne, desto bewusster wird mir, dass mir das Federzeichnen nicht so liegt. Ich möchte am liebsten nur mit dem Druckbleistift zeichnen… Ich will zeichnen!

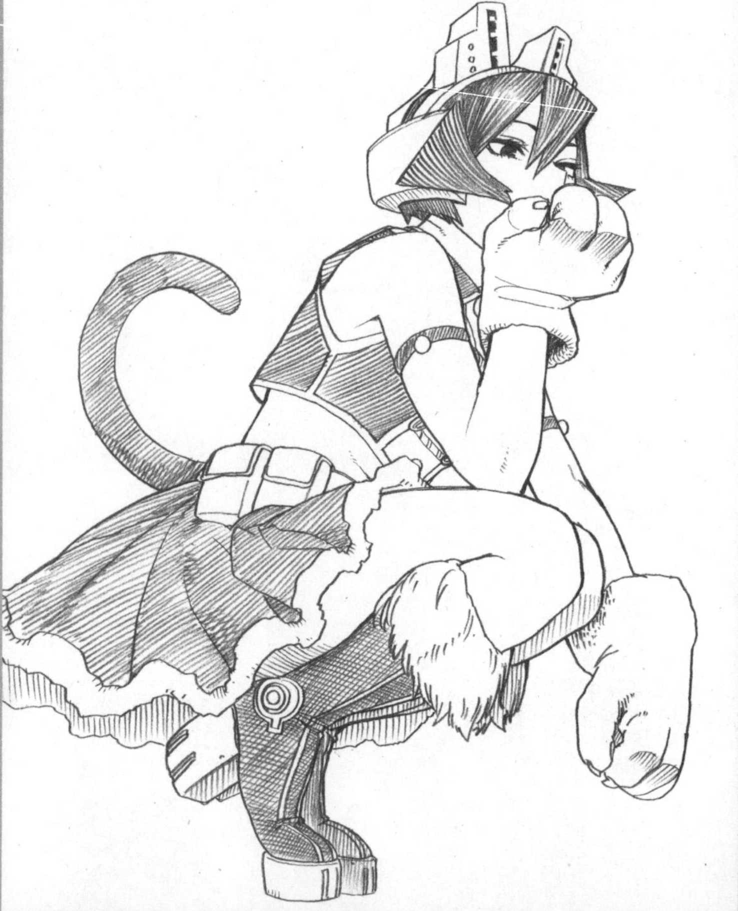

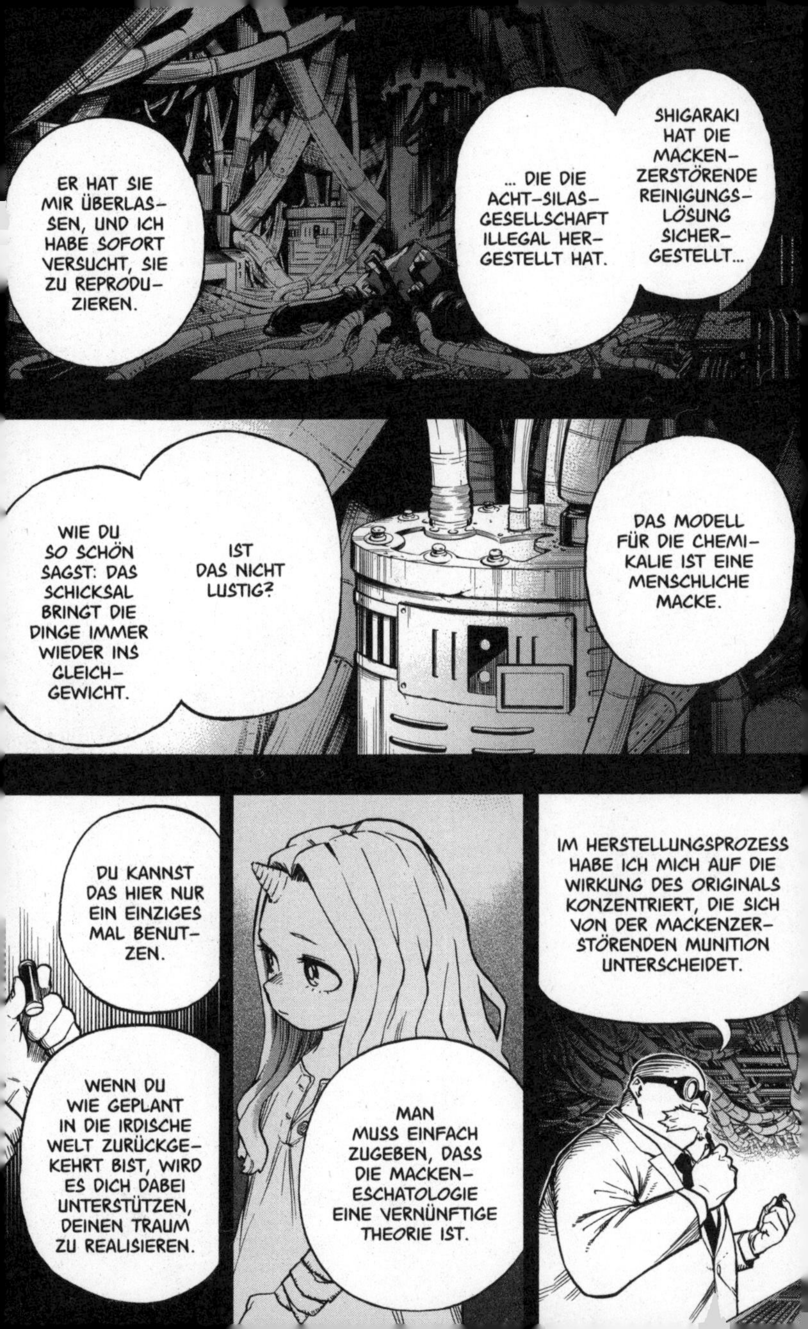
SHIGARAKI HAT DIE MACKEN-ZERSTÖRENDE REINIGUNGSLÖSUNG SICHERGESTELLT...
... DIE DIE ACHT-SILAS-GESELLSCHAFT ILLEGAL HERGESTELLT HAT.
ER HAT SIE MIR ÜBERLASSEN, UND ICH HABE SOFORT VERSUCHT, SIE ZU REPRODUZIEREN.
DAS MODELL FÜR DIE CHEMIKALIE IST EINE MENSCHLICHE MACKE.
IST DAS NICHT LUSTIG?
WIE DU SO SCHÖN SAGST: DAS SCHICKSAL BRINGT DIE DINGE IMMER WIEDER INS GLEICHGEWICHT.
IM HERSTELLUNGSPROZESS HABE ICH MICH AUF DIE WIRKUNG DES ORIGINALS KONZENTRIERT, DIE SICH VON DER MACKENZERSTÖRENDEN MUNITION UNTERSCHEIDET.
MAN MUSS EINFACH ZUGEBEN, DASS DIE MACKEN-ESCHATOLOGIE EINE VERNÜNFTIGE THEORIE IST.
DU KANNST DAS HIER NUR EIN EINZIGES MAL BENUTZEN.
WENN DU WIE GEPLANT IN DIE IRDISCHE WELT ZURÜCKGEKEHRT BIST, WIRD ES DICH DABEI UNTERSTÜTZEN, DEINEN TRAUM ZU REALISIEREN.

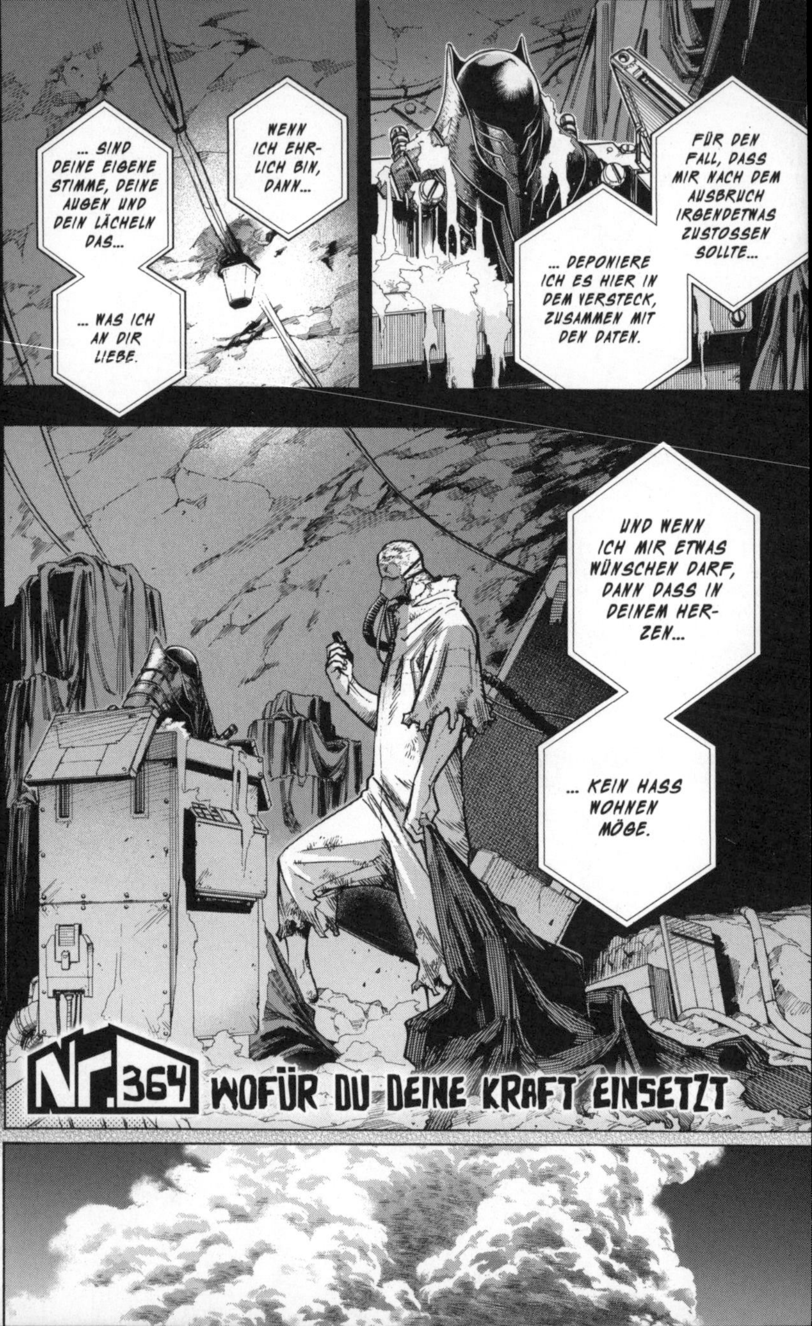
FÜR DEN FALL, DASS MIR NACH DEM AUSBRUCH IRGENDETWAS ZUSTOSSEN SOLLTE...
... DEPONIERE ICH ES HIER IN DEM VERSTECK, ZUSAMMEN MIT DEN DATEN.
WENN ICH EHRLICH BIN, DANN...
... SIND DEINE EIGENE STIMME, DEINE AUGEN UND DEIN LÄCHELN DAS...
... WAS ICH AN DIR LIEBE.
UND WENN ICH MIR ETWAS WÜNSCHEN DARF, DANN DASS IN DEINEM HERZEN...
... KEIN HASS WOHNEN MÖGE.
Nr.364 WOFÜR DU DEINE KRAFT EINSETZT

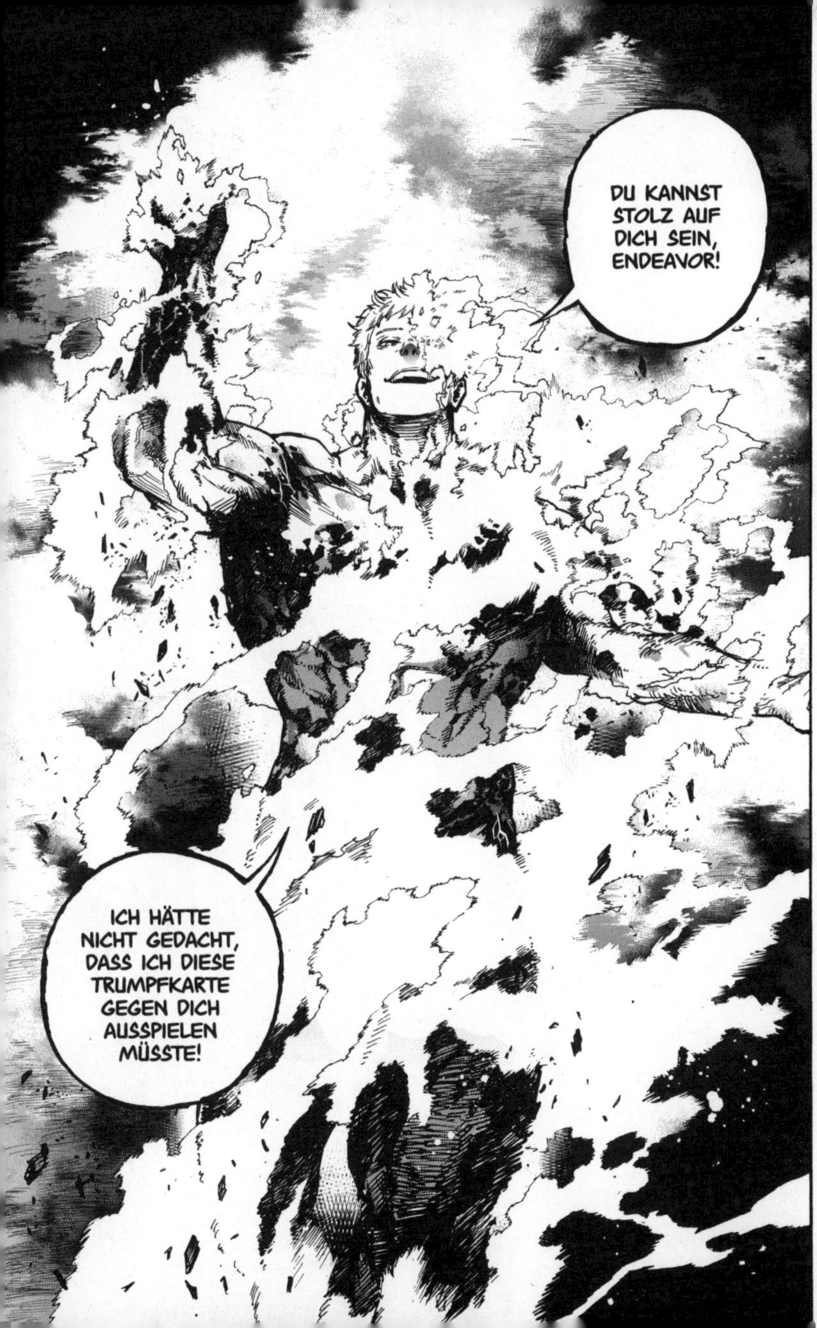
DU KANNST STOLZ AUF DICH SEIN, ENDEAVOR!
ICH HÄTTE NICHT GEDACHT, DASS ICH DIESE TRUMPFKARTE GEGEN DICH AUSSPIELEN MÜSSTE!

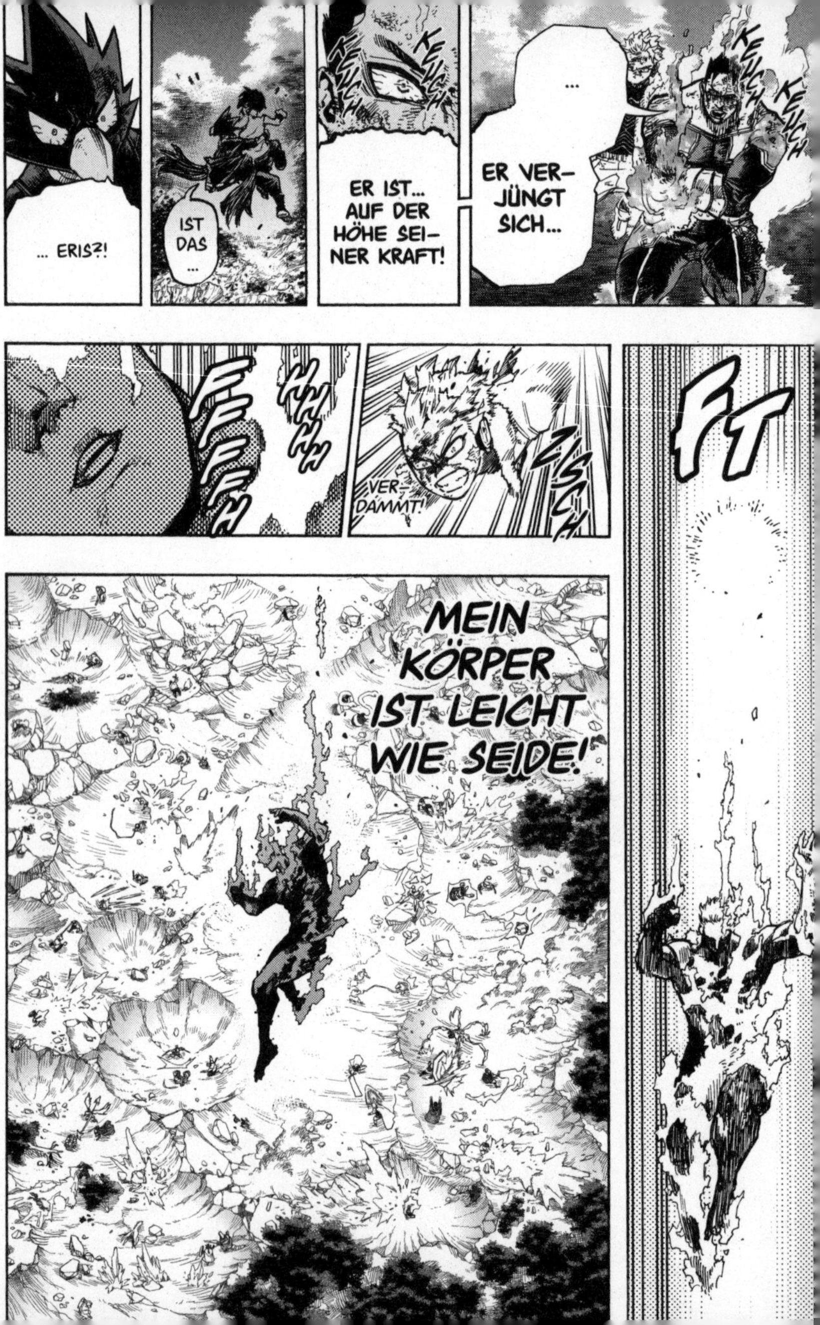
...
KEUCH
KEUCH
ER VER-
JÜNGT
SICH...
KEUCH
KEUCH
ER IST...
AUF DER
HÖHE SEI-
NER KRAFT!
IST
DAS
...
... ERIS?!
FT
ZISCH
VER-
DAMMT!
HHHHH
FFFFFH
MEIN
KÖRPER
IST LEICHT
WIE SEIDE!

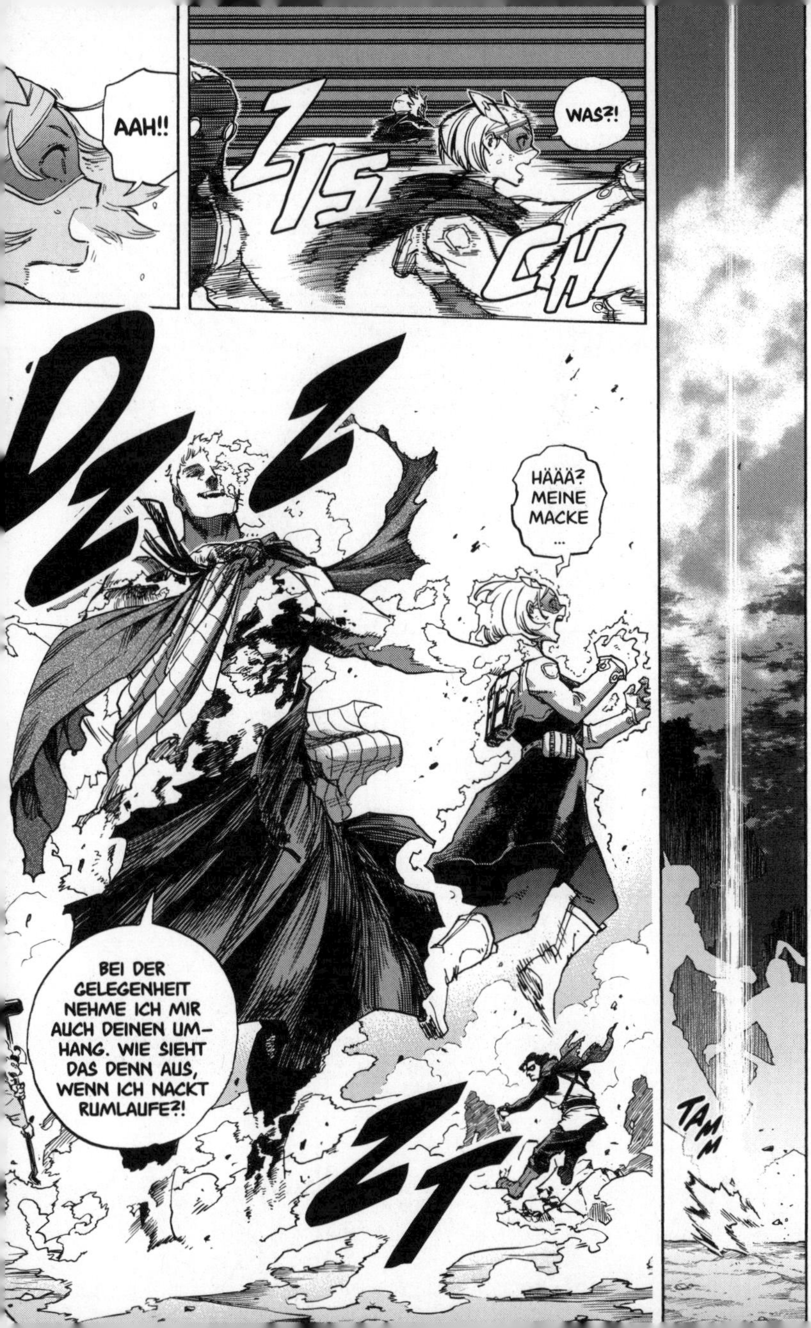
TAMM
WAS?!
ZISCH
AAH!!
HÄÄÄ? MEINE MACKE ...
BEI DER GELEGENHEIT NEHME ICH MIR AUCH DEINEN UM-HANG. WIE SIEHT DAS DENN AUS, WENN ICH NACKT RUMLAUFE?!

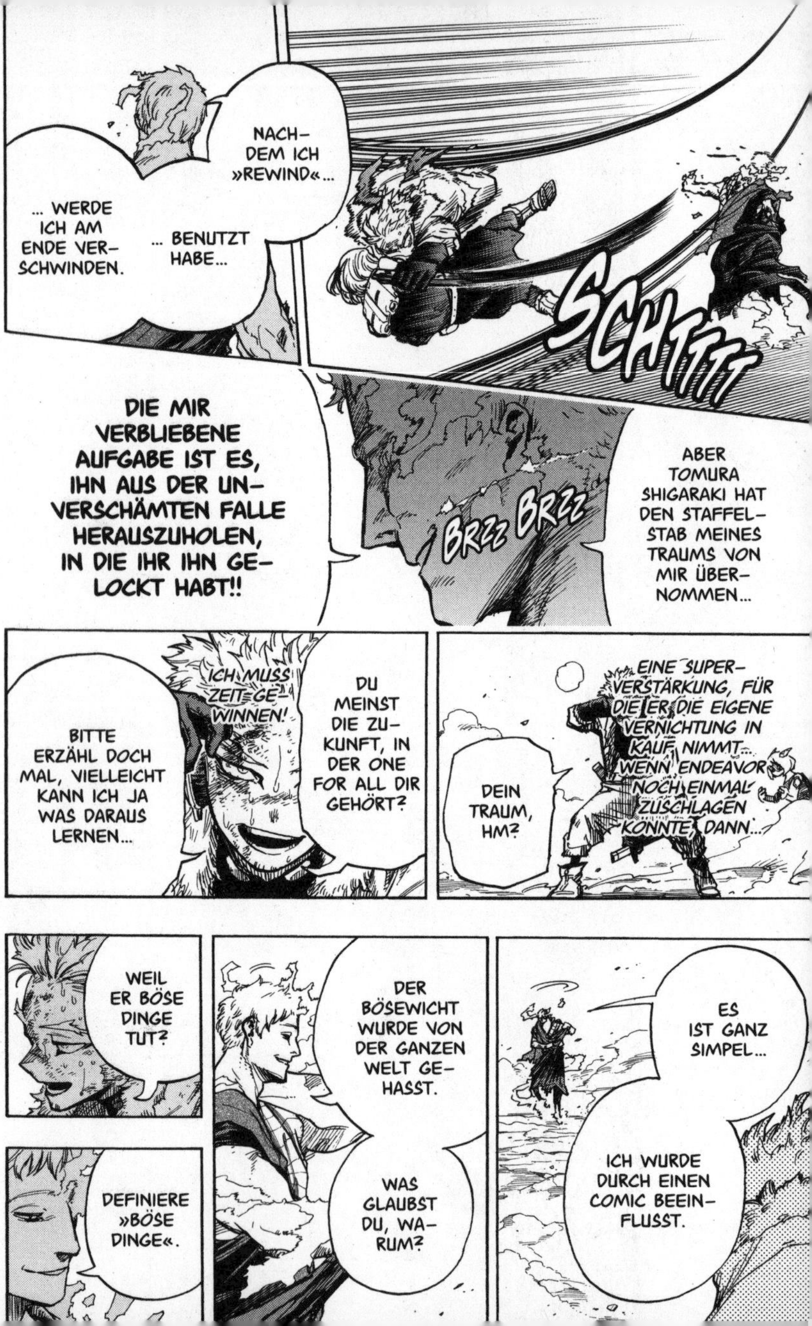
NACHDEM ICH »REWIND«...
... BENUTZT HABE...
... WERDE ICH AM ENDE VERSCHWINDEN.
SCHTTTT
ABER TOMURA SHIGARAKI HAT DEN STAFFELSTAB MEINES TRAUMS VON MIR ÜBERNOMMEN...
BRZZ BRZZ
DIE MIR VERBLIEBENE AUFGABE IST ES, IHN AUS DER UNVERSCHÄMTEN FALLE HERAUSZUHOLEN, IN DIE IHR IHN GELOCKT HABT!!
EINE SUPERVERSTÄRKUNG, FÜR DIE ER DIE EIGENE VERNICHTUNG IN KAUF NIMMT... WENN ENDEAVOR NOCH EINMAL ZUSCHLAGEN KONNTE, DANN...
DEIN TRAUM, HM?
DU MEINST DIE ZUKUNFT, IN DER ONE FOR ALL DIR GEHÖRT?
ICH MUSS ZEIT GEWINNEN!
BITTE ERZÄHL DOCH MAL, VIELLEICHT KANN ICH JA WAS DARAUS LERNEN...
ES IST GANZ SIMPEL...
ICH WURDE DURCH EINEN COMIC BEEINFLUSST.
DER BÖSEWICHT WURDE VON DER GANZEN WELT GEHASST.
WAS GLAUBST DU, WARUM?
WEIL ER BÖSE DINGE TUT?
DEFINIERE »BÖSE DINGE«.

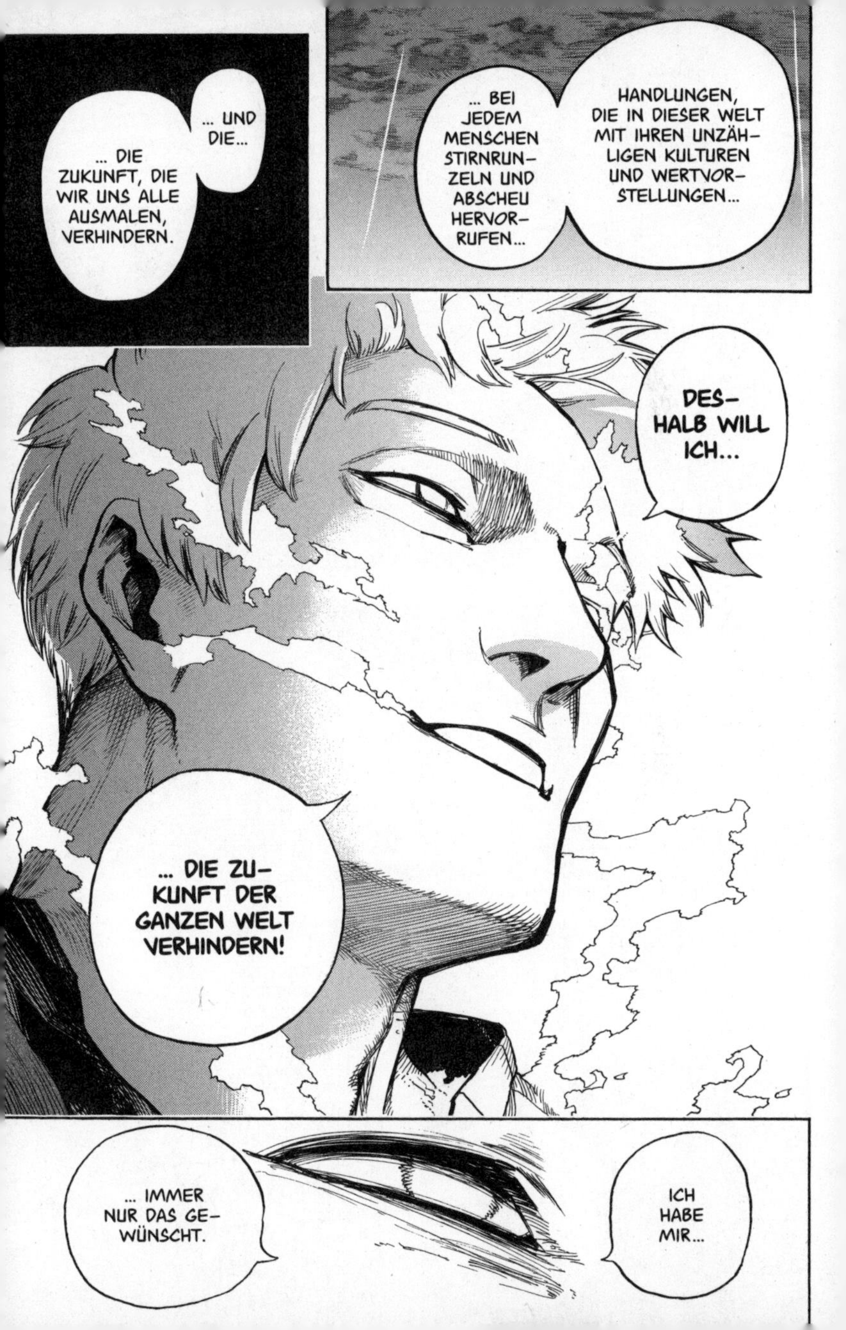
HANDLUNGEN, DIE IN DIESER WELT MIT IHREN UNZÄHLIGEN KULTUREN UND WERTVORSTELLUNGEN...
... BEI JEDEM MENSCHEN STIRNRUNZELN UND ABSCHEU HERVORRUFEN...
... UND DIE...
... DIE ZUKUNFT, DIE WIR UNS ALLE AUSMALEN, VERHINDERN.
DESHALB WILL ICH...
... DIE ZUKUNFT DER GANZEN WELT VERHINDERN!
ICH HABE MIR...
... IMMER NUR DAS GEWÜNSCHT.

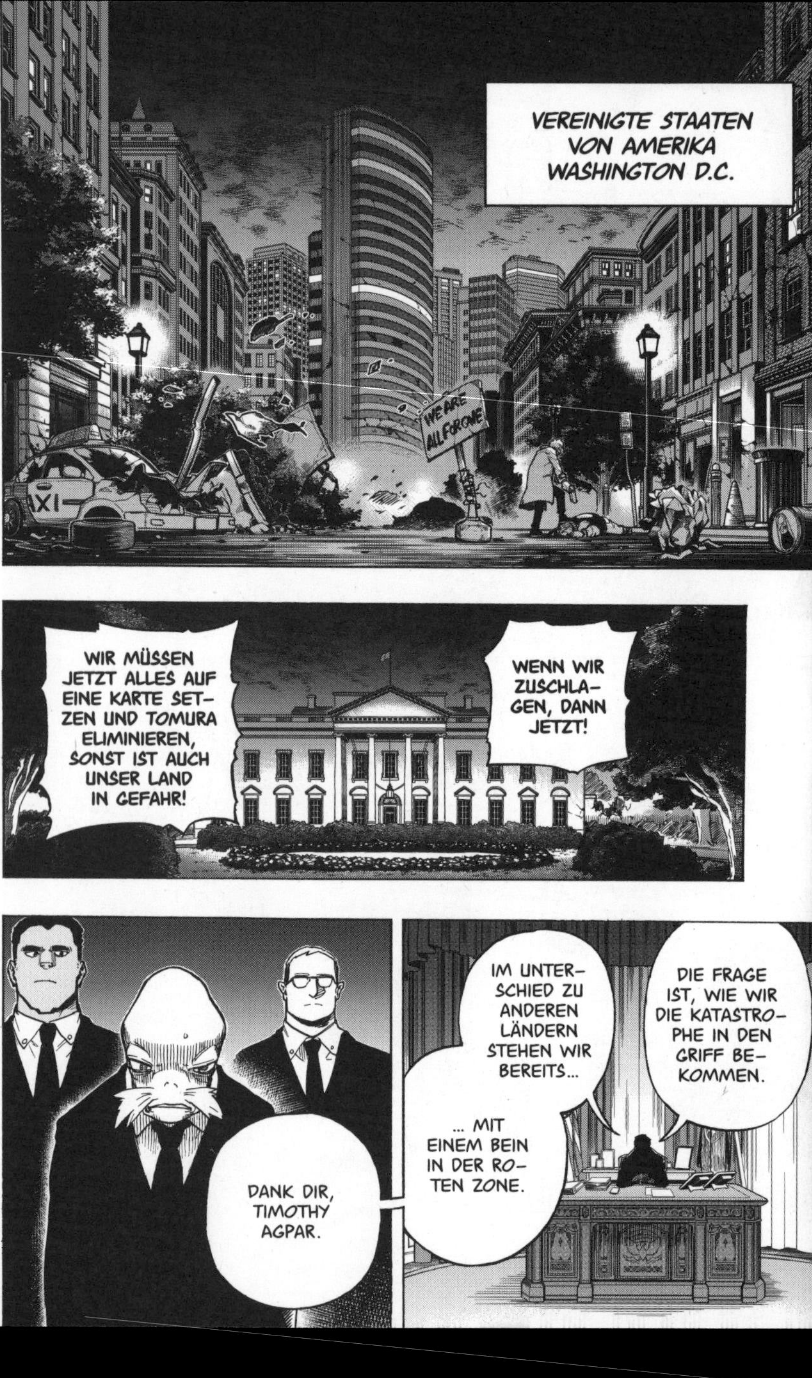
VEREINIGTE STAATEN VON AMERIKA WASHINGTON D.C.
WE ARE ALL FOR ONE
TAXI
WIR MÜSSEN JETZT ALLES AUF EINE KARTE SETZEN UND TOMURA ELIMINIEREN, SONST IST AUCH UNSER LAND IN GEFAHR!
WENN WIR ZUSCHLAGEN, DANN JETZT!
DIE FRAGE IST, WIE WIR DIE KATASTROPHE IN DEN GRIFF BEKOMMEN.
IM UNTERSCHIED ZU ANDEREN LÄNDERN STEHEN WIR BEREITS...
... MIT EINEM BEIN IN DER ROTEN ZONE.
DANK DIR, TIMOTHY AGPAR.

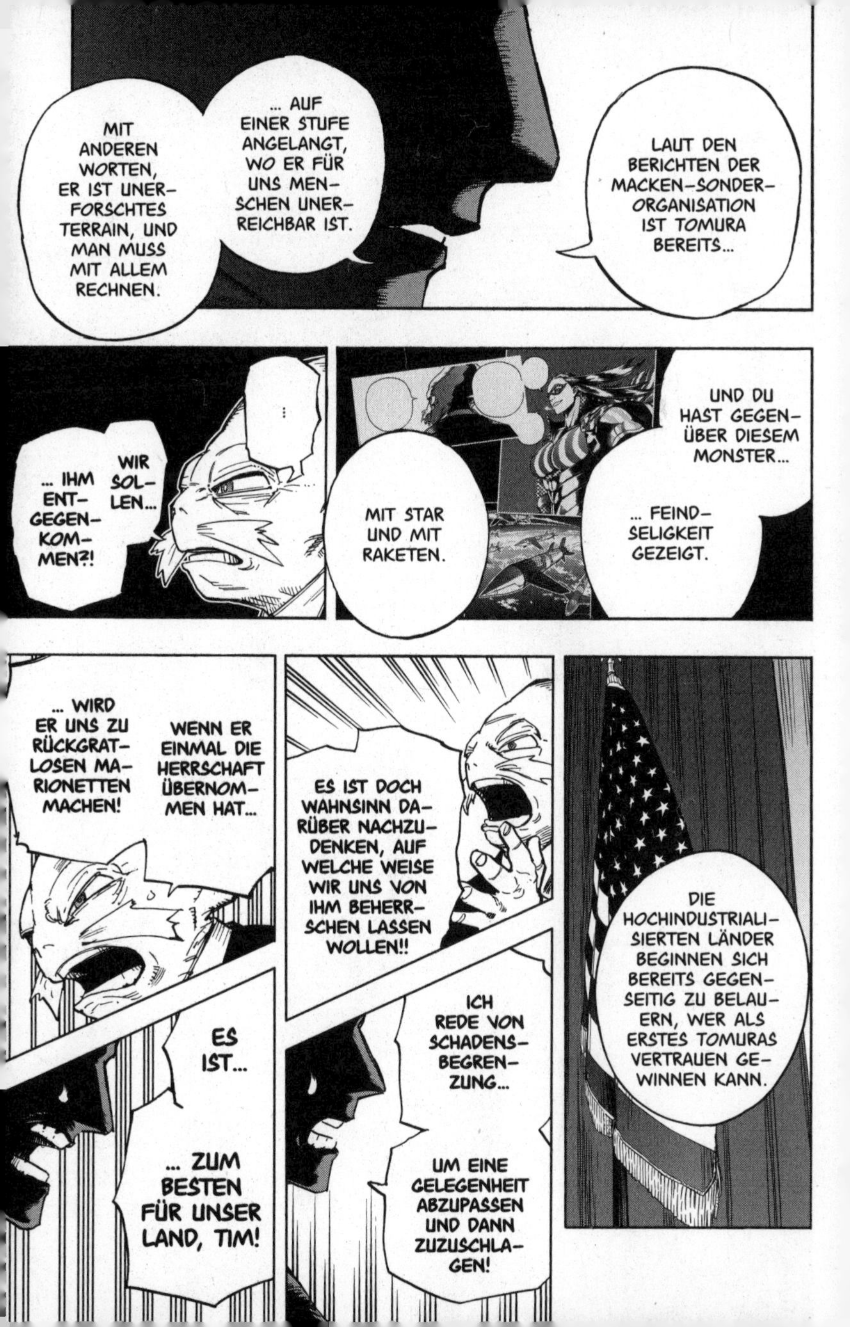
LAUT DEN BERICHTEN DER MACKEN-SONDER-ORGANISATION IST TOMURA BEREITS...
... AUF EINER STUFE ANGELANGT, WO ER FÜR UNS MENSCHEN UNERREICHBAR IST.
MIT ANDEREN WORTEN, ER IST UNERFORSCHTES TERRAIN, UND MAN MUSS MIT ALLEM RECHNEN.
UND DU HAST GEGENÜBER DIESEM MONSTER...
... FEINDSELIGKEIT GEZEIGT.
MIT STAR UND MIT RAKETEN.
...
WIR SOLLEN...
... IHM ENTGEGENKOMMEN?!
DIE HOCHINDUSTRIALISIERTEN LÄNDER BEGINNEN SICH BEREITS GEGENSEITIG ZU BELAUERN, WER ALS ERSTES TOMURAS VERTRAUEN GEWINNEN KANN.
ES IST DOCH WAHNSINN DARÜBER NACHZUDENKEN, AUF WELCHE WEISE WIR UNS VON IHM BEHERRSCHEN LASSEN WOLLEN!!
WENN ER EINMAL DIE HERRSCHAFT ÜBERNOMMEN HAT...
... WIRD ER UNS ZU RÜCKGRATLOSEN MARIONETTEN MACHEN!
ICH REDE VON SCHADENSBEGRENZUNG...
UM EINE GELEGENHEIT ABZUPASSEN UND DANN ZUZUSCHLAGEN!
ES IST...
... ZUM BESTEN FÜR UNSER LAND, TIM!

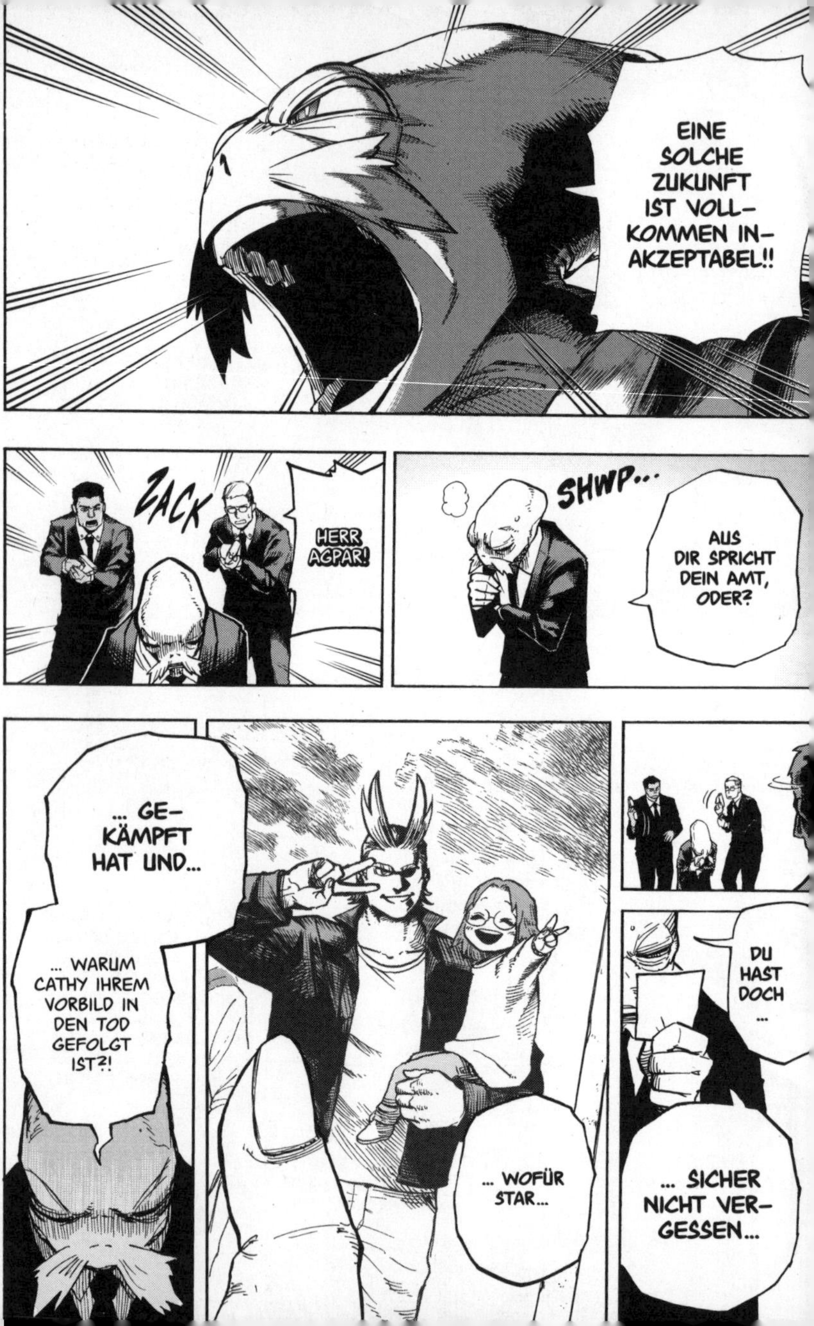

EINE SOLCHE ZUKUNFT IST VOLLKOMMEN INAKZEPTABEL!!
SHWP...
AUS DIR SPRICHT DEIN AMT, ODER?
ZACK
HERR AGPAR!
DU HAST DOCH ...
... SICHER NICHT VERGESSEN...
... WOFÜR STAR...
... GEKÄMPFT HAT UND...
... WARUM CATHY IHREM VORBILD IN DEN TOD GEFOLGT IST?!

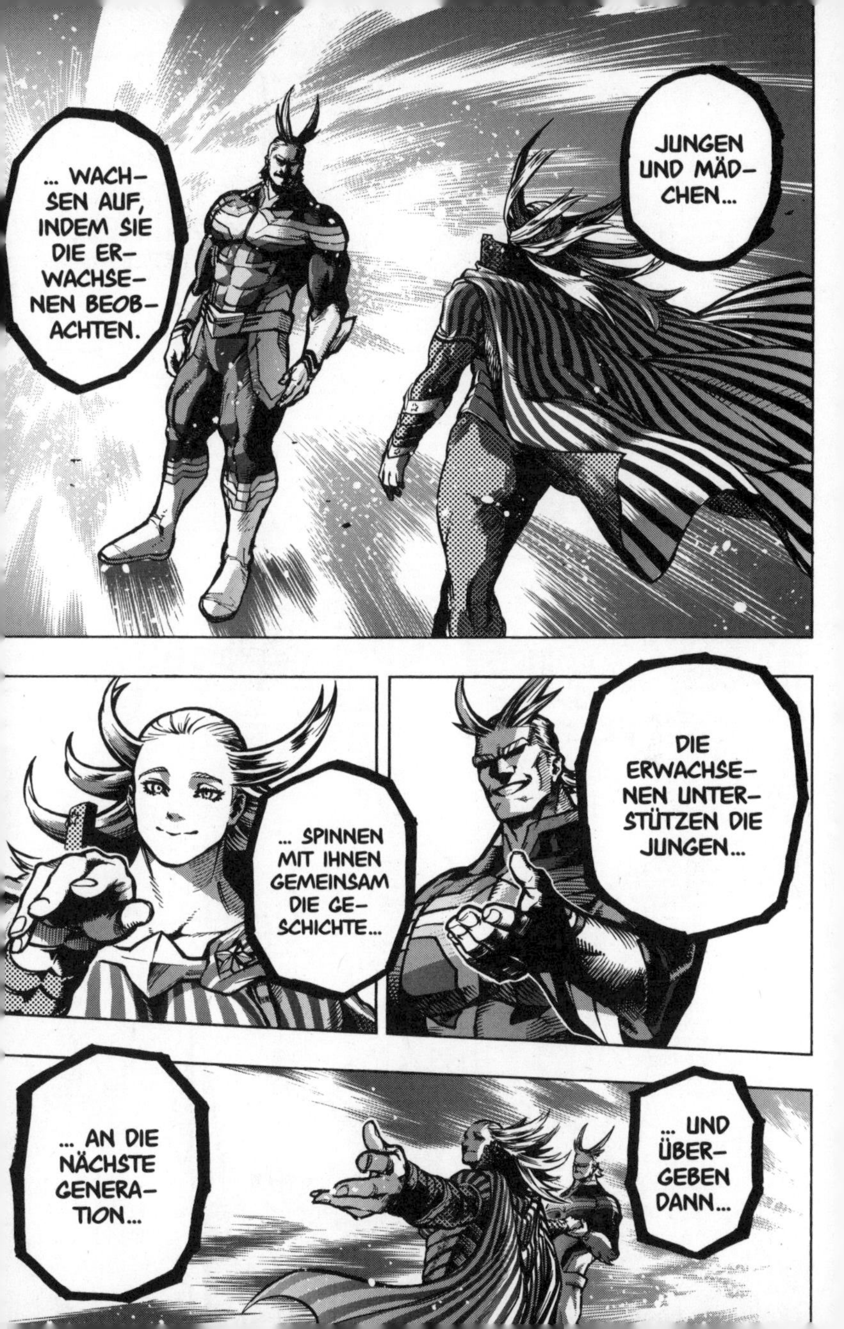
JUNGEN UND MÄDCHEN...
... WACHSEN AUF, INDEM SIE DIE ERWACHSENEN BEOBACHTEN.
DIE ERWACHSENEN UNTERSTÜTZEN DIE JUNGEN...
... SPINNEN MIT IHNEN GEMEINSAM DIE GESCHICHTE...
... UND ÜBERGEBEN DANN...
... AN DIE NÄCHSTE GENERATION...

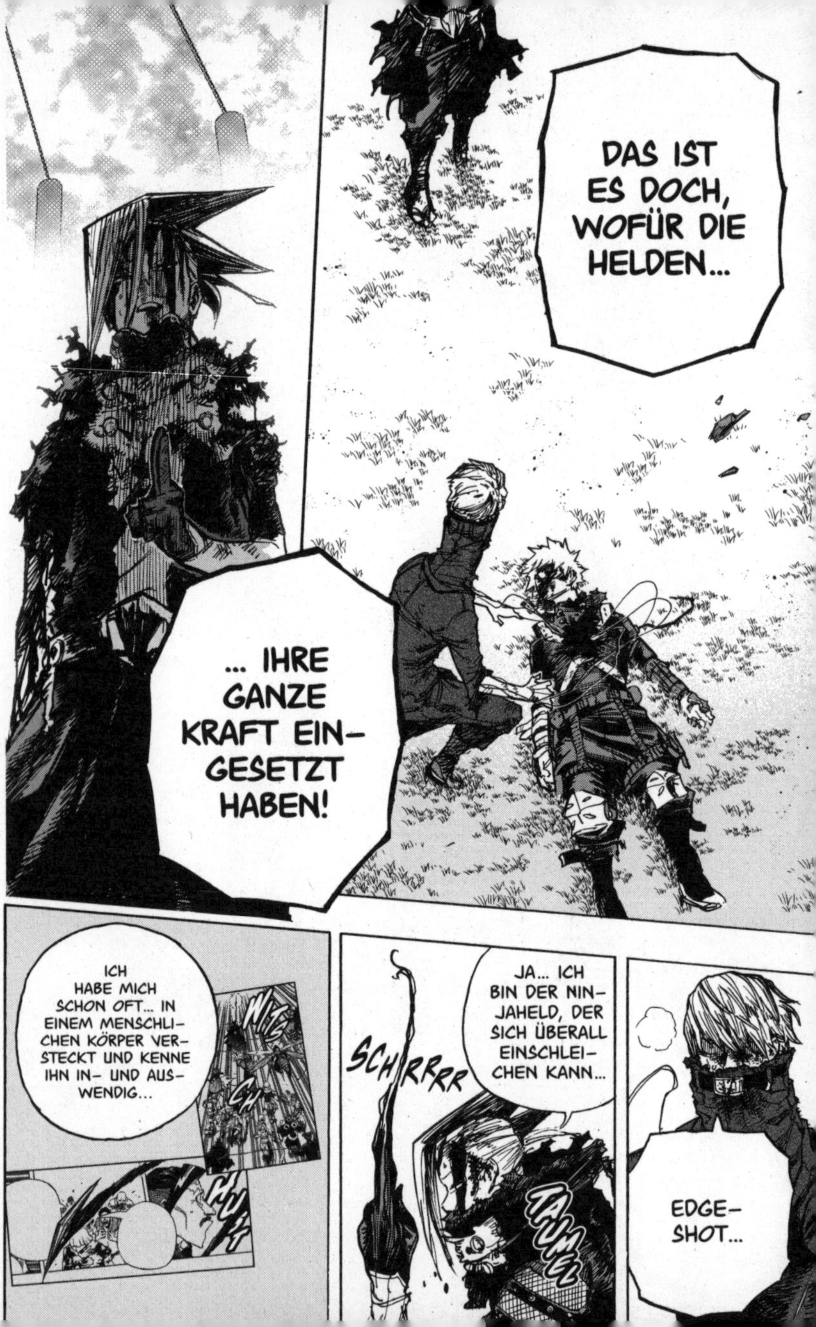
DAS IST ES DOCH, WOFÜR DIE HELDEN...
... IHRE GANZE KRAFT EIN-GESETZT HABEN!
EDGE-SHOT...
JA... ICH BIN DER NINJAHELD, DER SICH ÜBERALL EINSCHLEICHEN KANN...
SCHIRRRRR
ICH HABE MICH SCHON OFT... IN EINEM MENSCHLICHEN KÖRPER VERSTECKT UND KENNE IHN IN- UND AUSWENDIG...

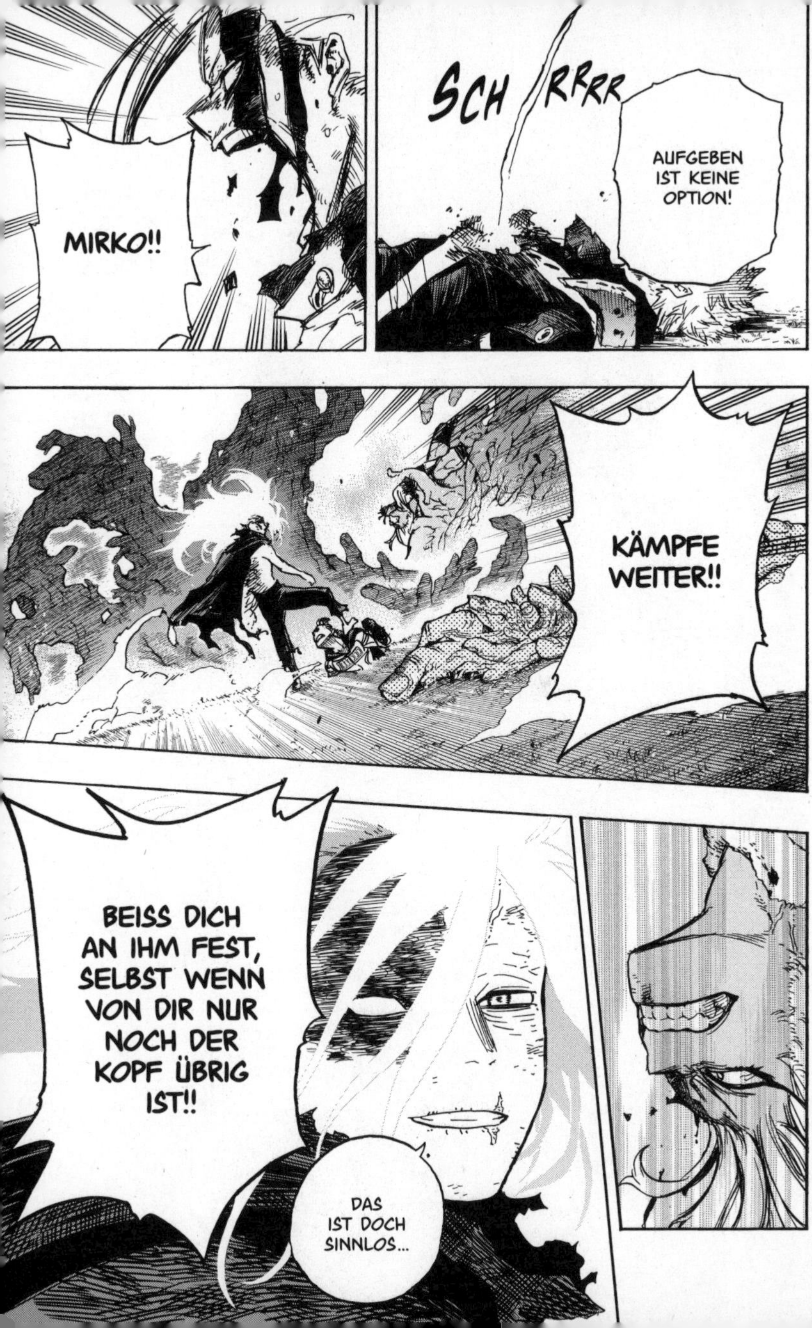
SCH RRRR
AUFGEBEN IST KEINE OPTION!
MIRKO!!
KÄMPFE WEITER!!
BEISS DICH AN IHM FEST, SELBST WENN VON DIR NUR NOCH DER KOPF ÜBRIG IST!!
DAS IST DOCH SINNLOS...

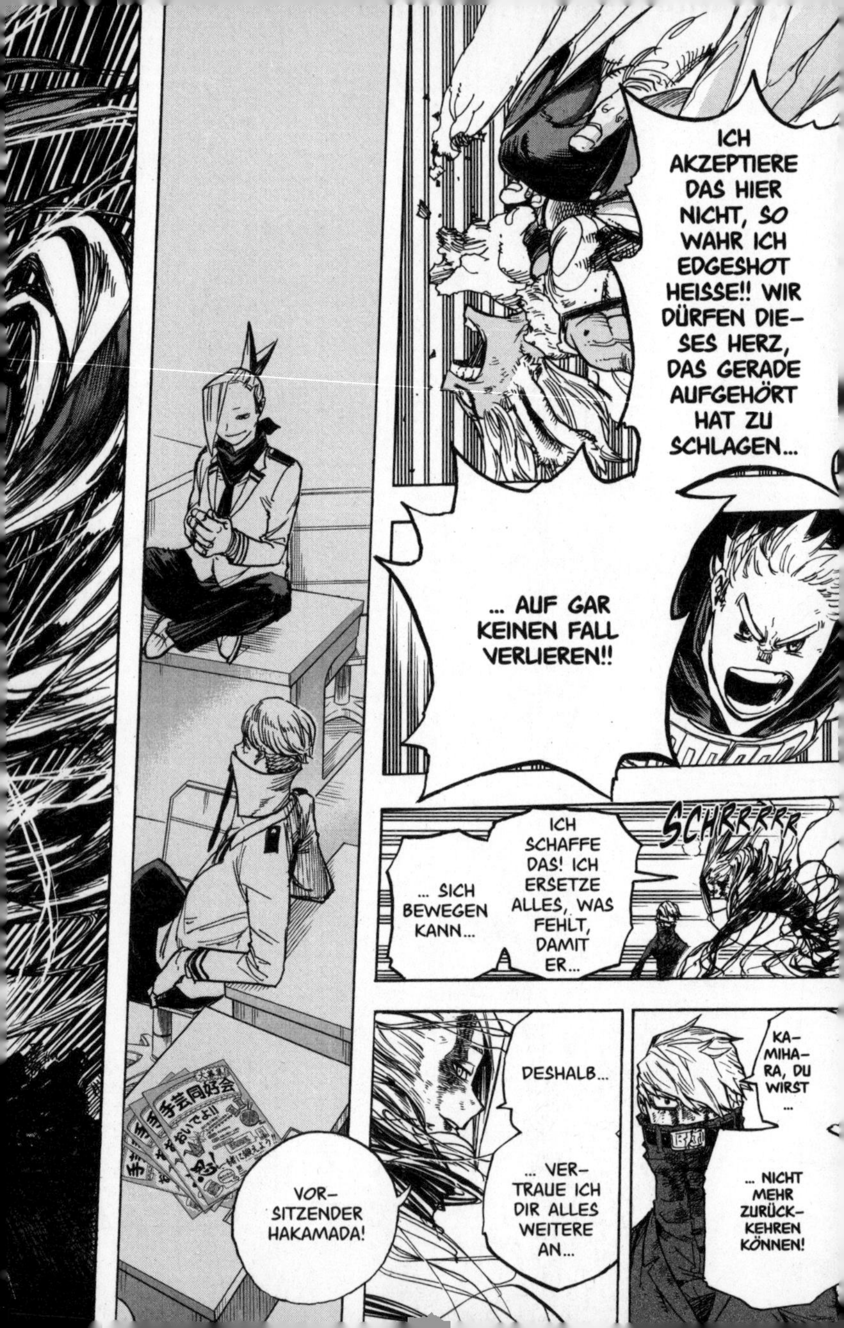
ICH AKZEPTIERE DAS HIER NICHT, SO WAHR ICH EDGESHOT HEISSE!! WIR DÜRFEN DIESES HERZ, DAS GERADE AUFGEHÖRT HAT ZU SCHLAGEN...
... AUF GAR KEINEN FALL VERLIEREN!!
SCHRRRRR
ICH SCHAFFE DAS! ICH ERSETZE ALLES, WAS FEHLT, DAMIT ER...
... SICH BEWEGEN KANN...
KAMIHARA, DU WIRST ...
... NICHT MEHR ZURÜCKKEHREN KÖNNEN!
DESHALB...
... VERTRAUE ICH DIR ALLES WEITERE AN...
手芸同好会
VORSITZENDER HAKAMADA!

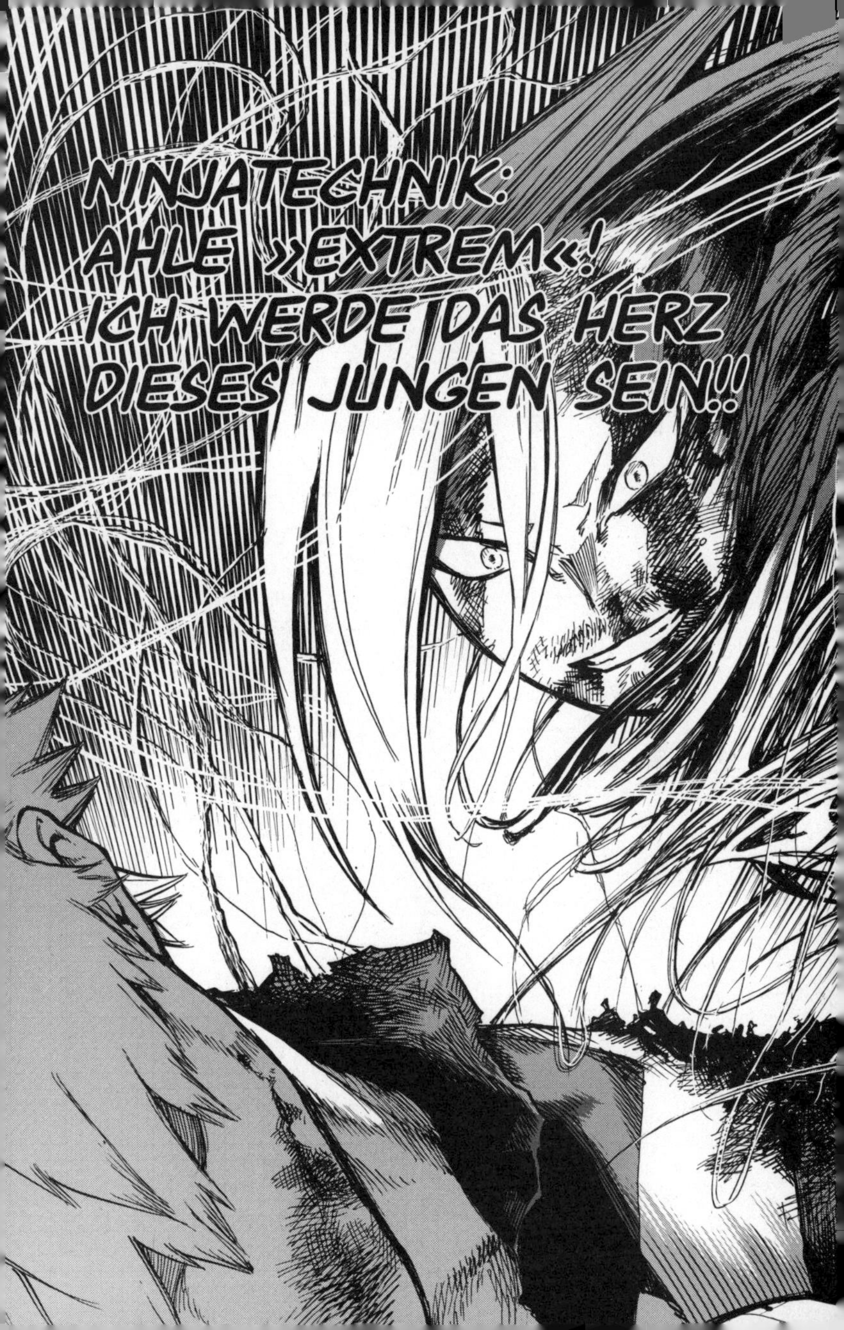
NINJATECHNIK: AHLE »EXTREM«!
ICH WERDE DAS HERZ DIESES JUNGEN SEIN!!

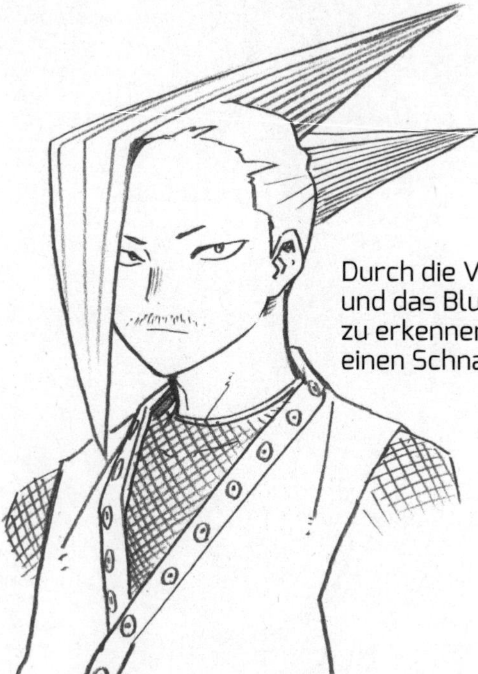

Durch die Verletzungen und das Blut ist es schwer zu erkennen, aber er hat einen Schnauzbart.

Edgeshot (Shinya Kamihara) und Best Jeanist (Tsunagu Hakamada) sind zwei Jahre auseinander. Erinnerung an die Zeit, als sie noch nicht trocken hinter den Ohren waren. Jeanist war im dritten Jahr, Edgeshot im ersten.

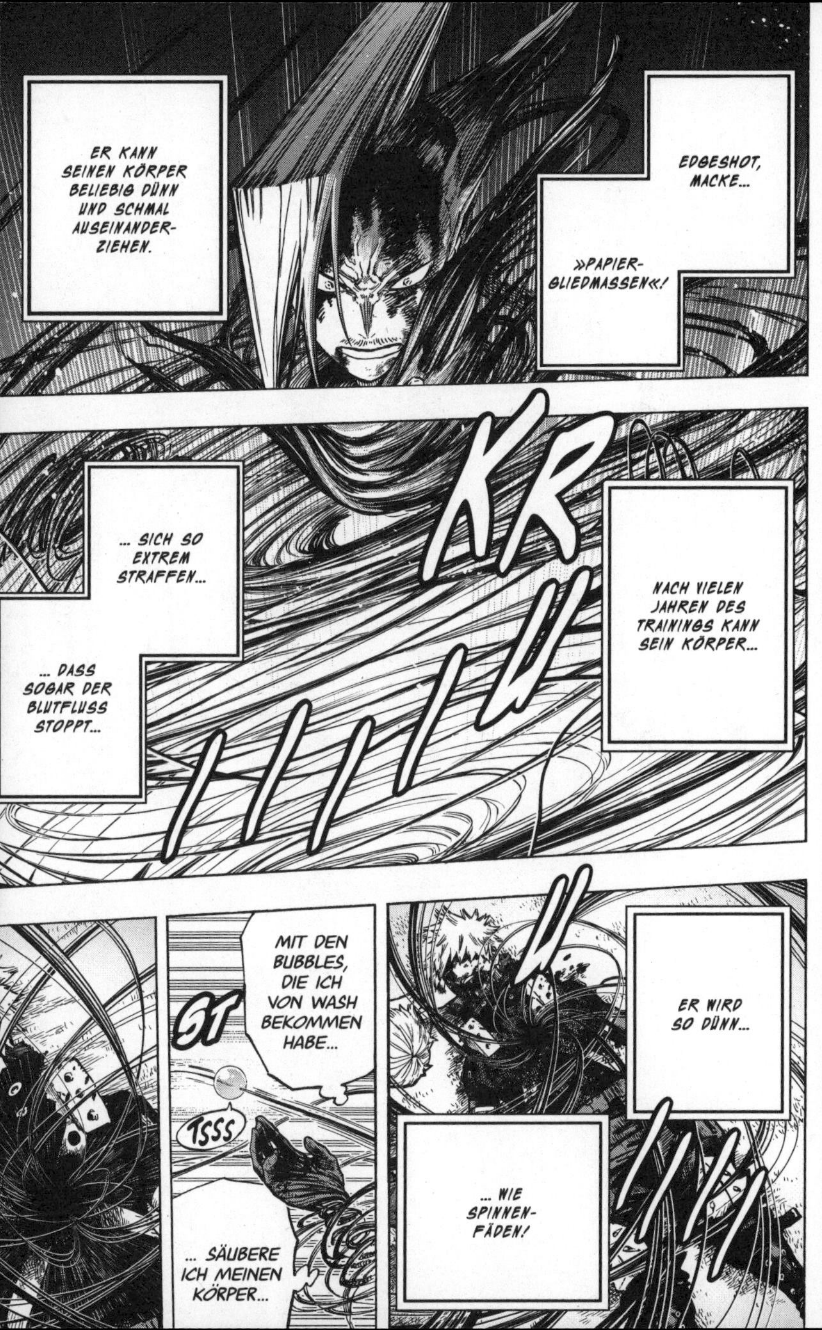
EDGESHOT, MACKE...
»PAPIER-GLIEDMASSEN«!
ER KANN SEINEN KÖRPER BELIEBIG DÜNN UND SCHMAL AUSEINANDER-ZIEHEN.
KRUUU
NACH VIELEN JAHREN DES TRAININGS KANN SEIN KÖRPER...
... SICH SO EXTREM STRAFFEN...
... DASS SOGAR DER BLUTFLUSS STOPPT...
ER WIRD SO DÜNN...
... WIE SPINNEN-FÄDEN!
MIT DEN BUBBLES, DIE ICH VON WASH BEKOMMEN HABE...
ST
TSSS
... SÄUBERE ICH MEINEN KÖRPER...

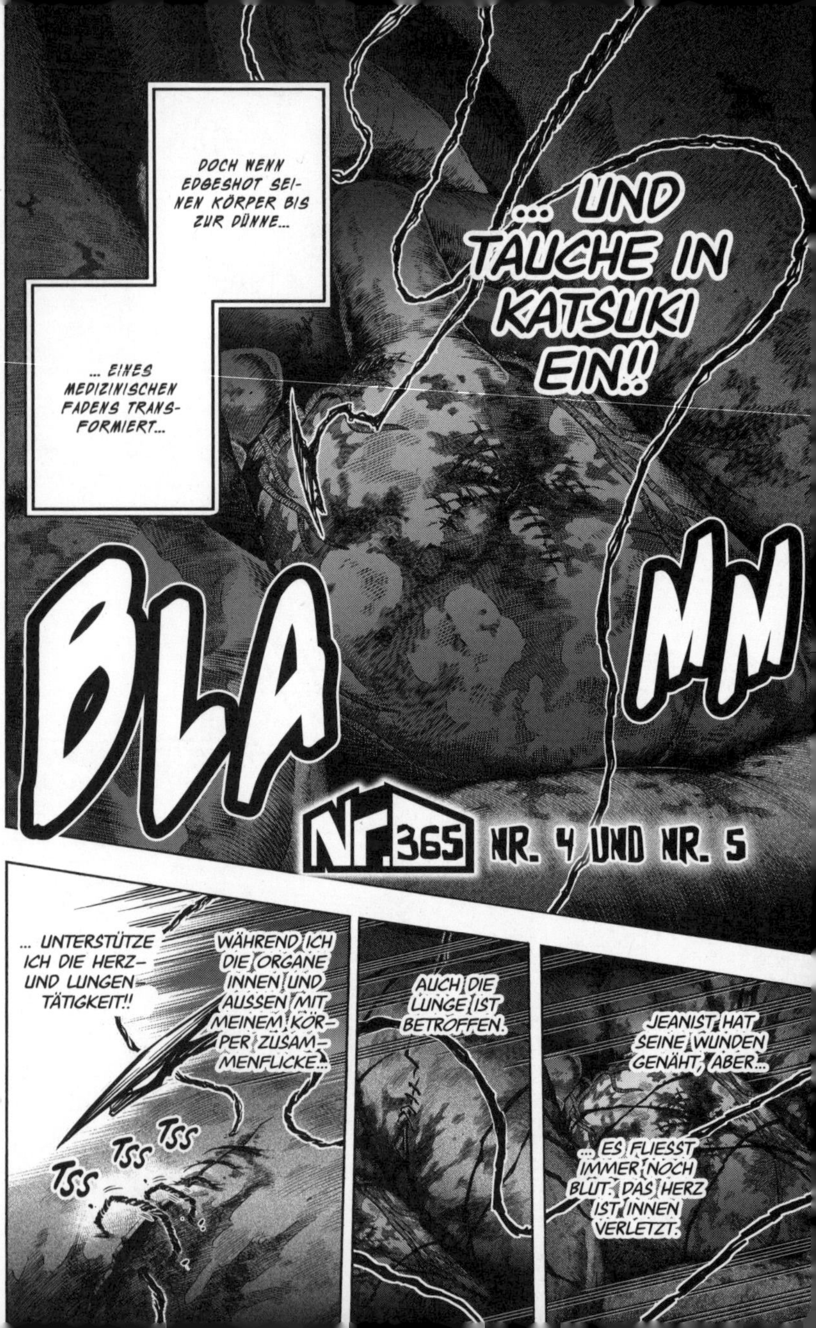
DOCH WENN EDGESHOT SEINEN KÖRPER BIS ZUR DÜNNE...
... EINES MEDIZINISCHEN FADENS TRANSFORMIERT...
... UND TAUCHE IN KATSUKI EIN!!
BLA MM
NR. 365 NR. 4 UND NR. 5
WÄHREND ICH DIE ORGANE INNEN UND AUSSEN MIT MEINEM KÖRPER ZUSAMMENFLICKE...
... UNTERSTÜTZE ICH DIE HERZ- UND LUNGEN TÄTIGKEIT!!
TSS TSS TSS
AUCH DIE LUNGE IST BETROFFEN.
JEANIST HAT SEINE WUNDEN GENÄHT, ABER...
... ES FLIESST IMMER NOCH BLUT. DAS HERZ IST INNEN VERLETZT.

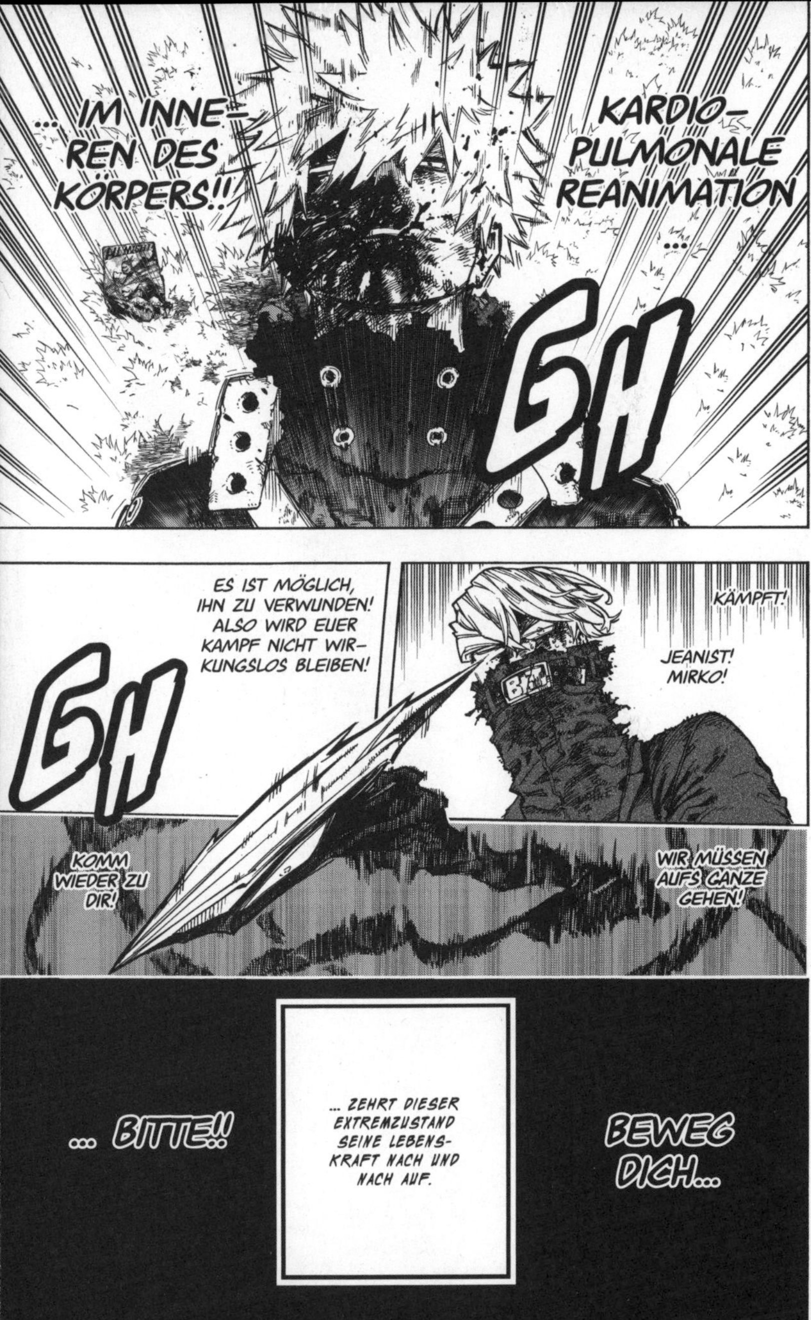
KARDIO-PULMONALE REANIMATION ...
... IM INNEREN DES KÖRPERS!!
GH
KÄMPFT!
JEANIST! MIRKO!
ES IST MÖGLICH, IHN ZU VERWUNDEN! ALSO WIRD EUER KAMPF NICHT WIRKUNGSLOS BLEIBEN!
GH
WIR MÜSSEN AUFS GANZE GEHEN!
KOMM WIEDER ZU DIR!
BEWEG DICH...
... ZEHRT DIESER EXTREMZUSTAND SEINE LEBENSKRAFT NACH UND NACH AUF.
... BITTE!!

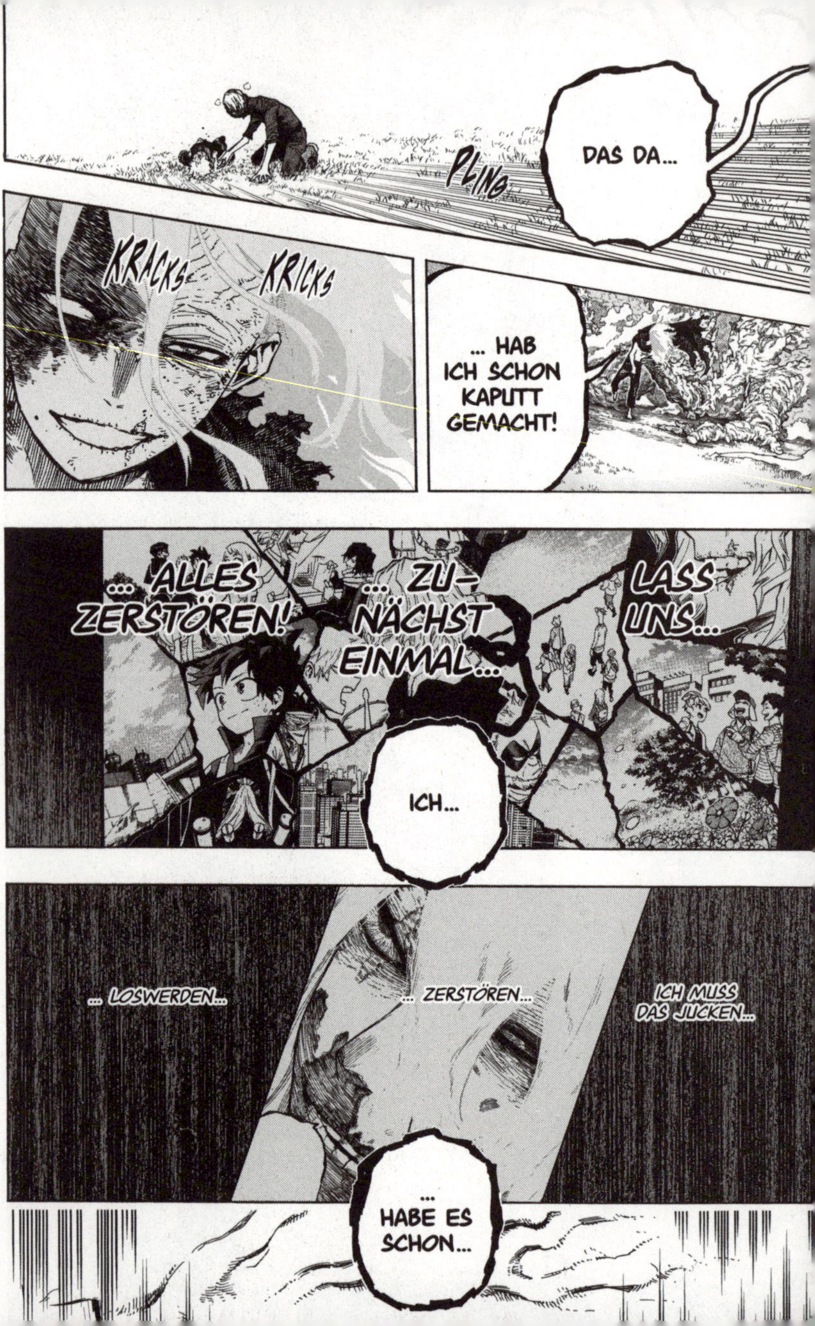
DAS DA...
PLING
... HAB ICH SCHON KAPUTT GEMACHT!
KRICKS
KRACKS
LASS UNS...
... ZU-NÄCHST EINMAL...
... ALLES ZERSTÖREN!
ICH...
ICH MUSS DAS JUCKEN...
... ZERSTÖREN...
... LOSWERDEN...
... HABE ES SCHON...

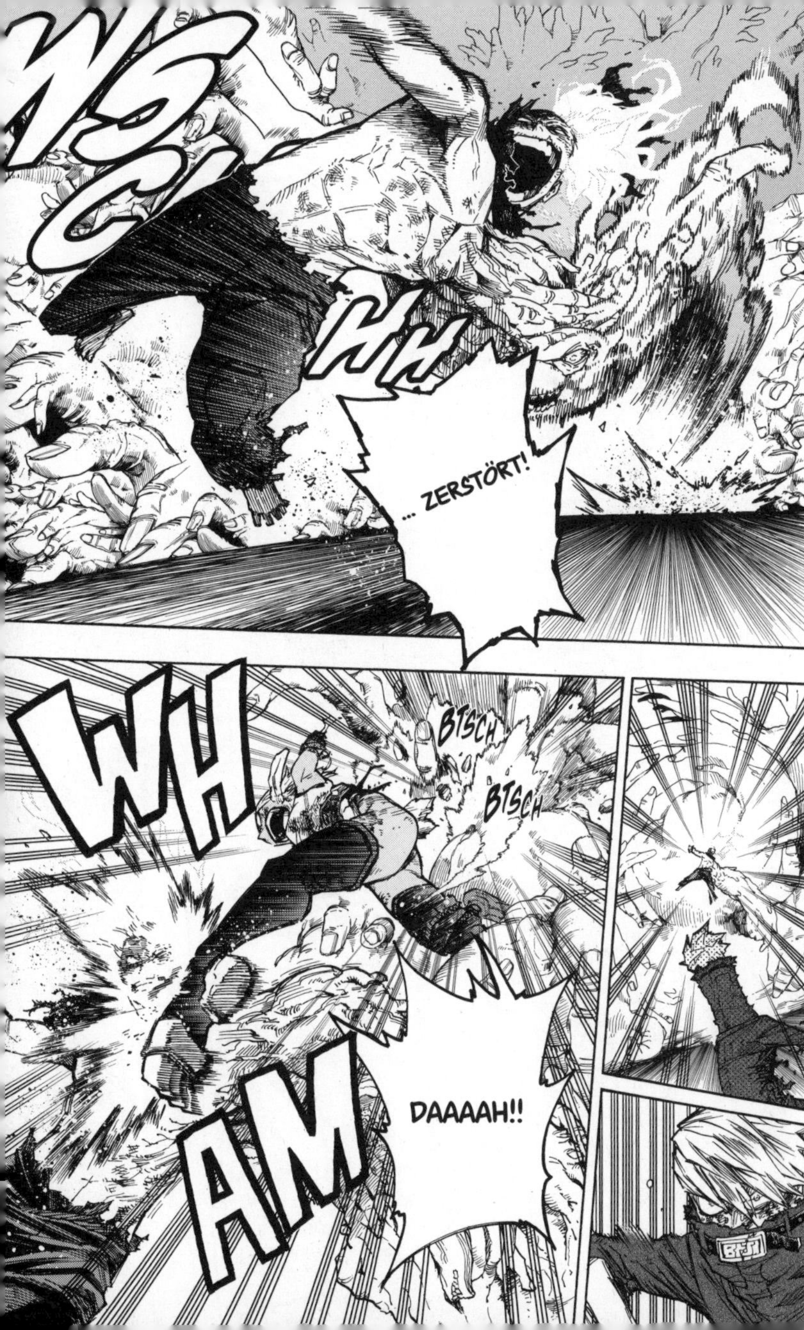
... ZERSTÖRT!
BTSCH
BTSCH
WHAM
DAAAAH!!

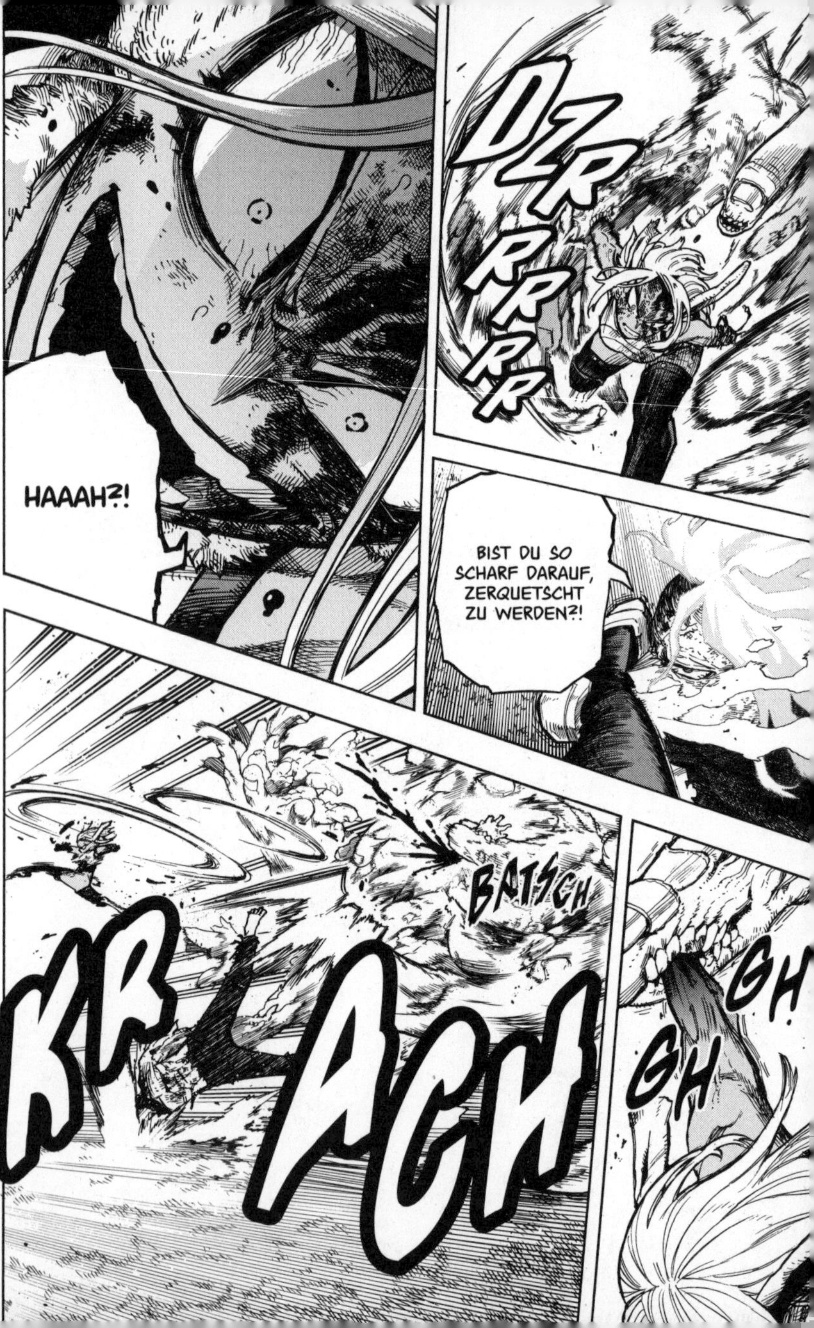

DZRRRRR
HAAAH?!
BIST DU SO SCHARF DARAUF, ZERQUETSCHT ZU WERDEN?!
GH GH GH
BATSCH
KRACH

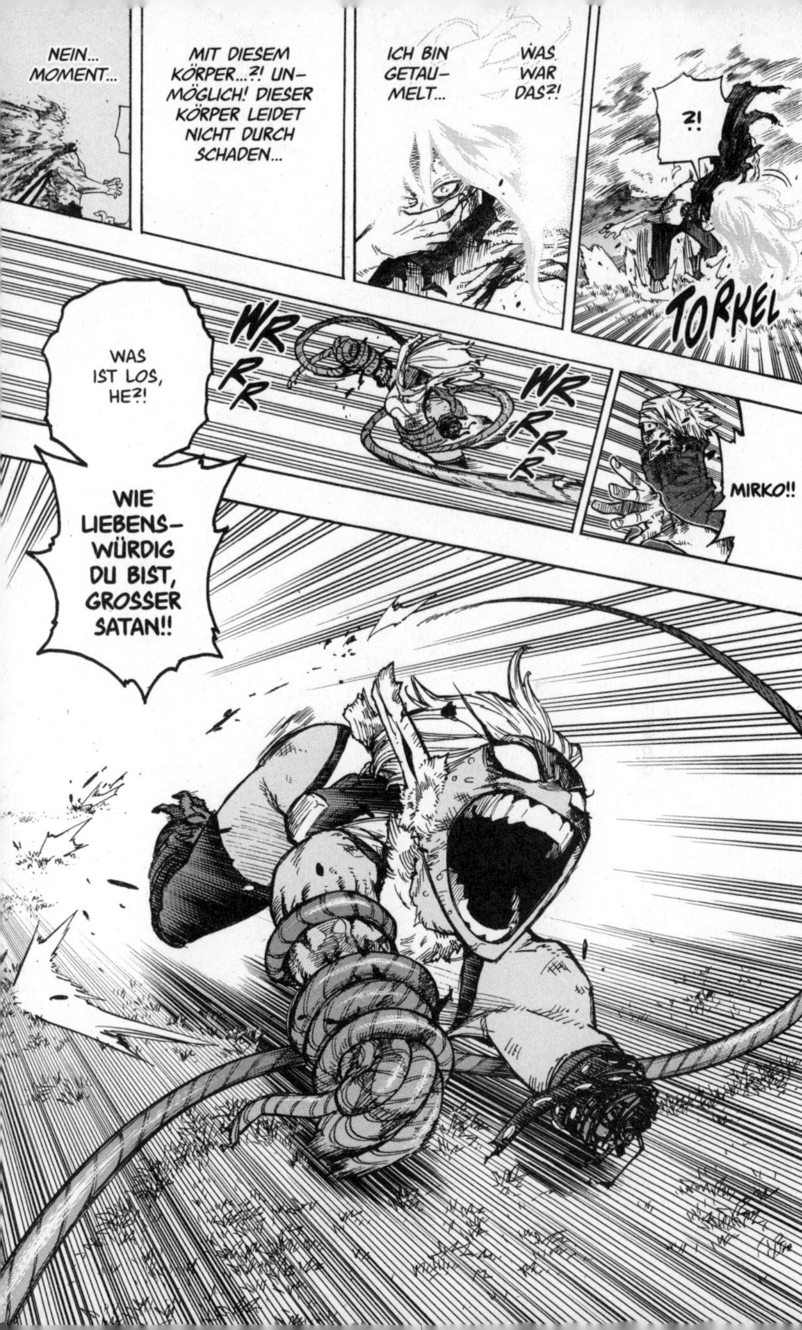
?!
TORKEL
WAS WAR DAS?!
ICH BIN GETAUMELT…
MIT DIESEM KÖRPER…?! UNMÖGLICH! DIESER KÖRPER LEIDET NICHT DURCH SCHADEN…
NEIN… MOMENT…
MIRKO!!
WRRRR
WRRR
WAS IST LOS, HE?!
WIE LIEBENSWÜRDIG DU BIST, GROSSER SATAN!!

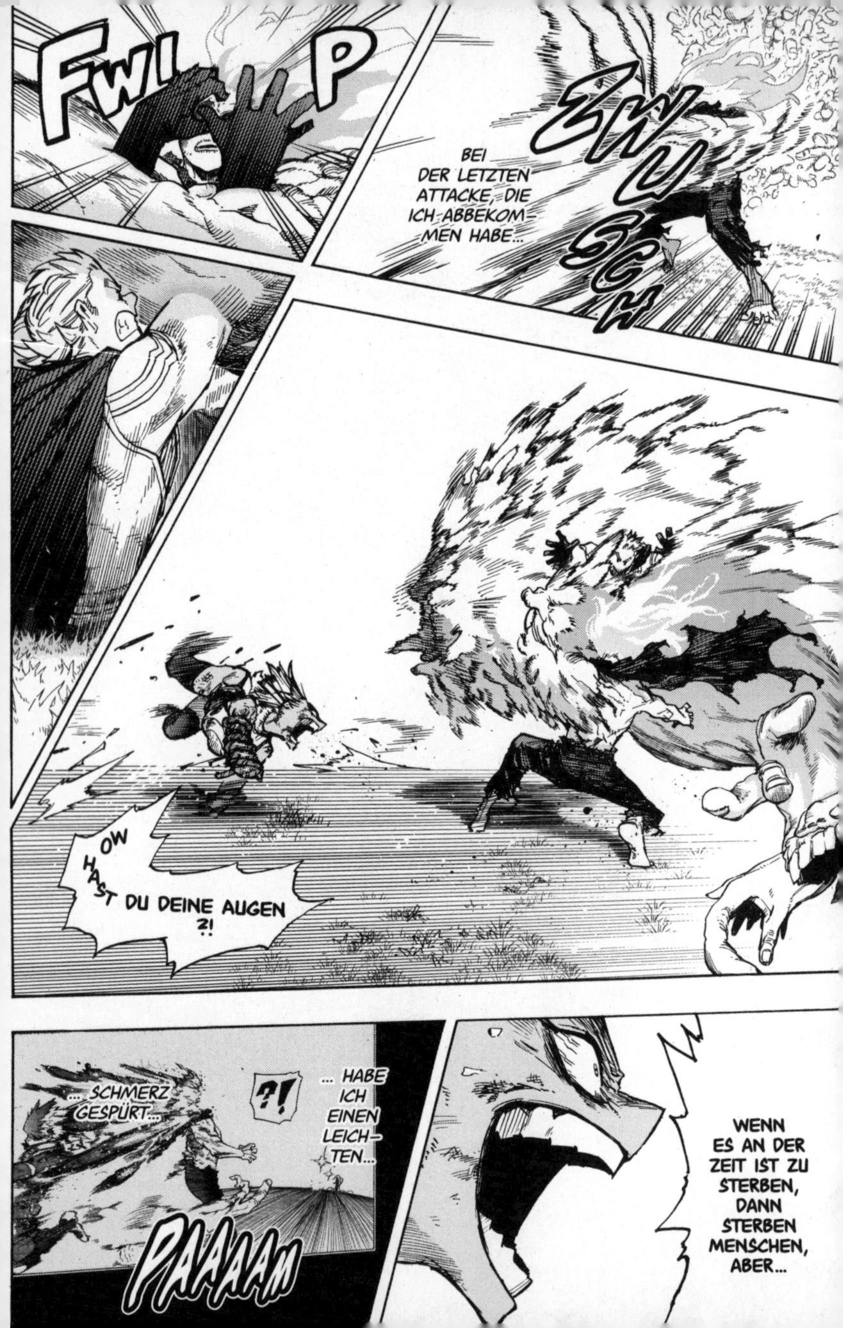
ZWUSCH
BEI DER LETZTEN ATTACKE, DIE ICH ABBEKOMMEN HABE…
FWI P
OW HAST DU DEINE AUGEN ?!
WENN ES AN DER ZEIT IST ZU STERBEN, DANN STERBEN MENSCHEN, ABER…
… HABE ICH EINEN LEICHTEN…
?!
… SCHMERZ GESPÜRT…
PAAAAM

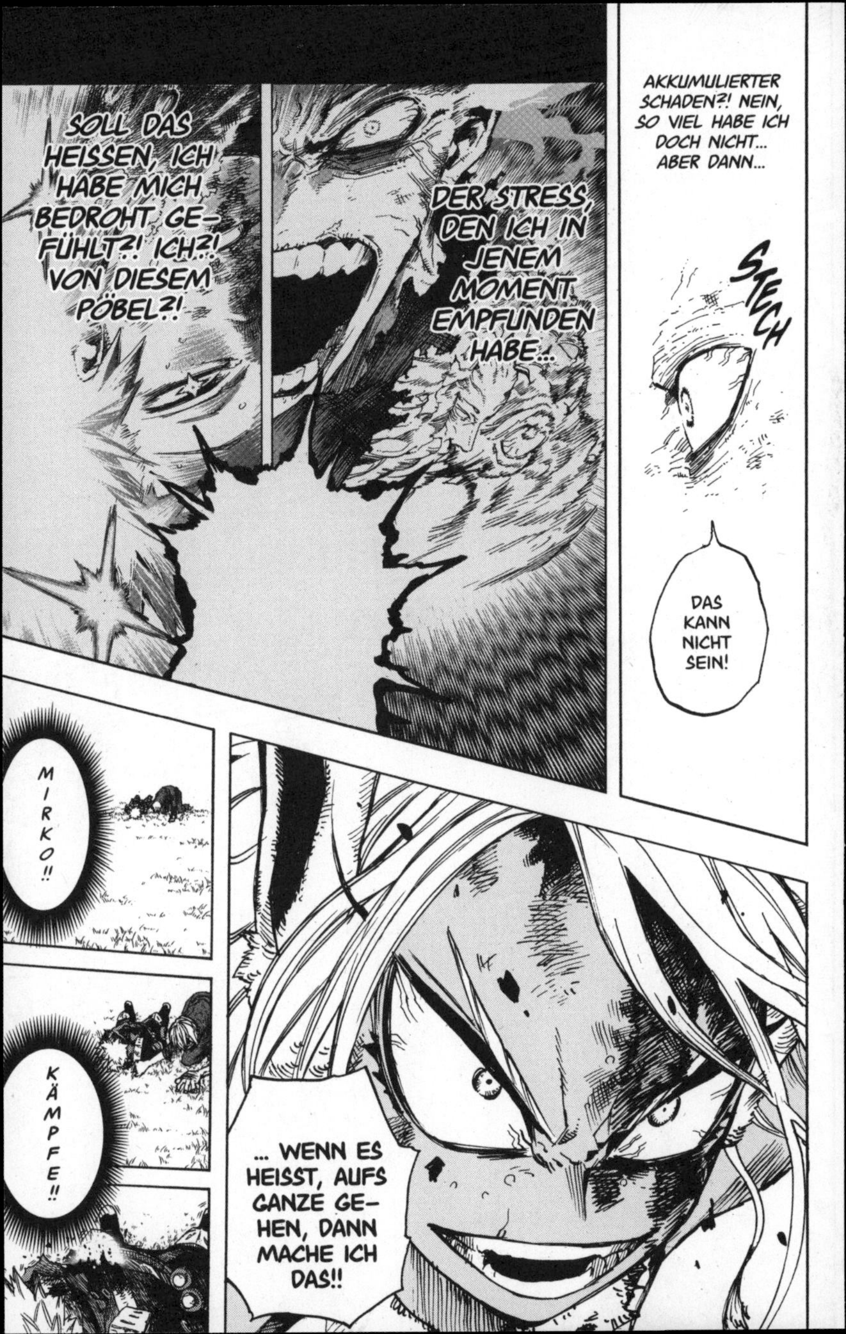
AKKUMULIERTER SCHADEN?! NEIN, SO VIEL HABE ICH DOCH NICHT... ABER DANN...
STECH
DAS KANN NICHT SEIN!
DER STRESS, DEN ICH IN JENEM MOMENT EMPFUNDEN HABE...
SOLL DAS HEISSEN, ICH HABE MICH BEDROHT GE- FÜHLT?! ICH?! VON DIESEM PÖBEL?!
... WENN ES HEISST, AUFS GANZE GE- HEN, DANN MACHE ICH DAS!!
MIRKO!!
KÄMPFE!!

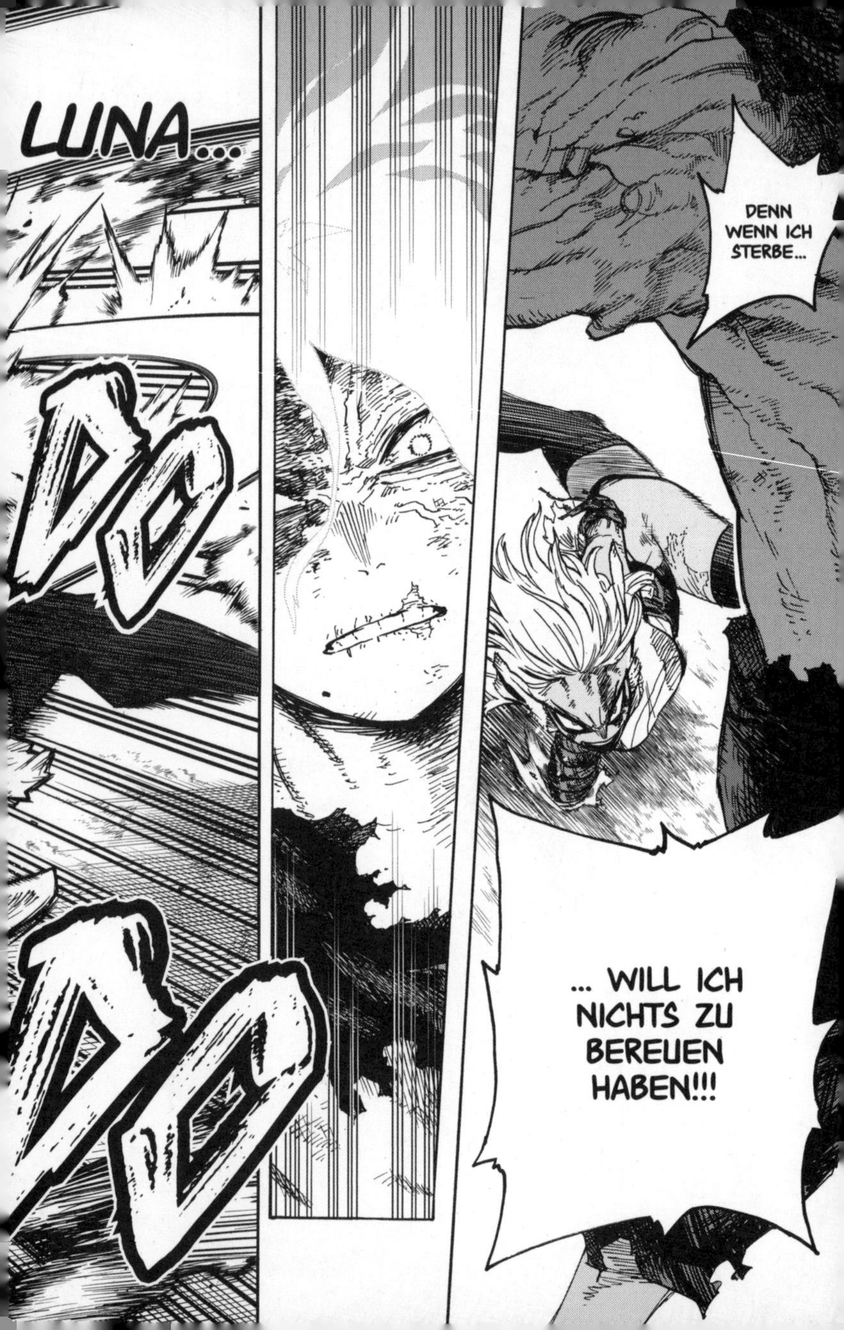
DENN WENN ICH STERBE...
... WILL ICH NICHTS ZU BEREUEN HABEN!!!
LUNA...
DO
DO

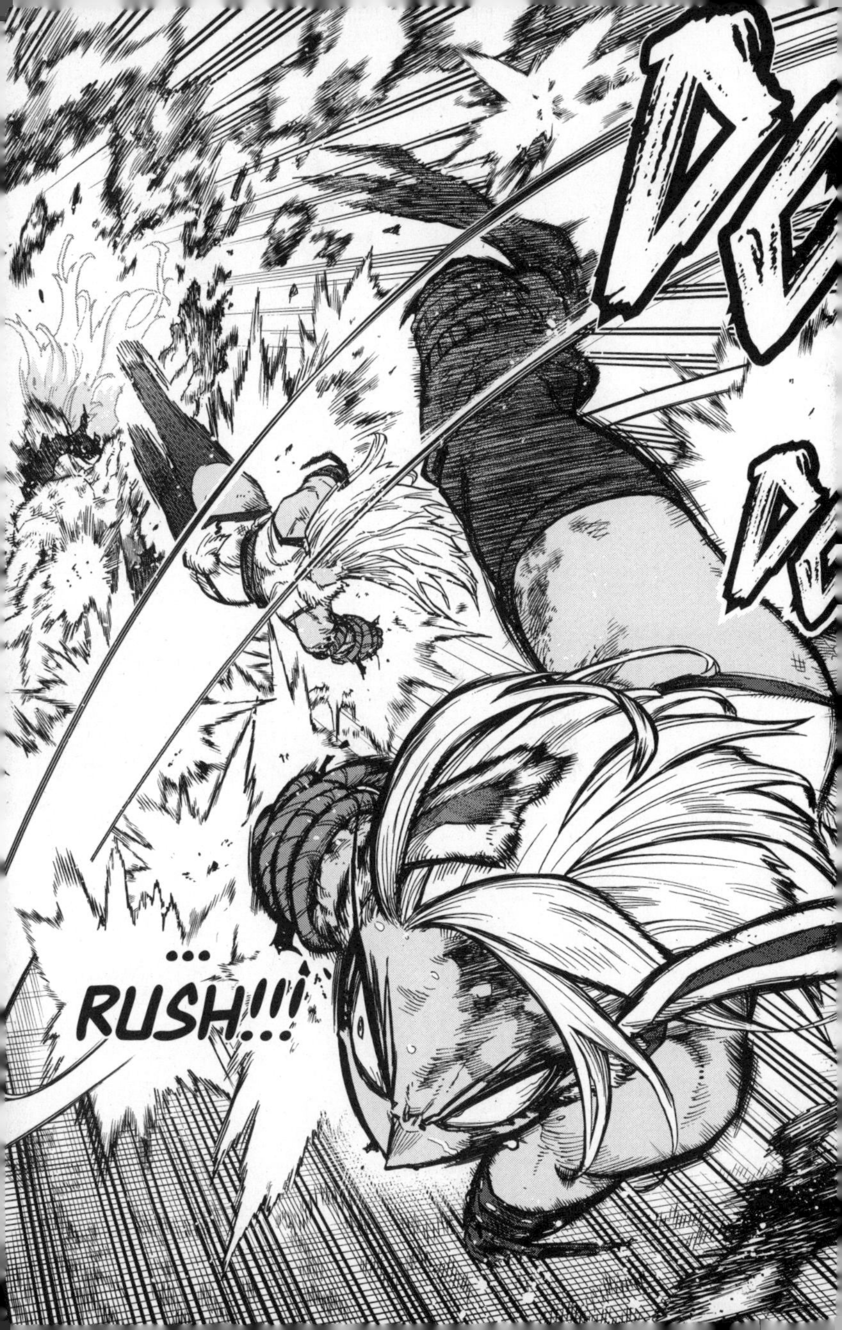
... RUSH!!!

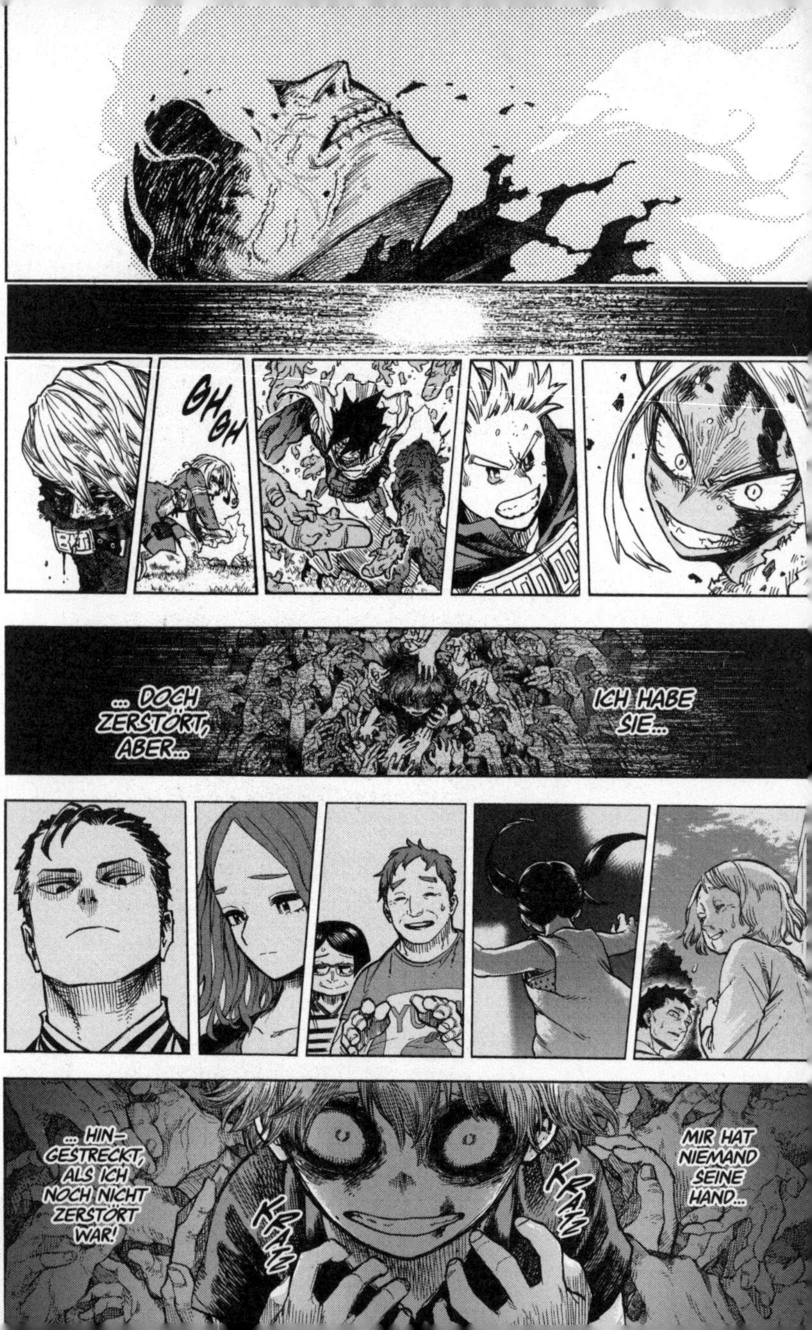
ICH HABE SIE...
... DOCH ZERSTÖRT, ABER...
MIR HAT NIEMAND SEINE HAND...
... HIN-GESTRECKT, ALS ICH NOCH NICHT ZERSTÖRT WAR!
KRAM
KRAM

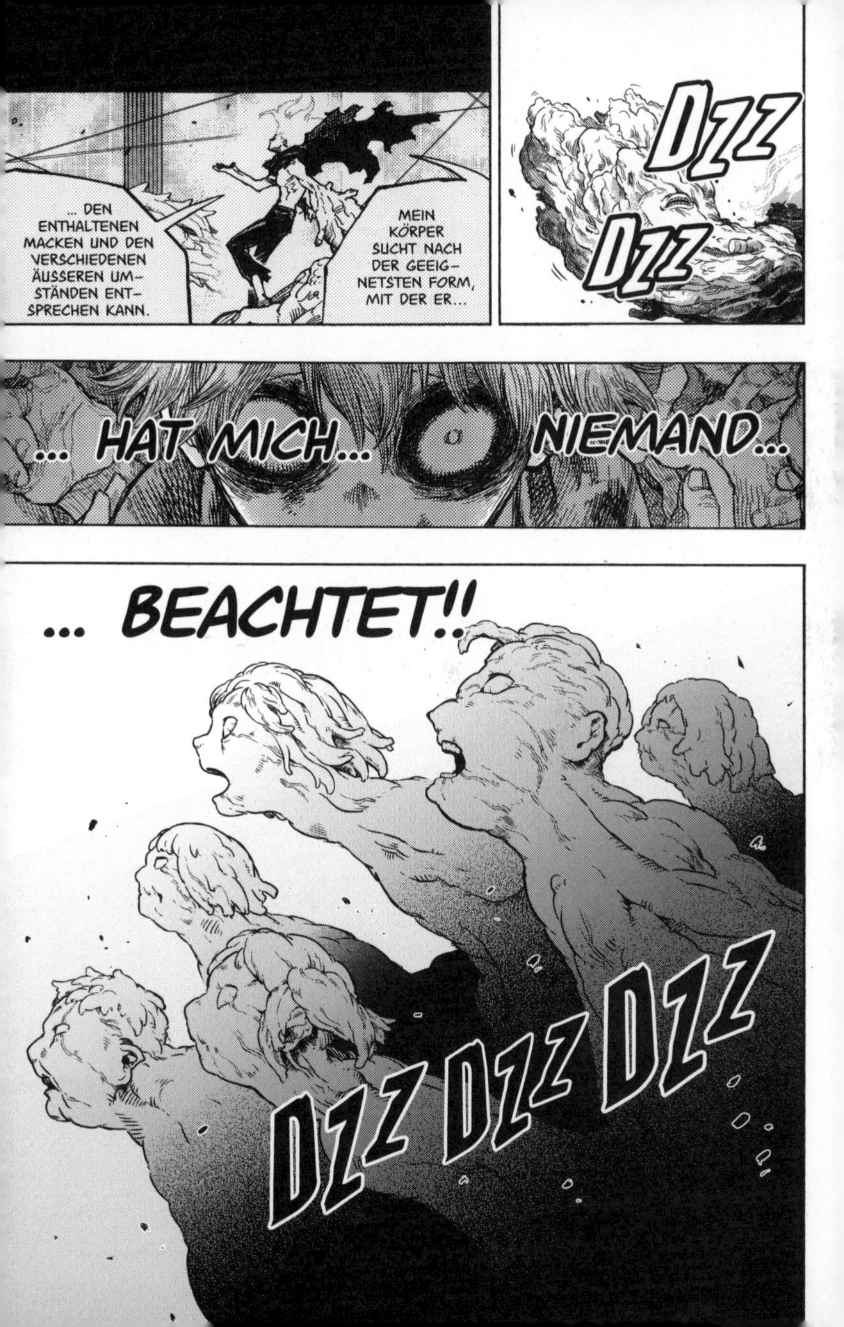
DZZ
DZZ
MEIN KÖRPER SUCHT NACH DER GEEIGNETSTEN FORM, MIT DER ER...
... DEN ENTHALTENEN MACKEN UND DEN VERSCHIEDENEN ÄUSSEREN UMSTÄNDEN ENTSPRECHEN KANN.
... HAT MICH... NIEMAND...
... BEACHTET!!
DZZ DZZ DZZ

Die Szene mit dem Herzen habe ich gezeichnet, nachdem ich mit einem Rettungssanitäter gesprochen hatte. Entschuldigt den kleinen Spoiler, aber auch bezüglich der Wetterphänomene am Ende dieses Bandes habe ich mich vorher bei einem Meteorologen erkundigt. Vielen Dank an Sie beide, dass Sie sich die Zeit genommen haben, mir zu helfen!

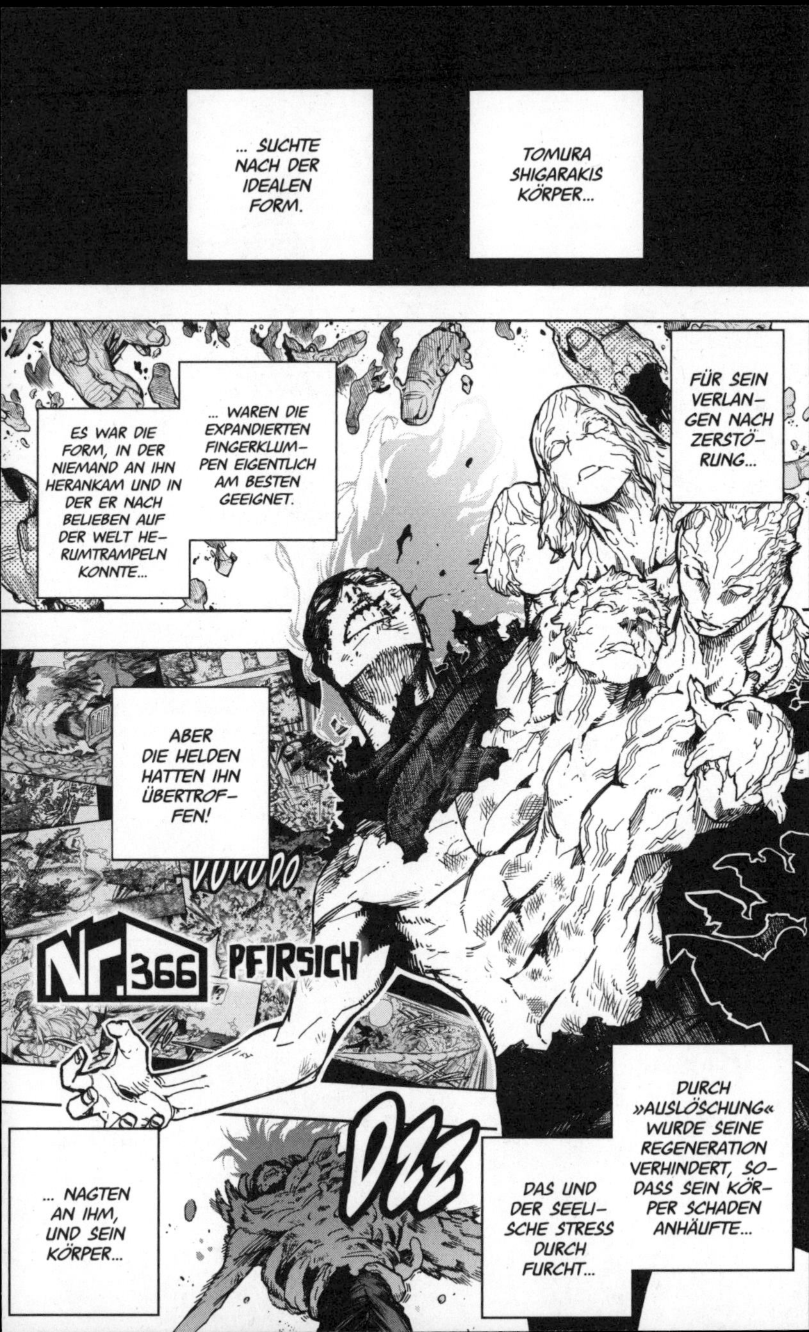
TOMURA SHIGARAKIS KÖRPER...
... SUCHTE NACH DER IDEALEN FORM.
FÜR SEIN VERLANGEN NACH ZERSTÖRUNG...
... WAREN DIE EXPANDIERTEN FINGERKLUMPEN EIGENTLICH AM BESTEN GEEIGNET.
ES WAR DIE FORM, IN DER NIEMAND AN IHN HERANKAM UND IN DER ER NACH BELIEBEN AUF DER WELT HERUMTRAMPELN KONNTE...
ABER DIE HELDEN HATTEN IHN ÜBERTROFFEN!
NR. 366 PFIRSICH
DURCH »AUSLÖSCHUNG« WURDE SEINE REGENERATION VERHINDERT, SODASS SEIN KÖRPER SCHADEN ANHÄUFTE...
DAS UND DER SEELISCHE STRESS DURCH FURCHT...
... NAGTEN AN IHM, UND SEIN KÖRPER...

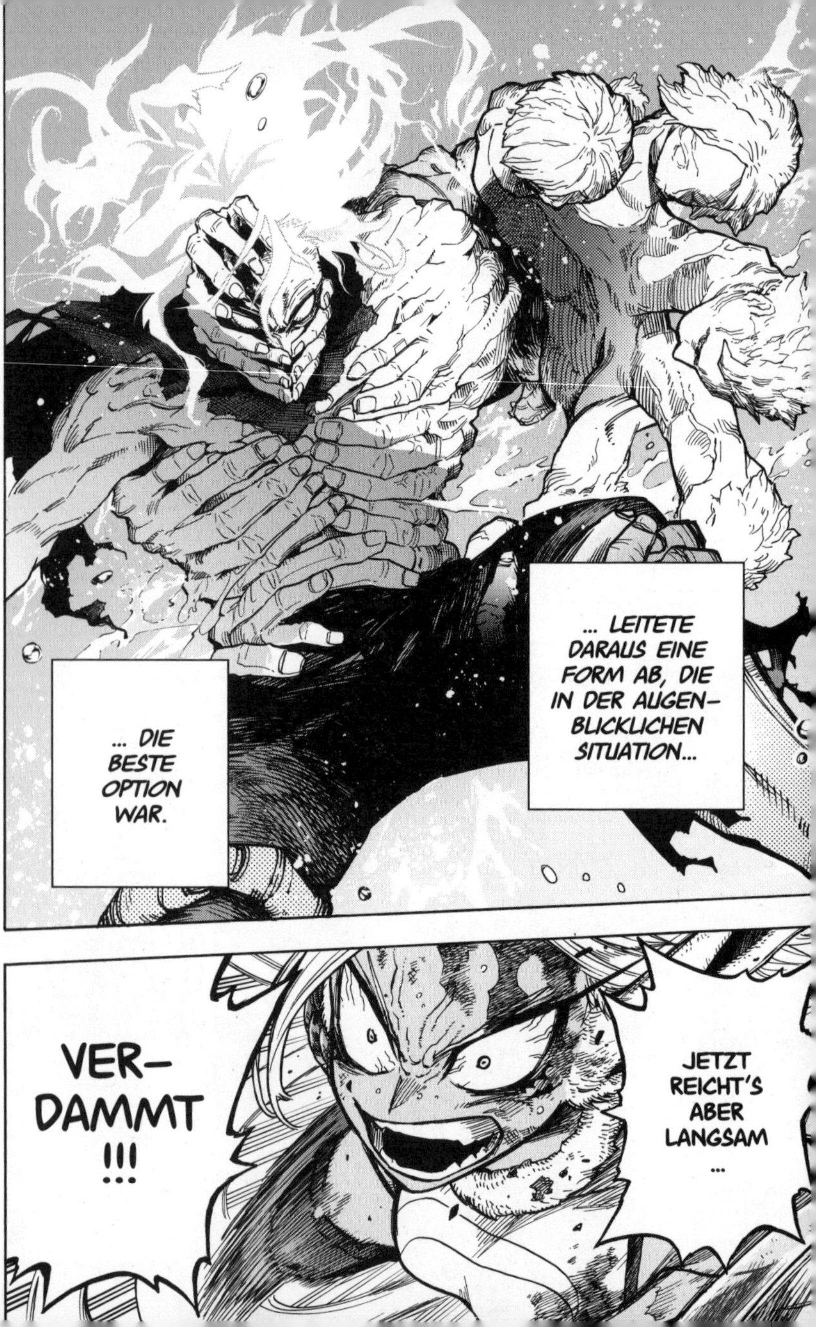
... LEITETE DARAUS EINE FORM AB, DIE IN DER AUGEN- BLICKLICHEN SITUATION...
... DIE BESTE OPTION WAR.
JETZT REICHT'S ABER LANGSAM ...
VER- DAMMT !!!

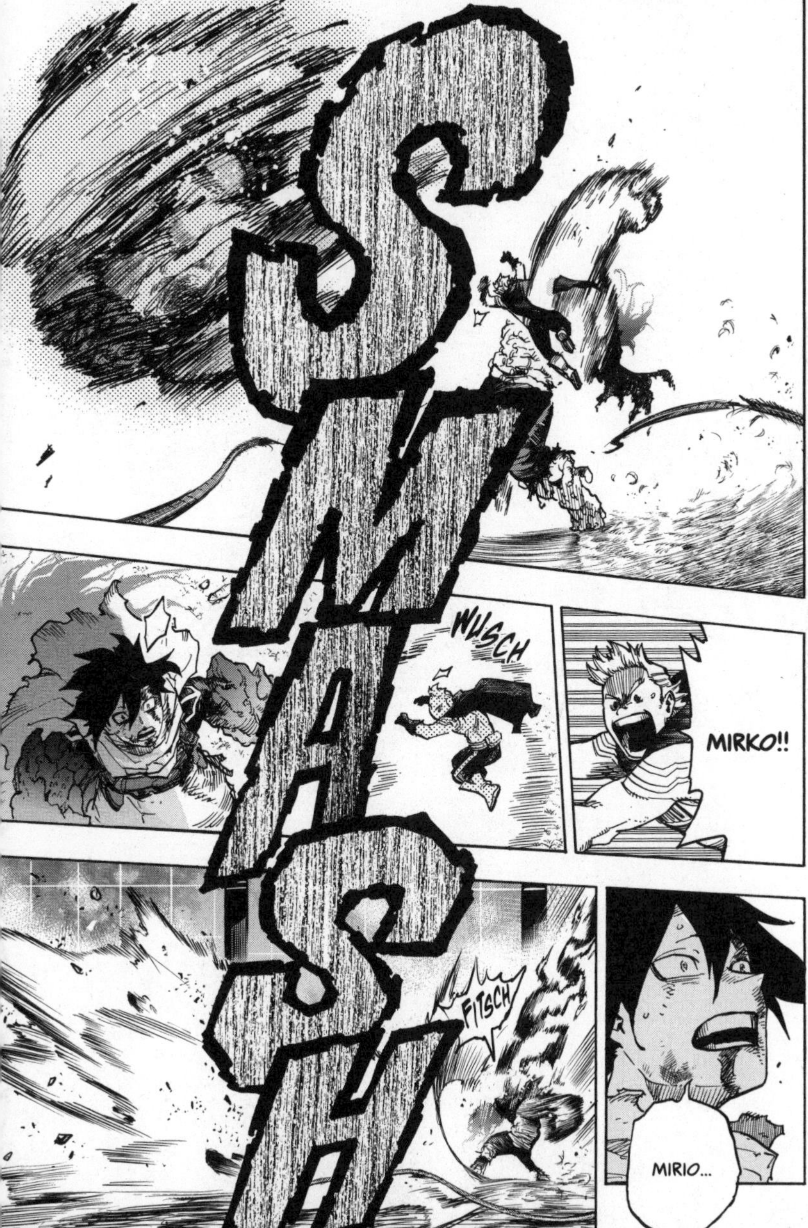
MIRKO!!
WUSCH
MIRIO...
FITSCH

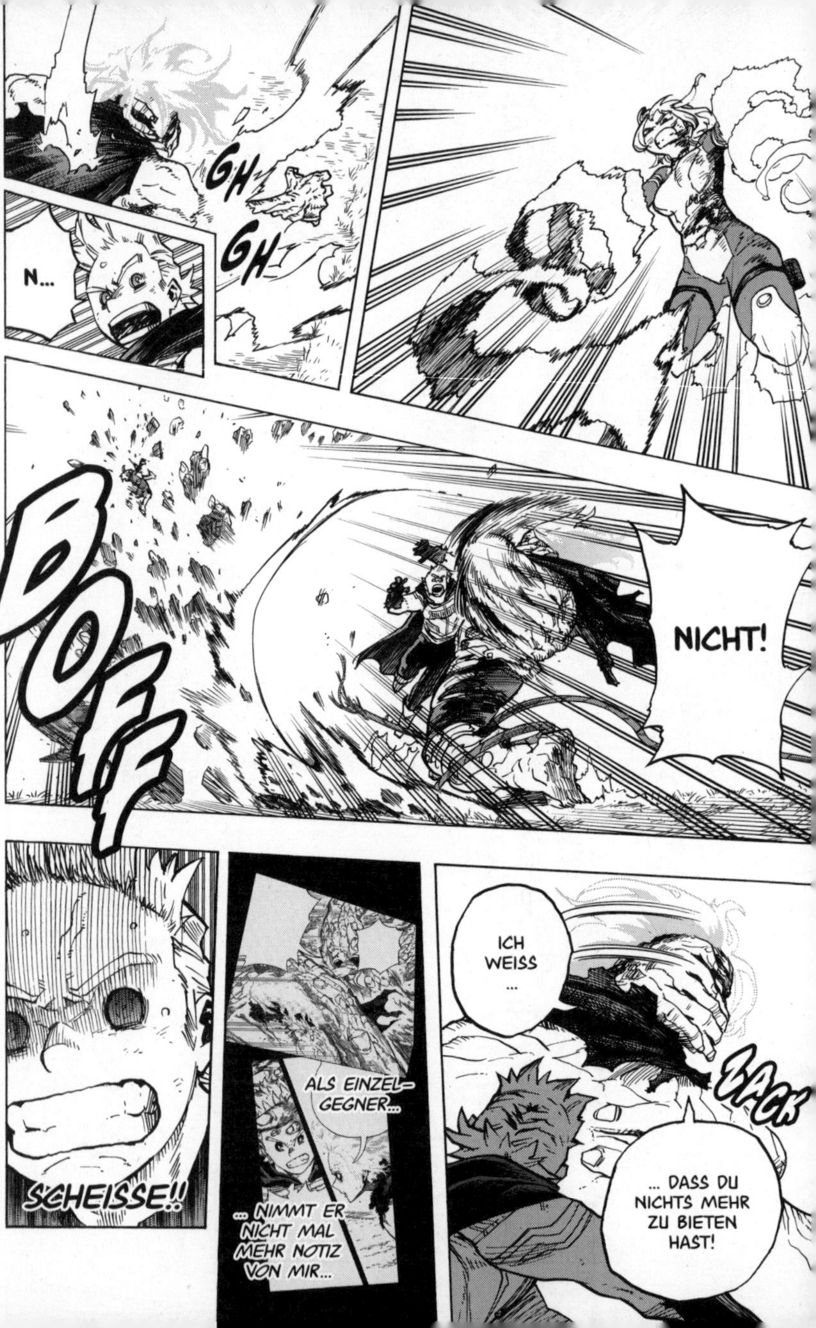
GH
GH
N...
NICHT!
ICH WEISS ...
ZACK
... DASS DU NICHTS MEHR ZU BIETEN HAST!
ALS EINZEL-GEGNER...
... NIMMT ER NICHT MAL MEHR NOTIZ VON MIR...
SCHEISSE!!

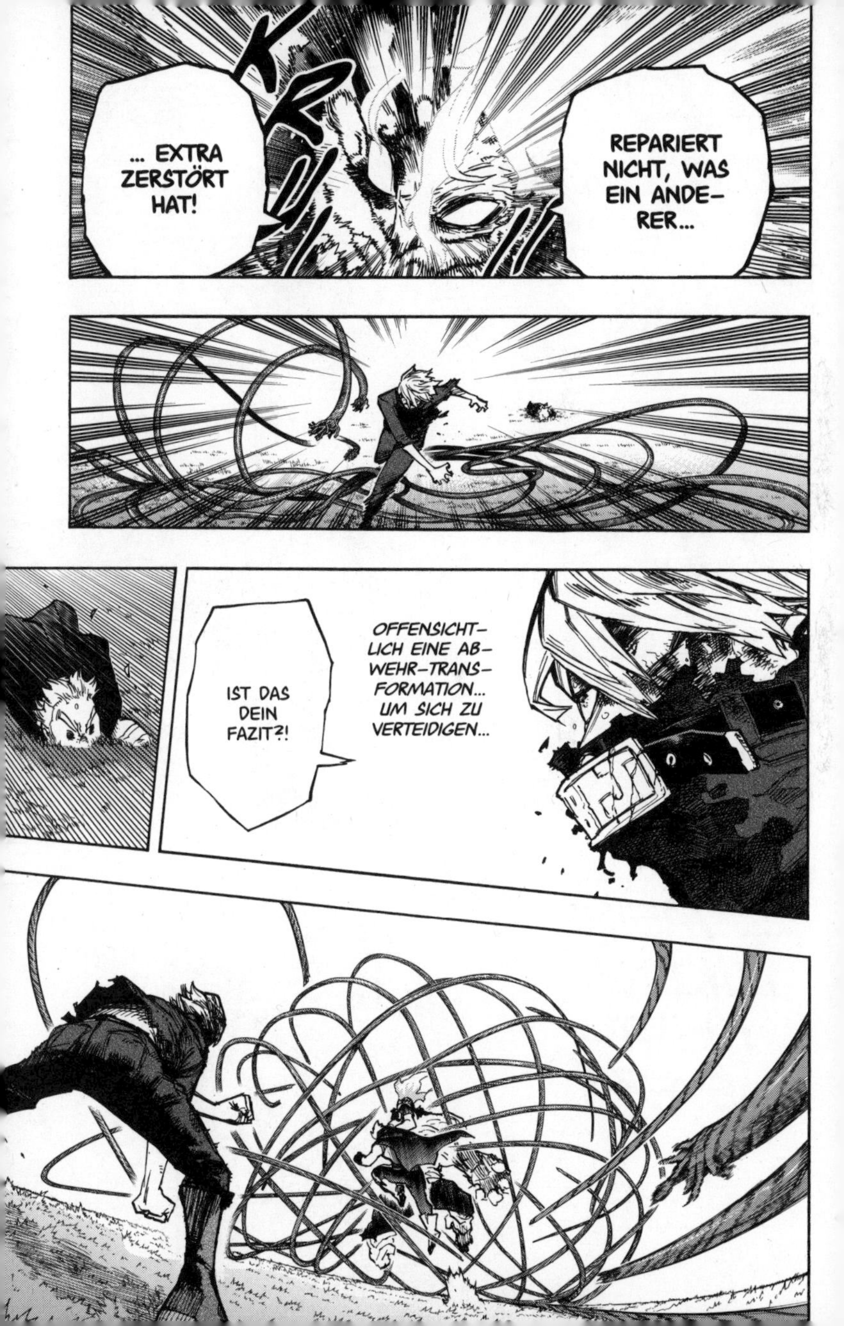
REPARIERT NICHT, WAS EIN ANDE-RER...
... EXTRA ZERSTÖRT HAT!
OFFENSICHT-LICH EINE AB-WEHR-TRANS-FORMATION... UM SICH ZU VERTEIDIGEN...
IST DAS DEIN FAZIT?!

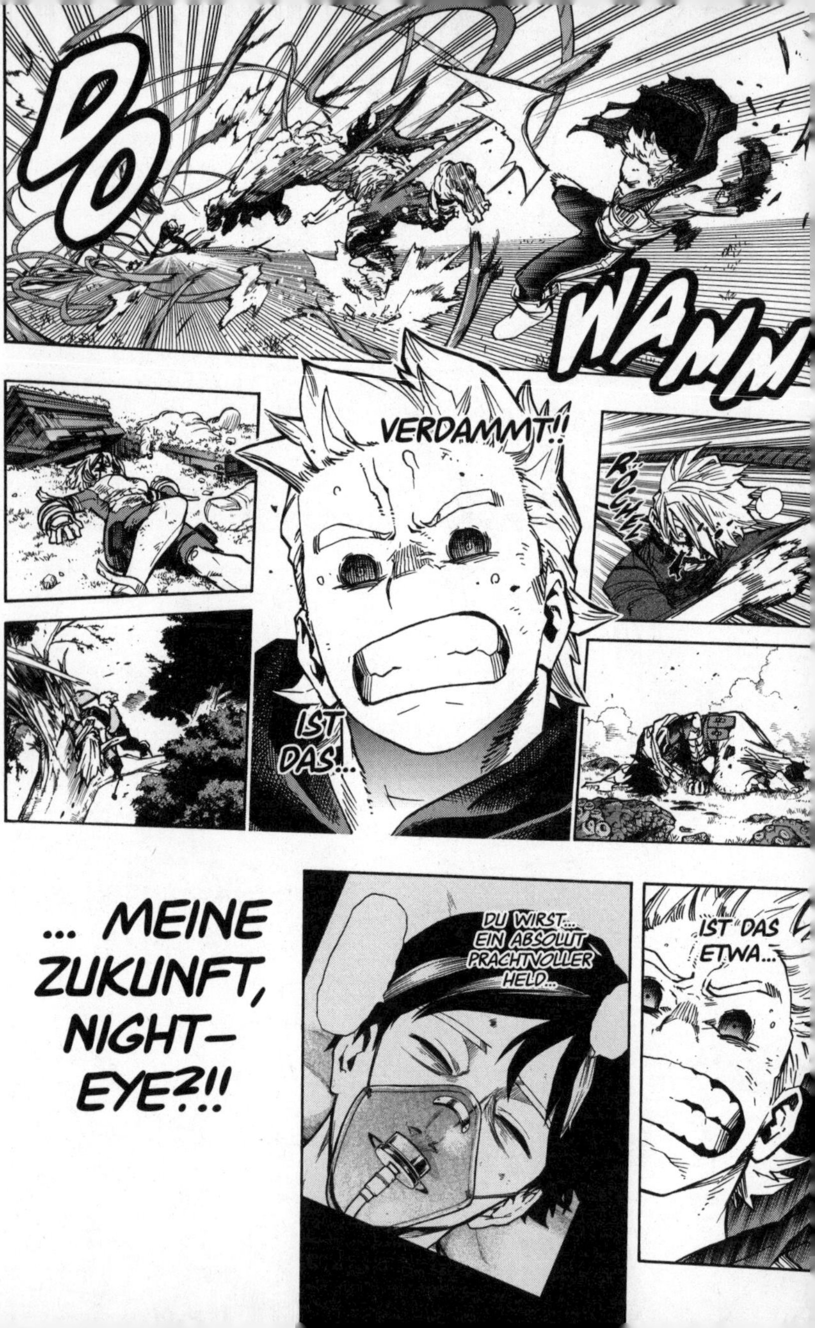
WAMM
DO
RÖCHEL
VERDAMMT!!
IST DAS...
IST DAS ETWA...
DU WIRST... EIN ABSOLUT PRACHTVOLLER HELD...
... MEINE ZUKUNFT, NIGHT-EYE?!!

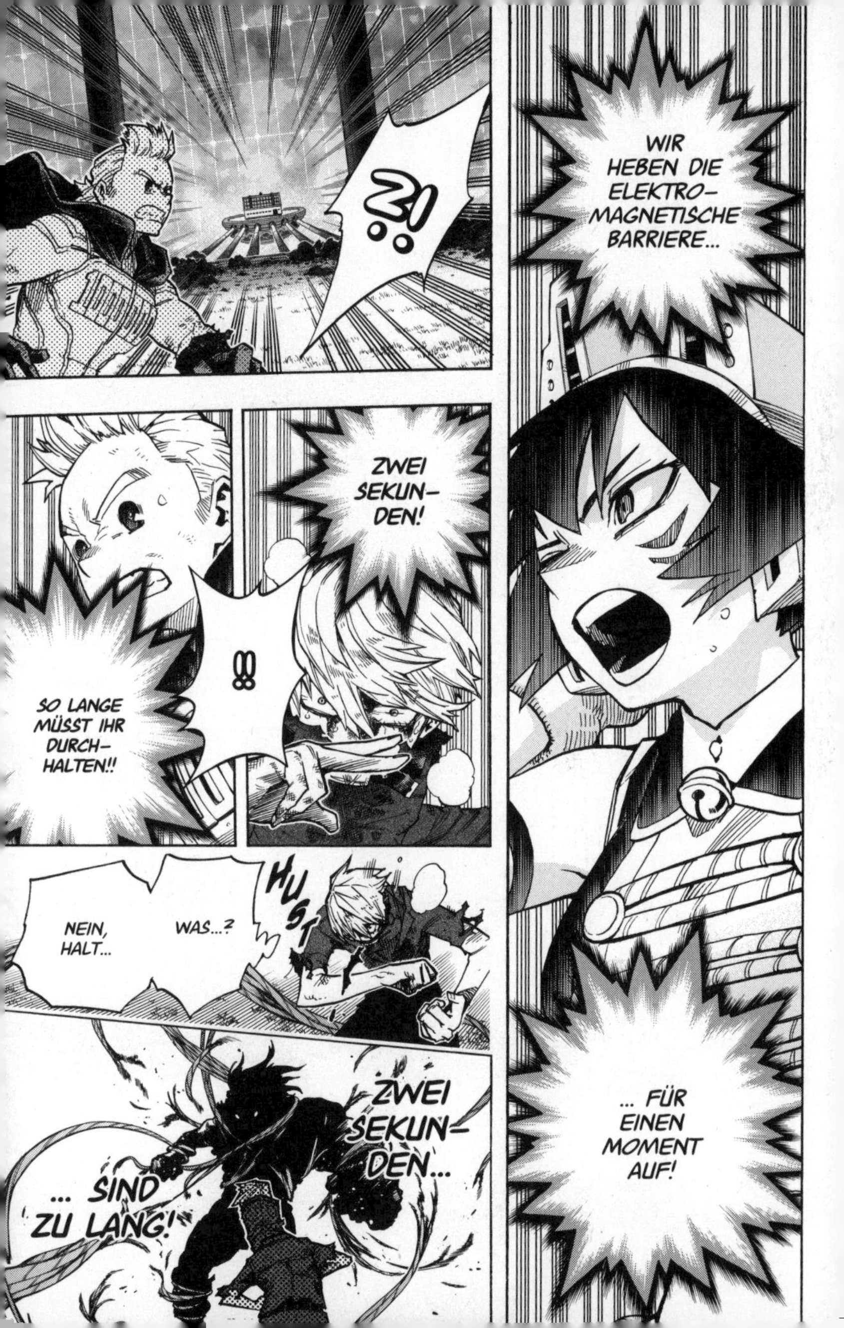
WIR HEBEN DIE ELEKTRO-MAGNETISCHE BARRIERE...
!?
ZWEI SEKUN-DEN!
!!
SO LANGE MÜSST IHR DURCH-HALTEN!!
WAS...?
NEIN, HALT...
HUST
... FÜR EINEN MOMENT AUF!
ZWEI SEKUN-DEN...
... SIND ZU LANG!

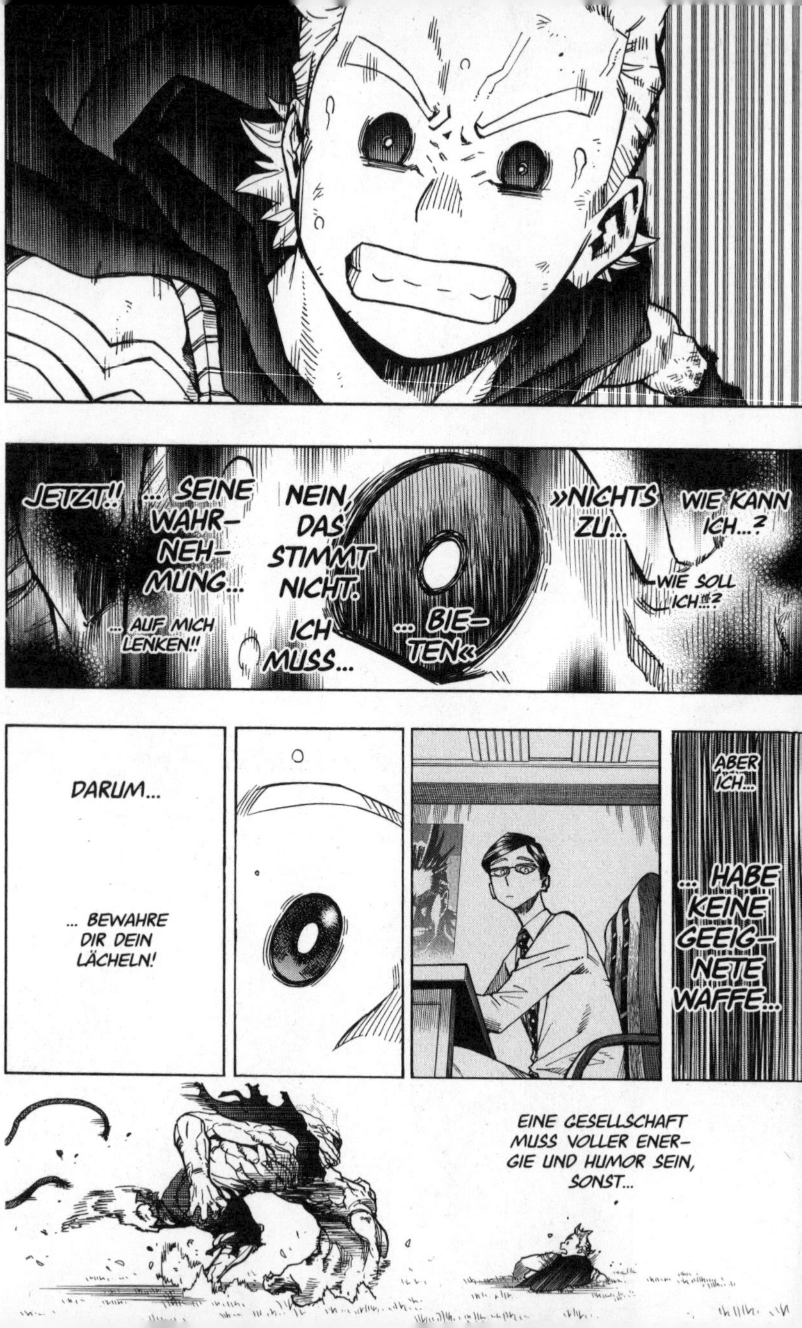

WIE KANN ICH...?
WIE SOLL ICH...?
»NICHTS ZU...
... BIETEN«
NEIN, DAS STIMMT NICHT.
ICH MUSS...
... SEINE WAHRNEHMUNG...
... AUF MICH LENKEN!!
JETZT!!
ABER ICH...
... HABE KEINE GEEIGNETE WAFFE...
DARUM...
... BEWAHRE DIR DEIN LÄCHELN!
EINE GESELLSCHAFT MUSS VOLLER ENERGIE UND HUMOR SEIN, SONST...

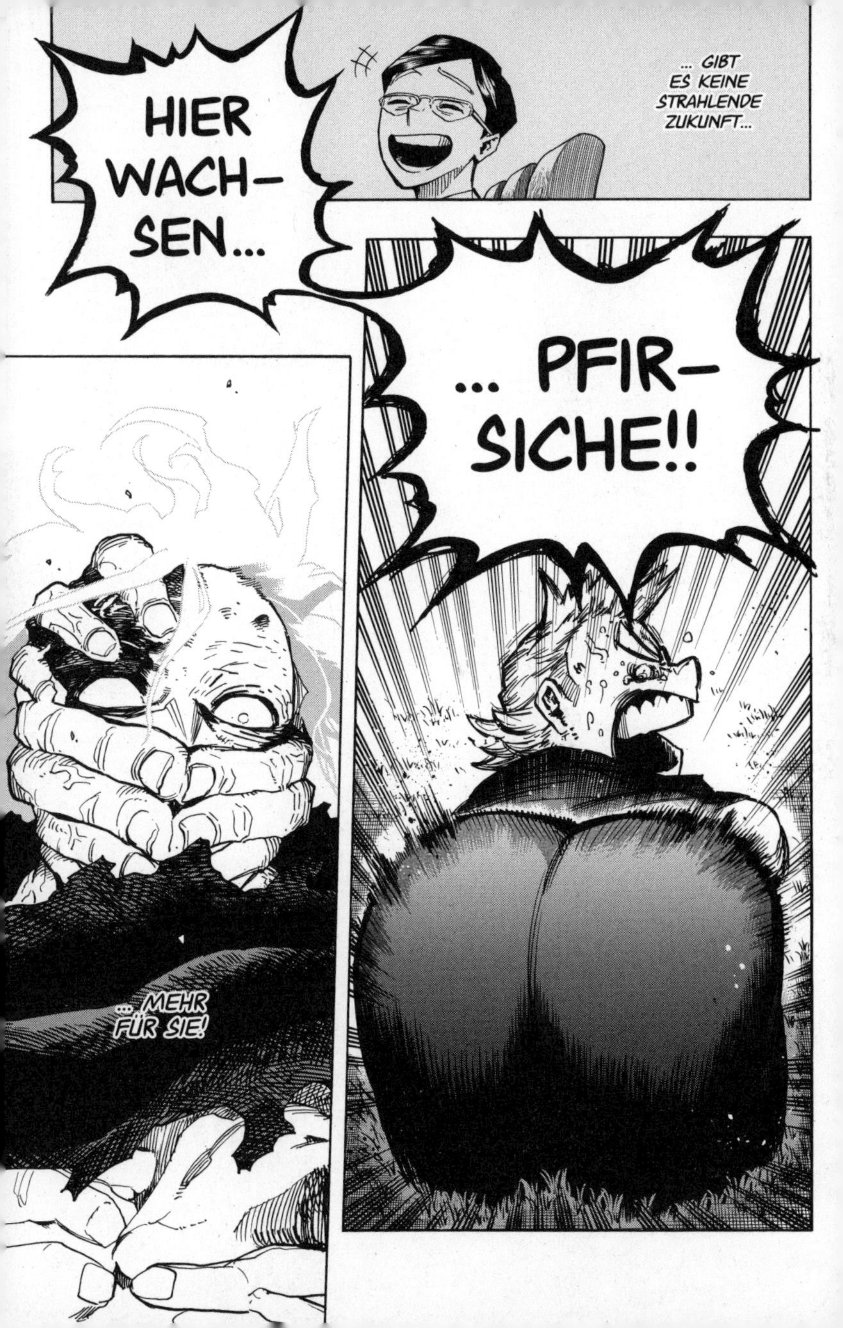
... GIBT ES KEINE STRAHLENDE ZUKUNFT...
HIER WACH-SEN...
... PFIR-SICHE!!
... MEHR FÜR SIE!

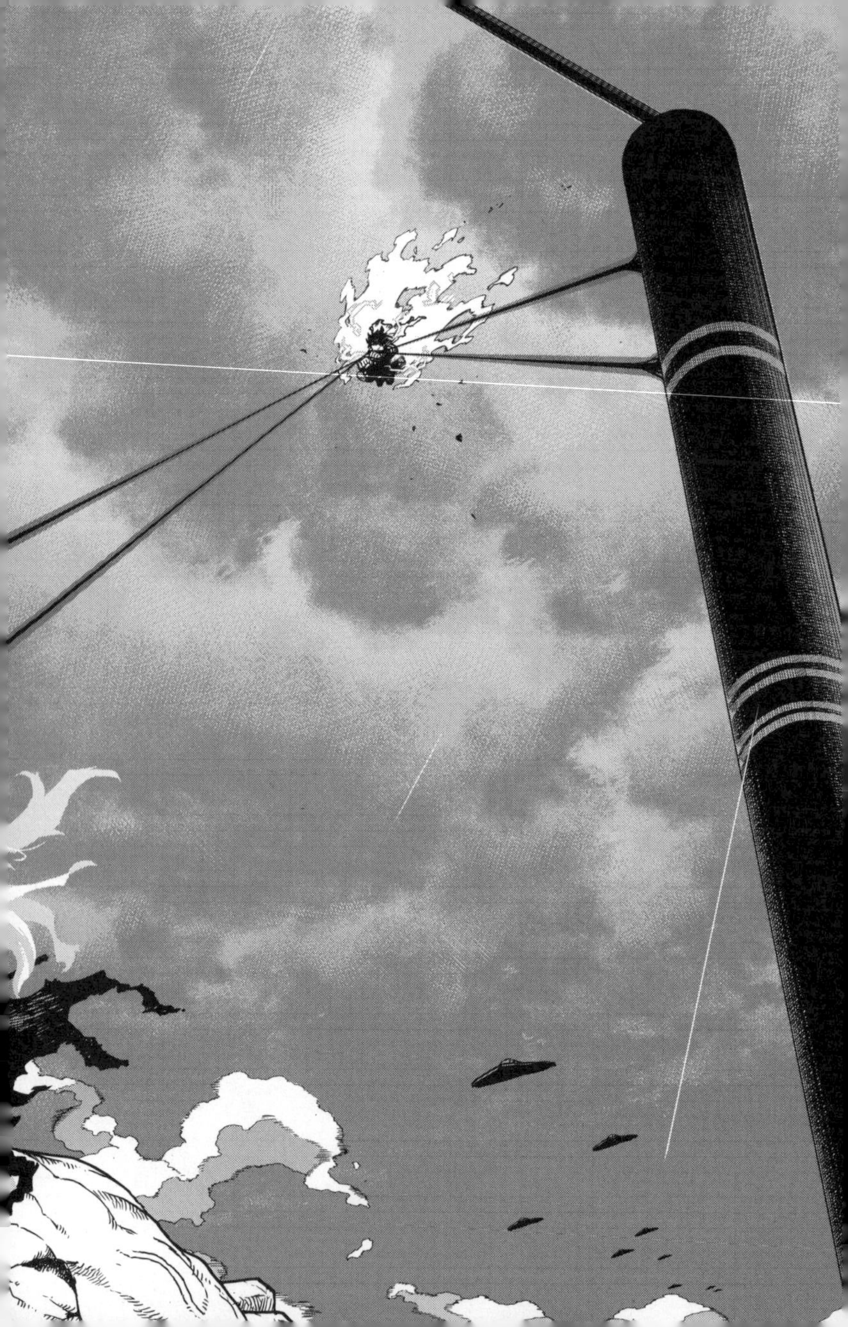

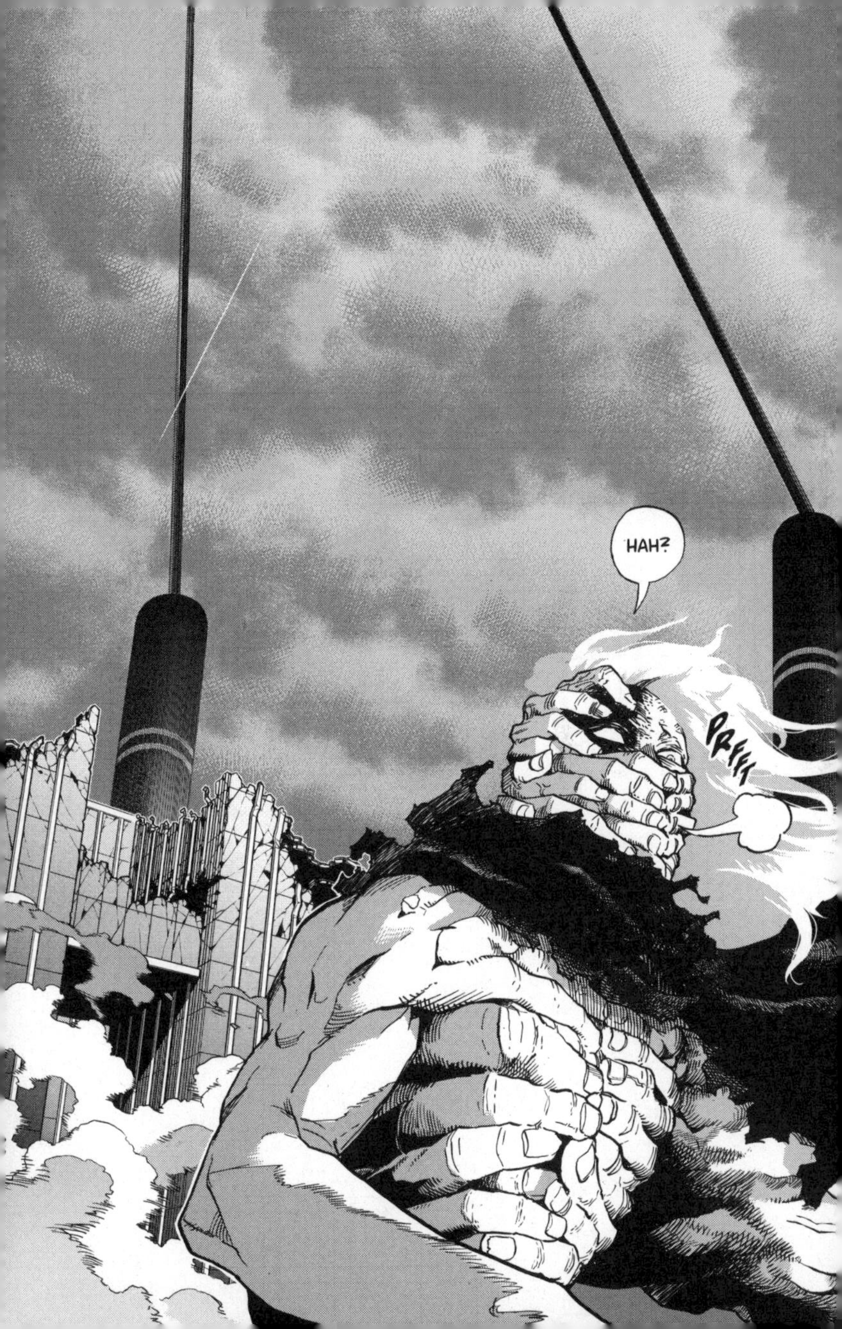
HAH?
PRFFT

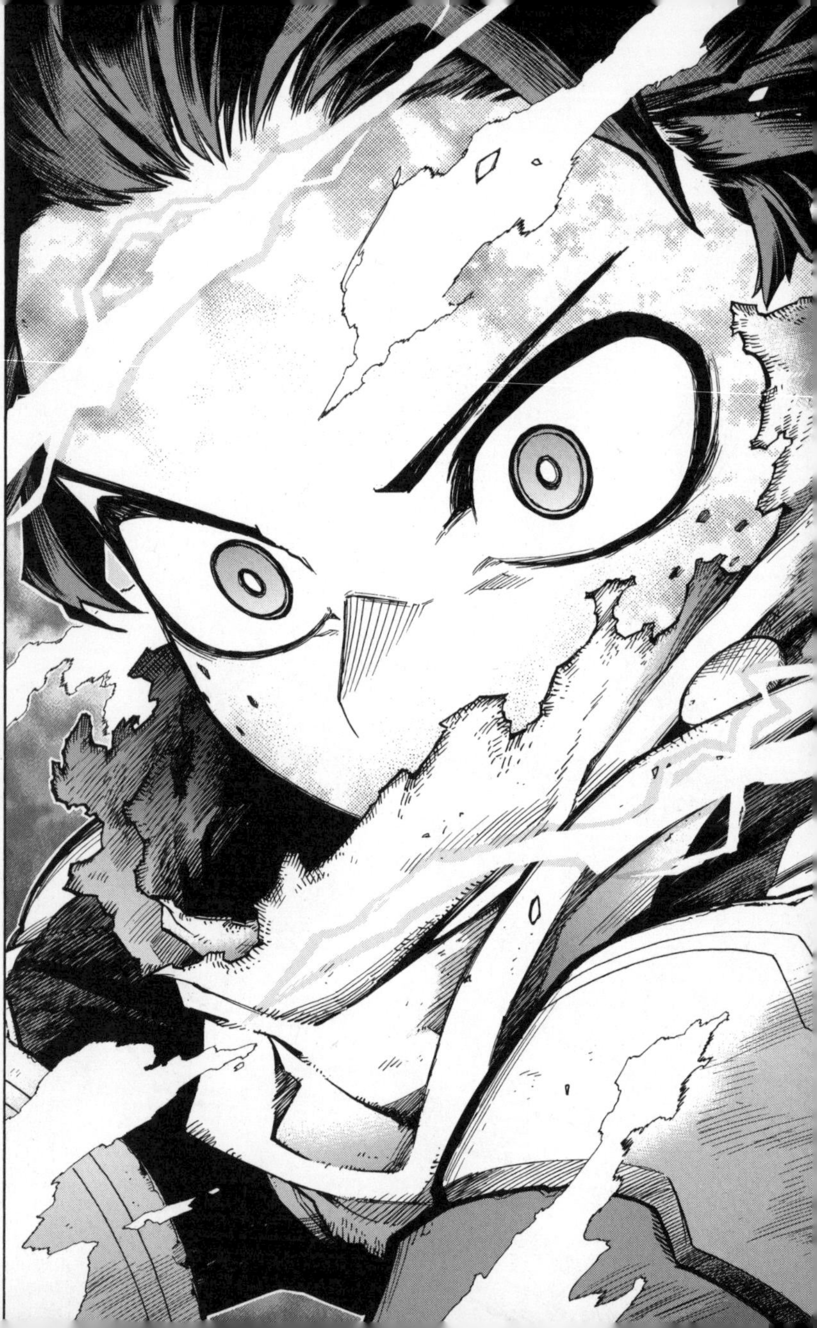

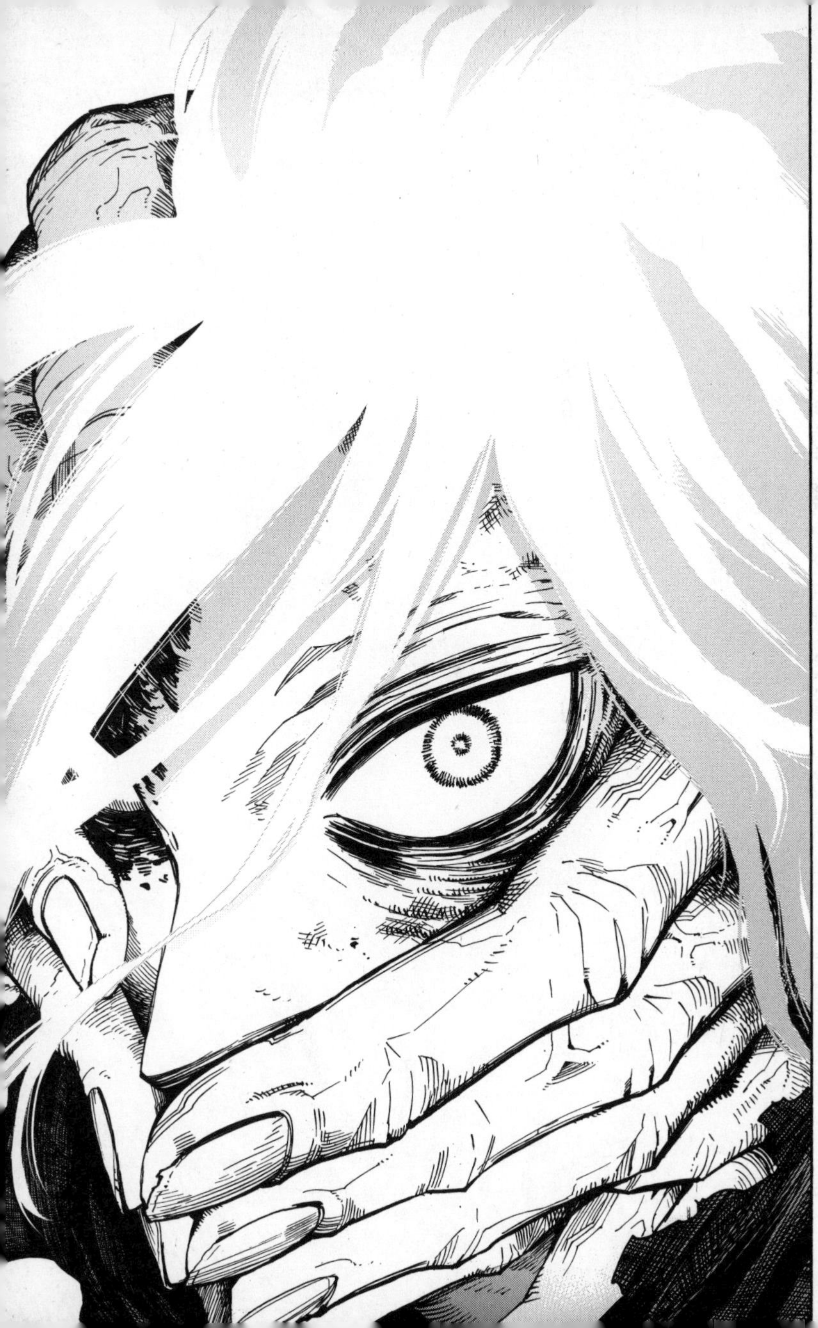

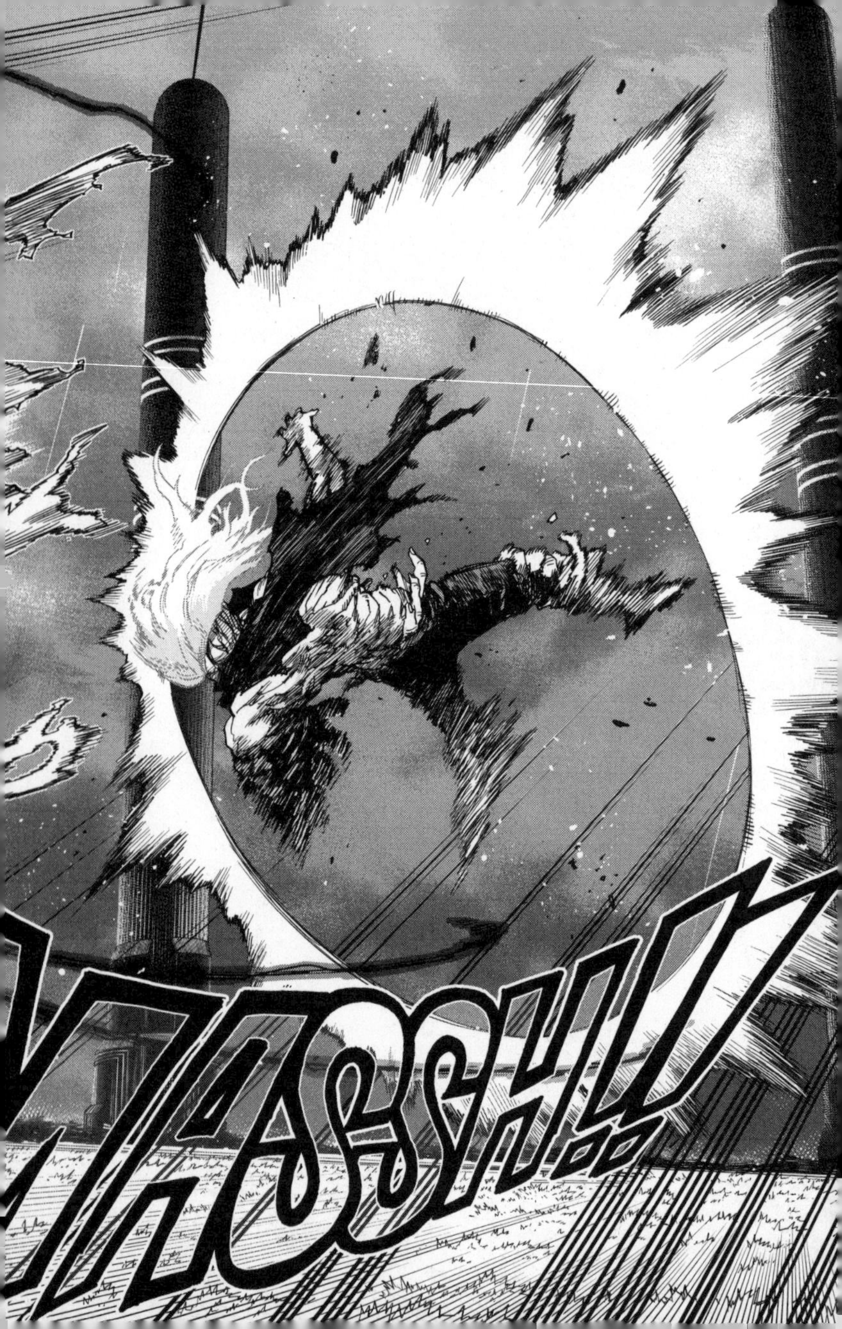
WASSHU

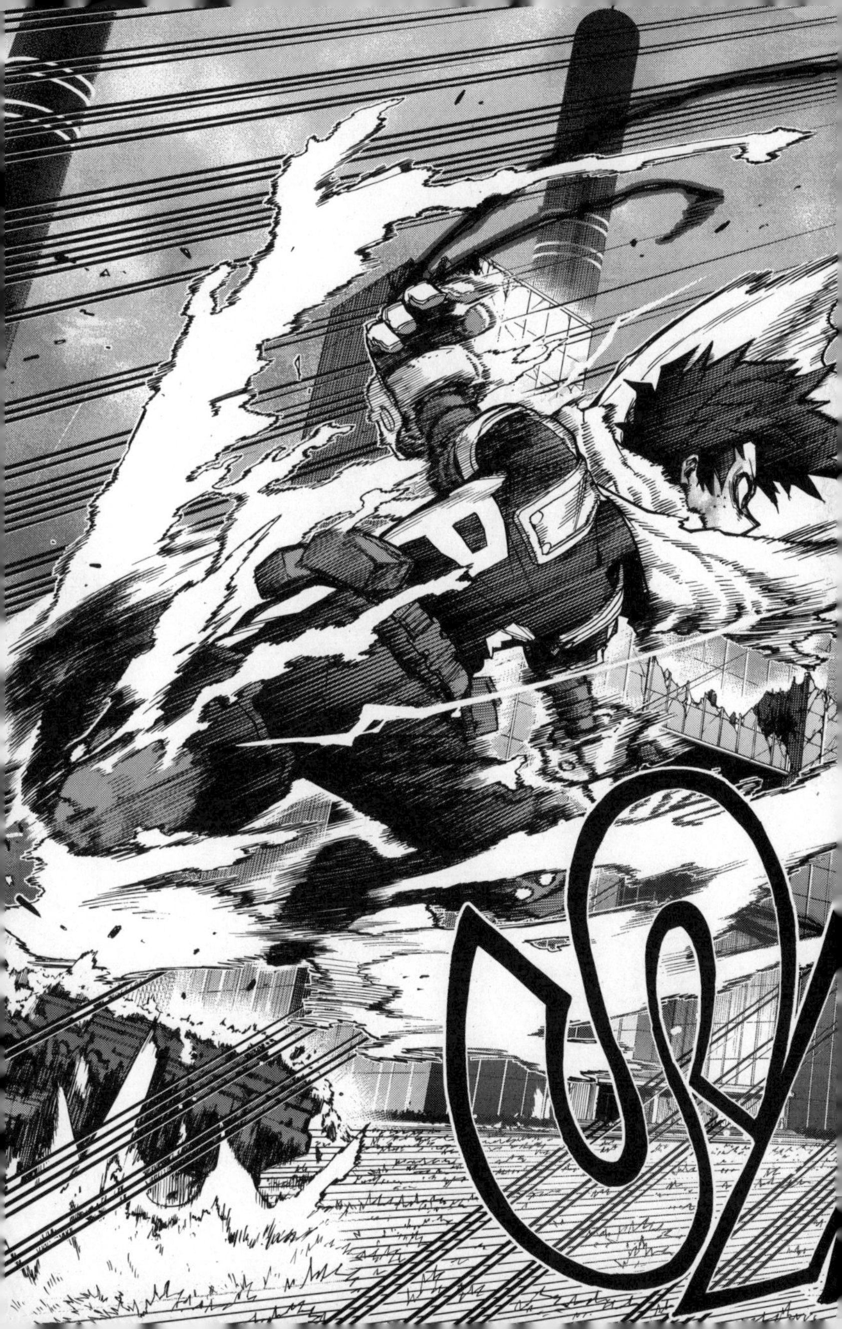

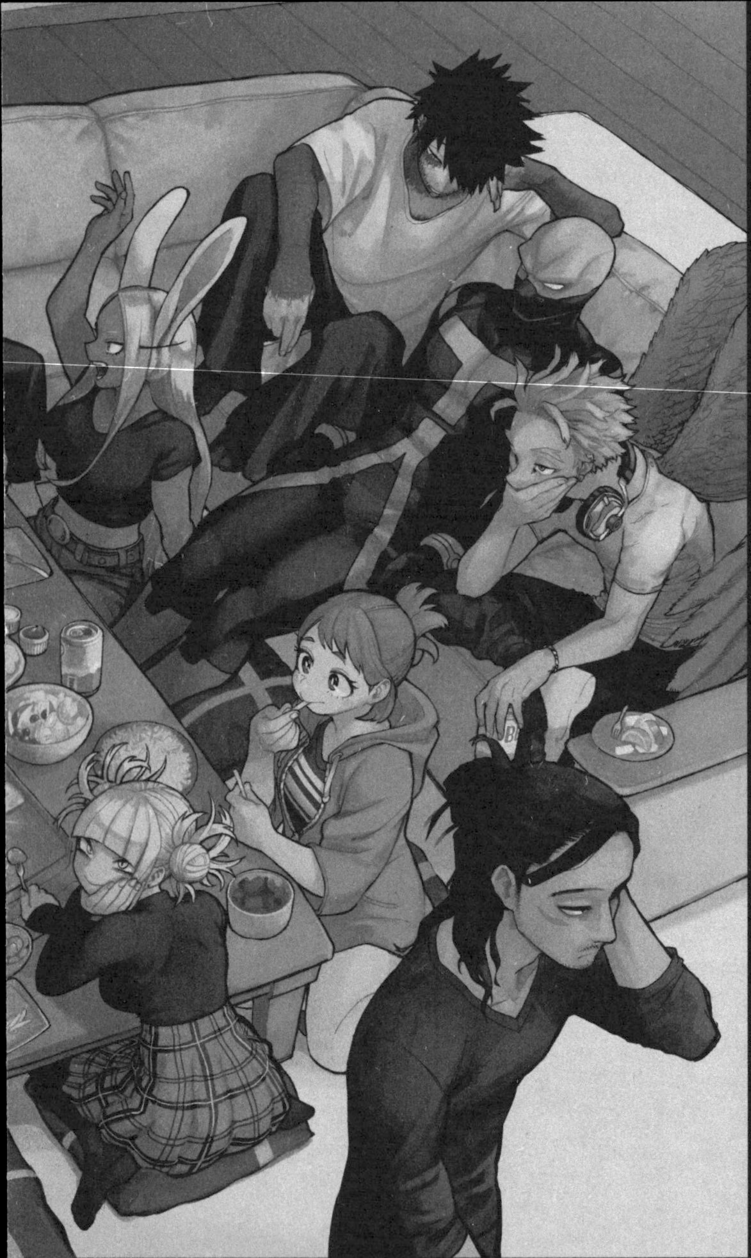

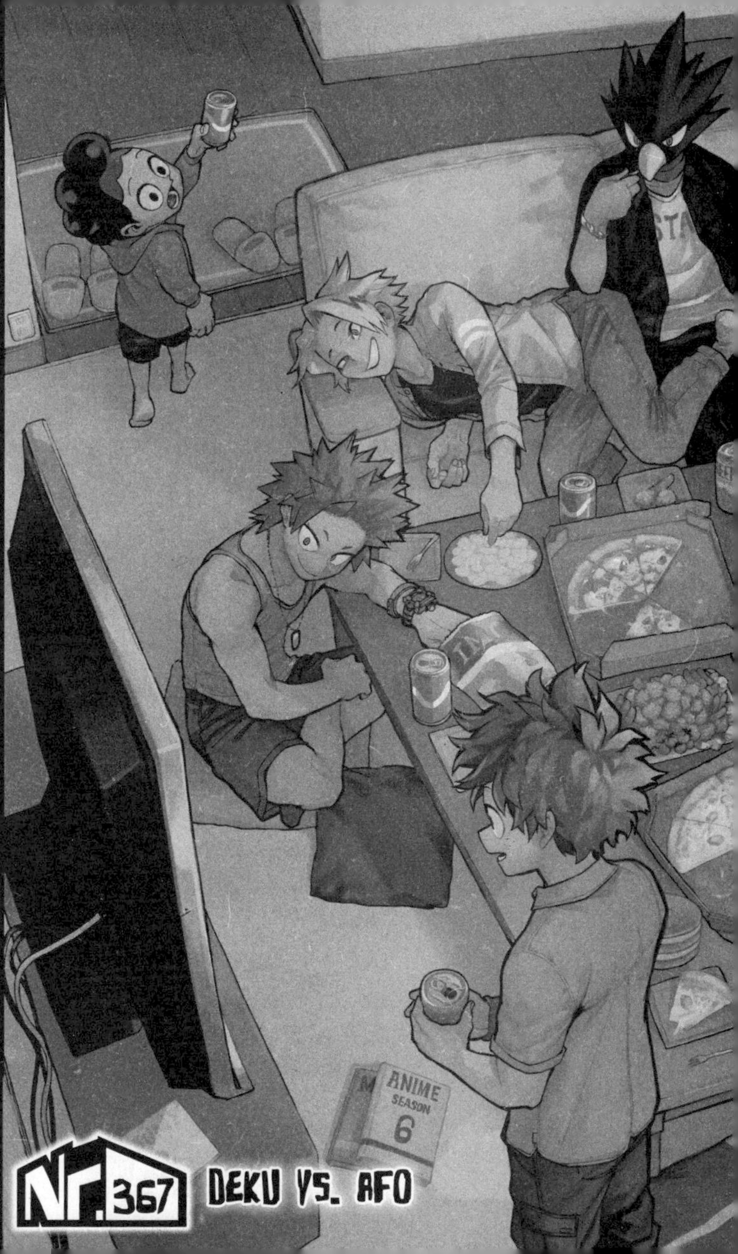

Nr. 367 DEKU VS. AFO

MY HERO ACADEMIA

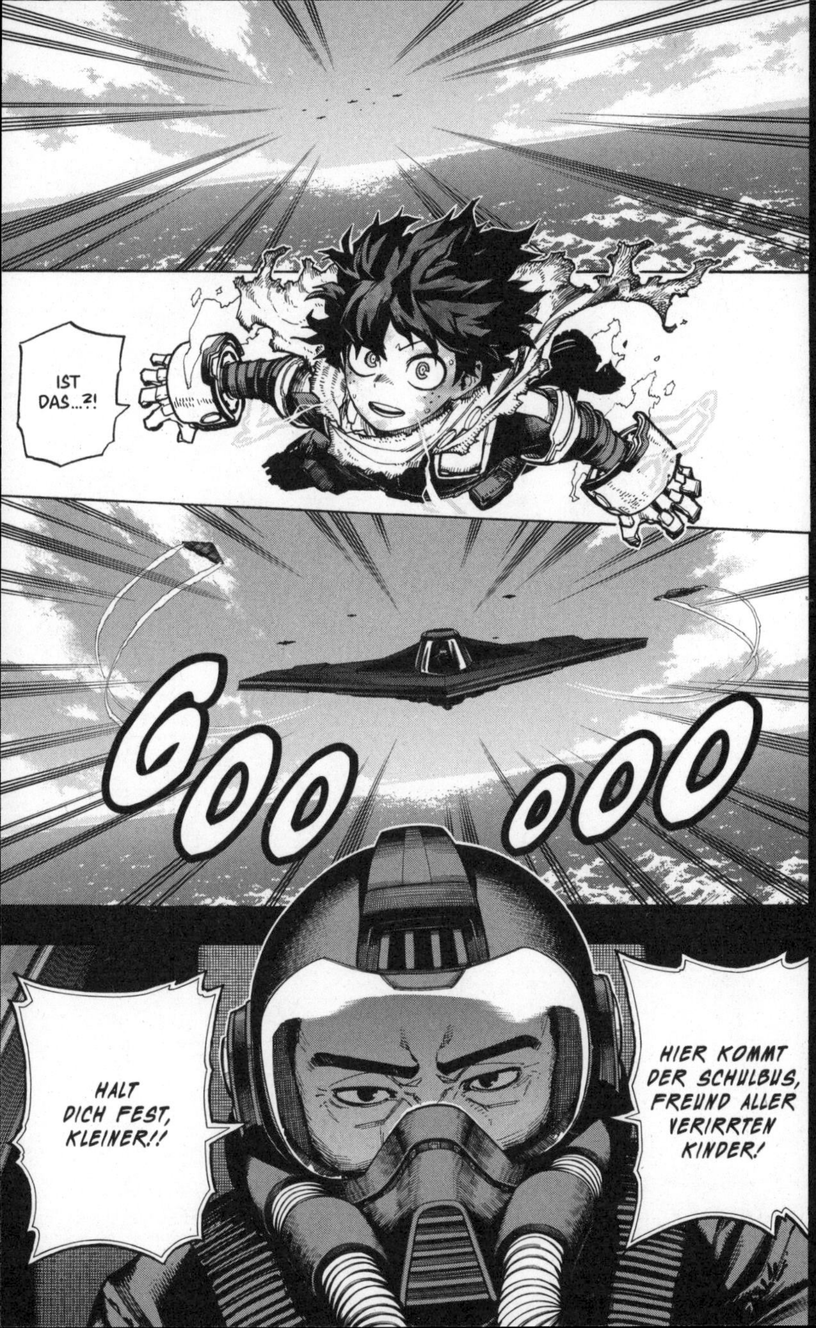
IST DAS...?!
GOOOOOO
HIER KOMMT DER SCHULBUS, FREUND ALLER VERIRRTEN KINDER!
HALT DICH FEST, KLEINER!!

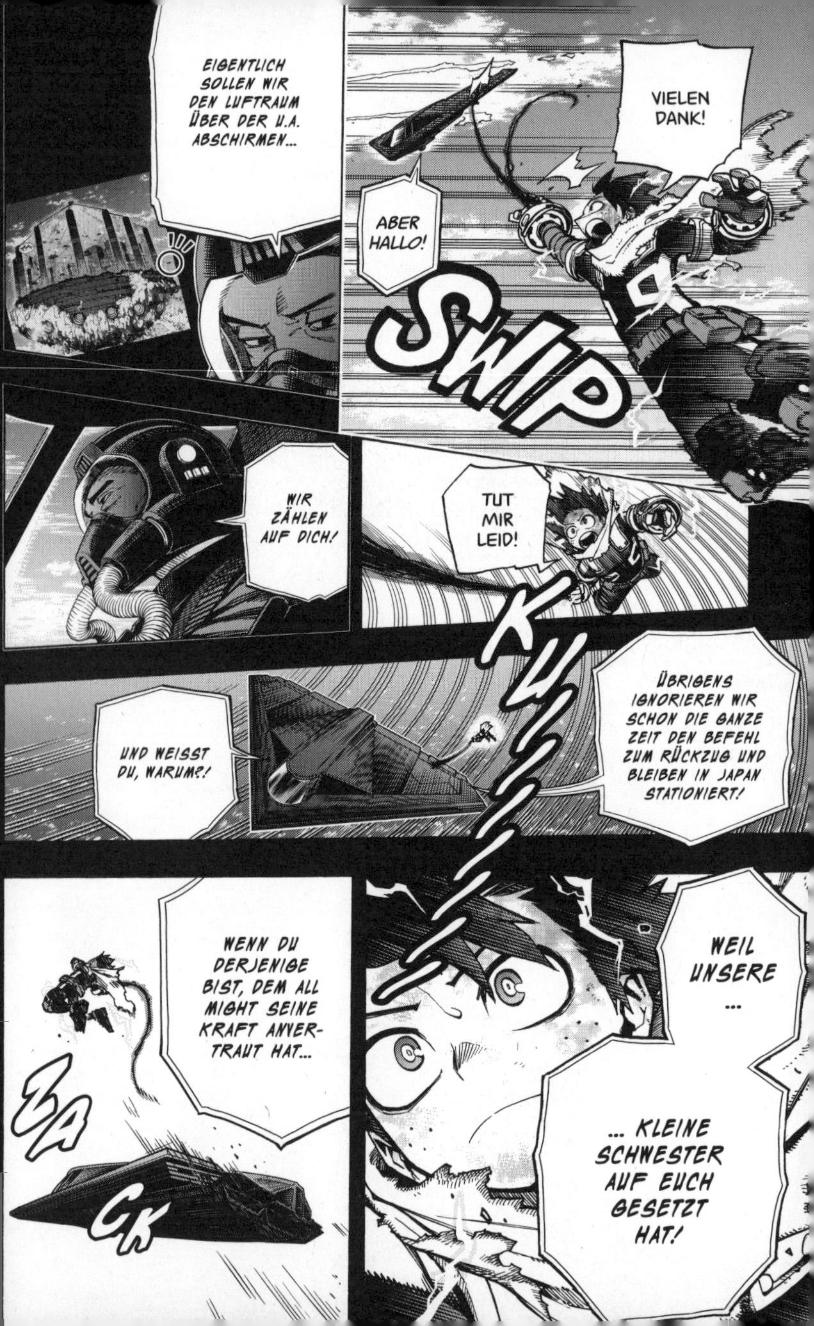
VIELEN DANK!
ABER HALLO!
SWIP
EIGENTLICH SOLLEN WIR DEN LUFTRAUM ÜBER DER U.A. ABSCHIRMEN...
TUT MIR LEID!
WIR ZÄHLEN AUF DICH!
ÜBRIGENS IGNORIEREN WIR SCHON DIE GANZE ZEIT DEN BEFEHL ZUM RÜCKZUG UND BLEIBEN IN JAPAN STATIONIERT!
UND WEISST DU, WARUM?!
WEIL UNSERE ...
... KLEINE SCHWESTER AUF EUCH GESETZT HAT!
WENN DU DERJENIGE BIST, DEM ALL MIGHT SEINE KRAFT ANVERTRAUT HAT...
ZACK

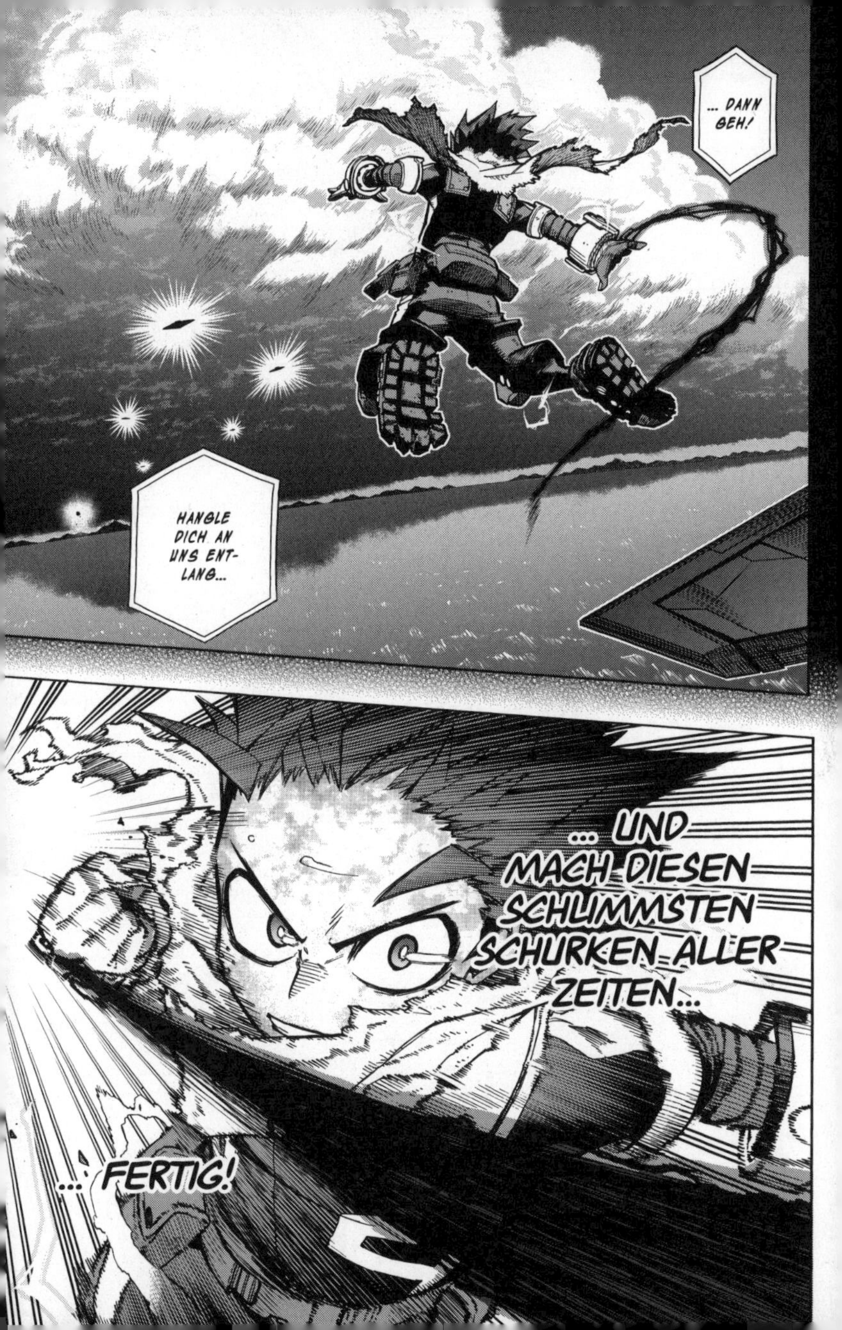
... DANN GEH!
HANGLE DICH AN UNS ENTLANG...
... UND MACH DIESEN SCHLIMMSTEN SCHURKEN ALLER ZEITEN...
... FERTIG!

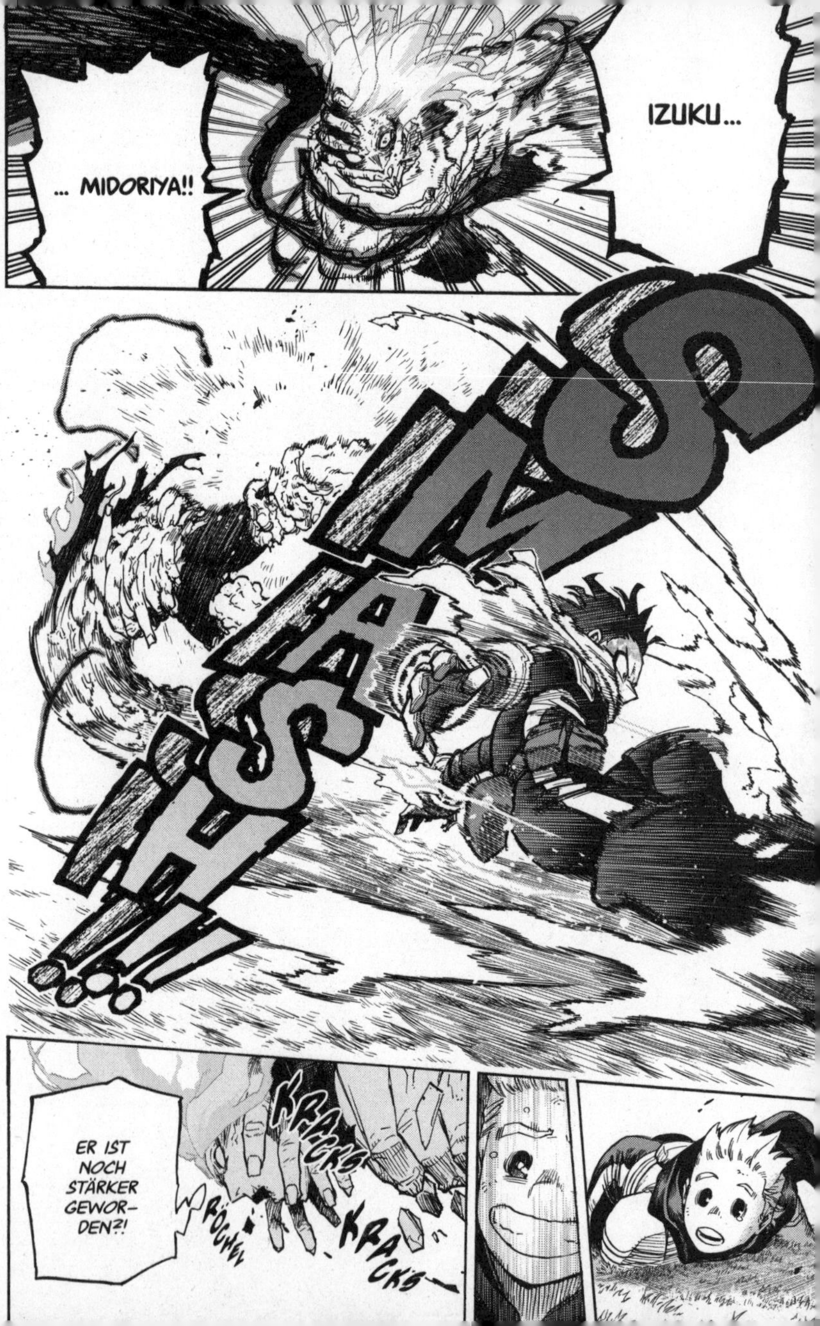
IZUKU...
... MIDORIYA!!
ER IST NOCH STÄRKER GEWORDEN?!
KRACKS
KRACKS
RÖCHEL

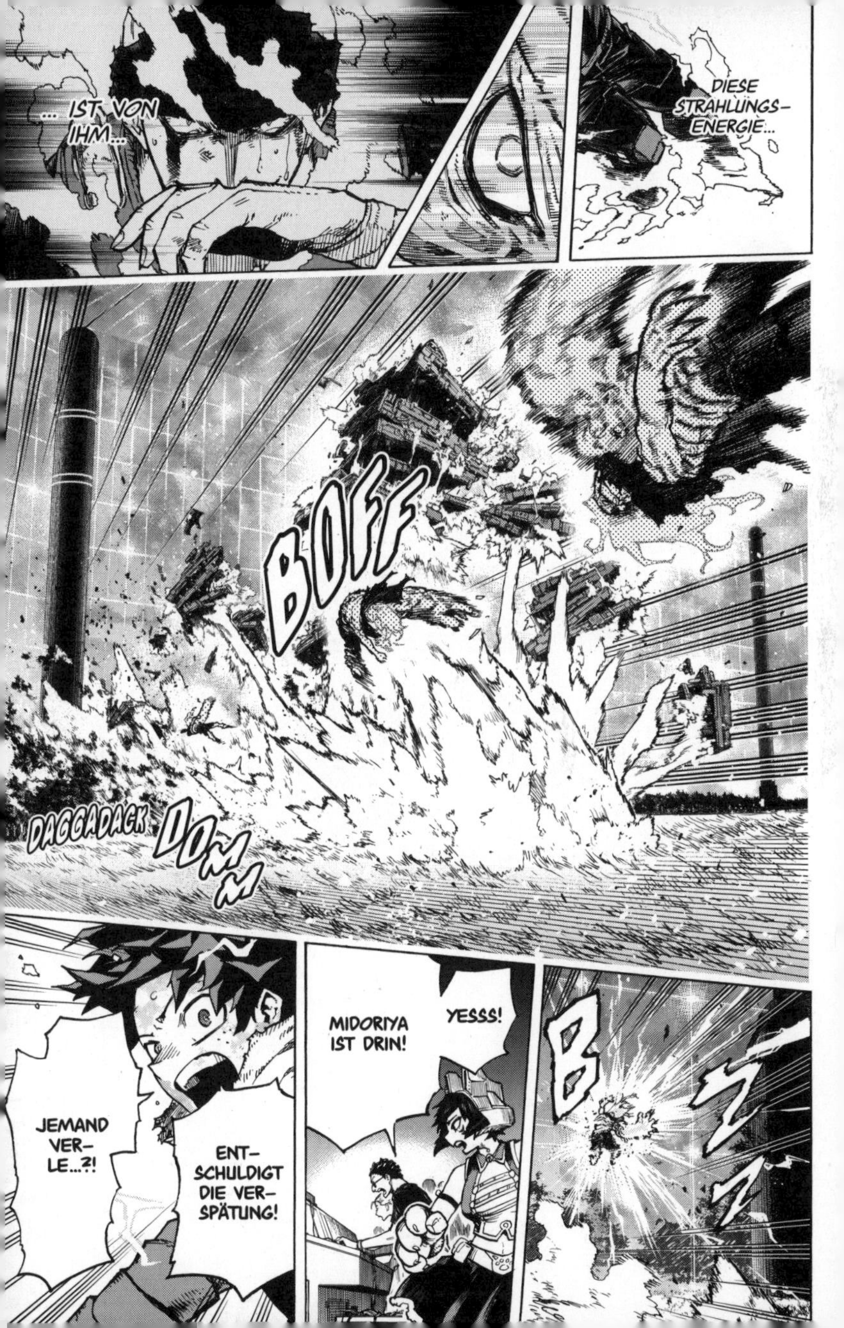

DIESE STRAHLUNGS-ENERGIE...
... IST VON IHM...
BOFF
DAGGADACK
DOMM
BZZ
YESSS!
MIDORIYA IST DRIN!
ENT-SCHULDIGT DIE VER-SPÄTUNG!
JEMAND VER-LE...?!

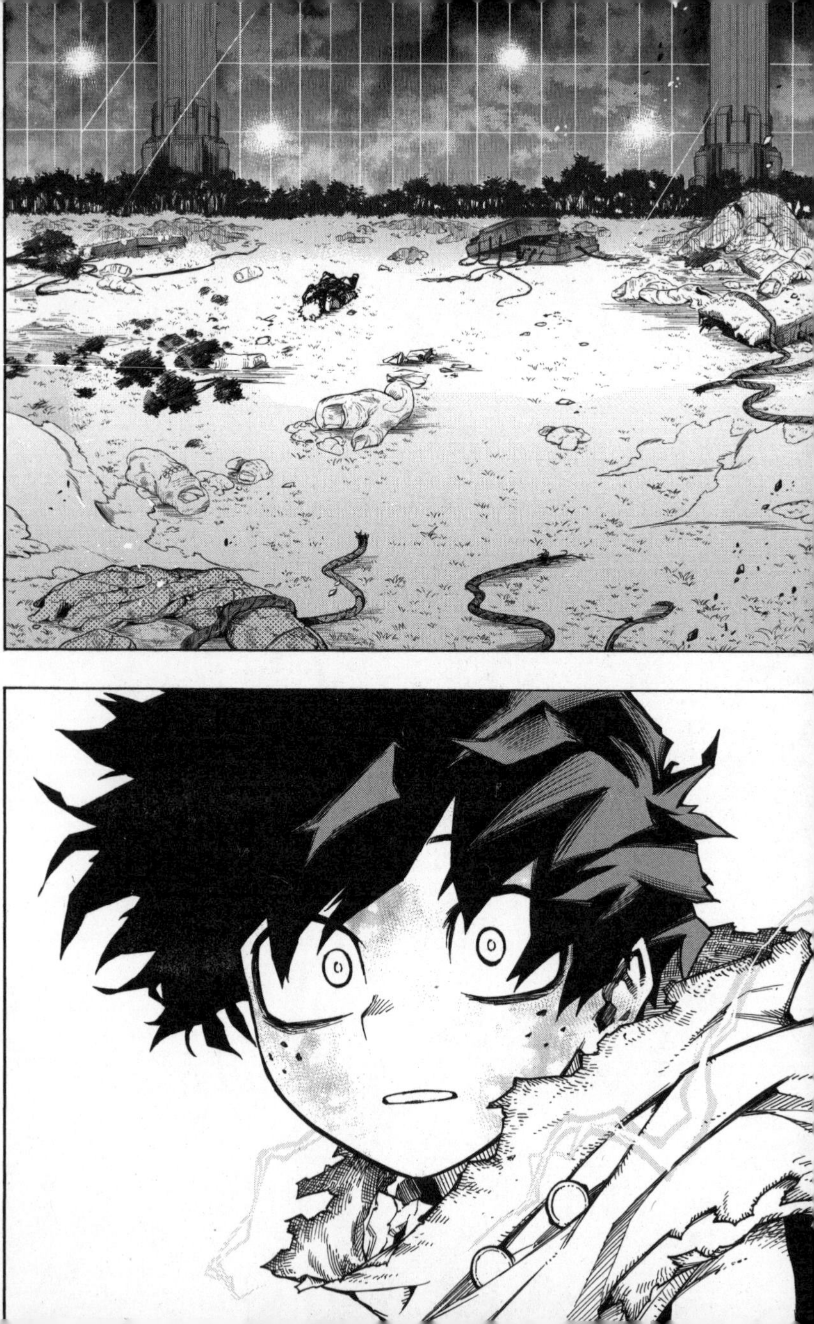

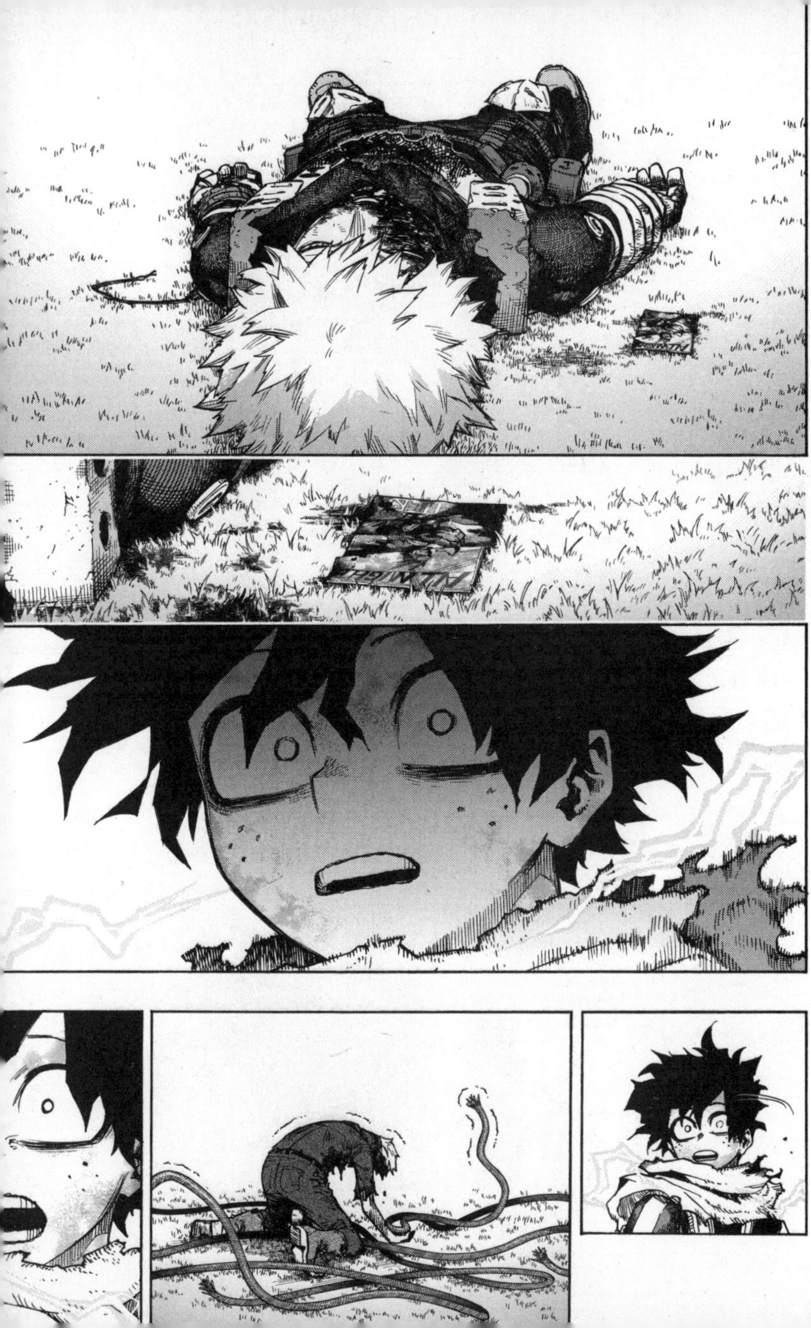

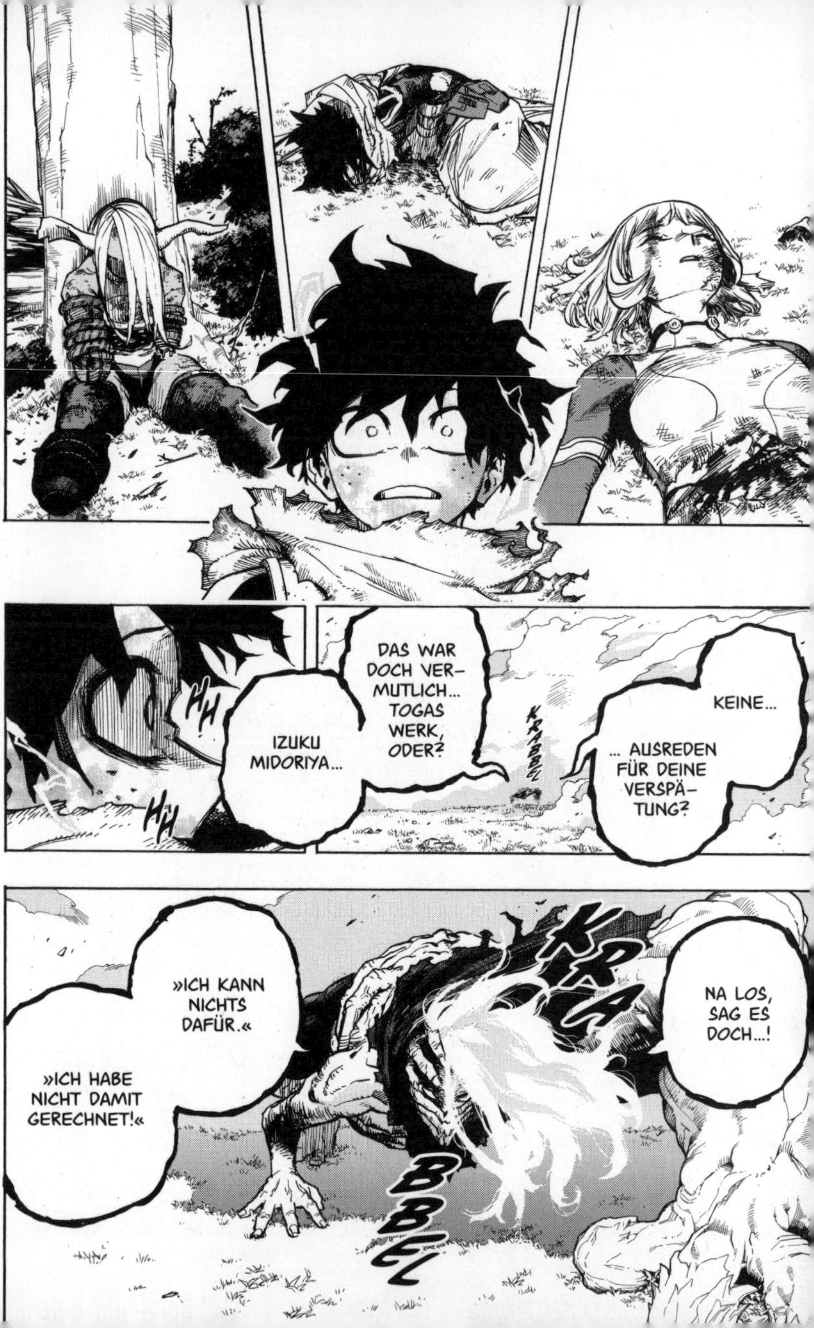
KEINE...
... AUSREDEN FÜR DEINE VERSPÄTUNG?
KRABBEL
DAS WAR DOCH VERMUTLICH... TOGAS WERK, ODER?
IZUKU MIDORIYA...
HH
HH
NA LOS, SAG ES DOCH...!
KRABBEL
»ICH KANN NICHTS DAFÜR.«
»ICH HABE NICHT DAMIT GERECHNET!«

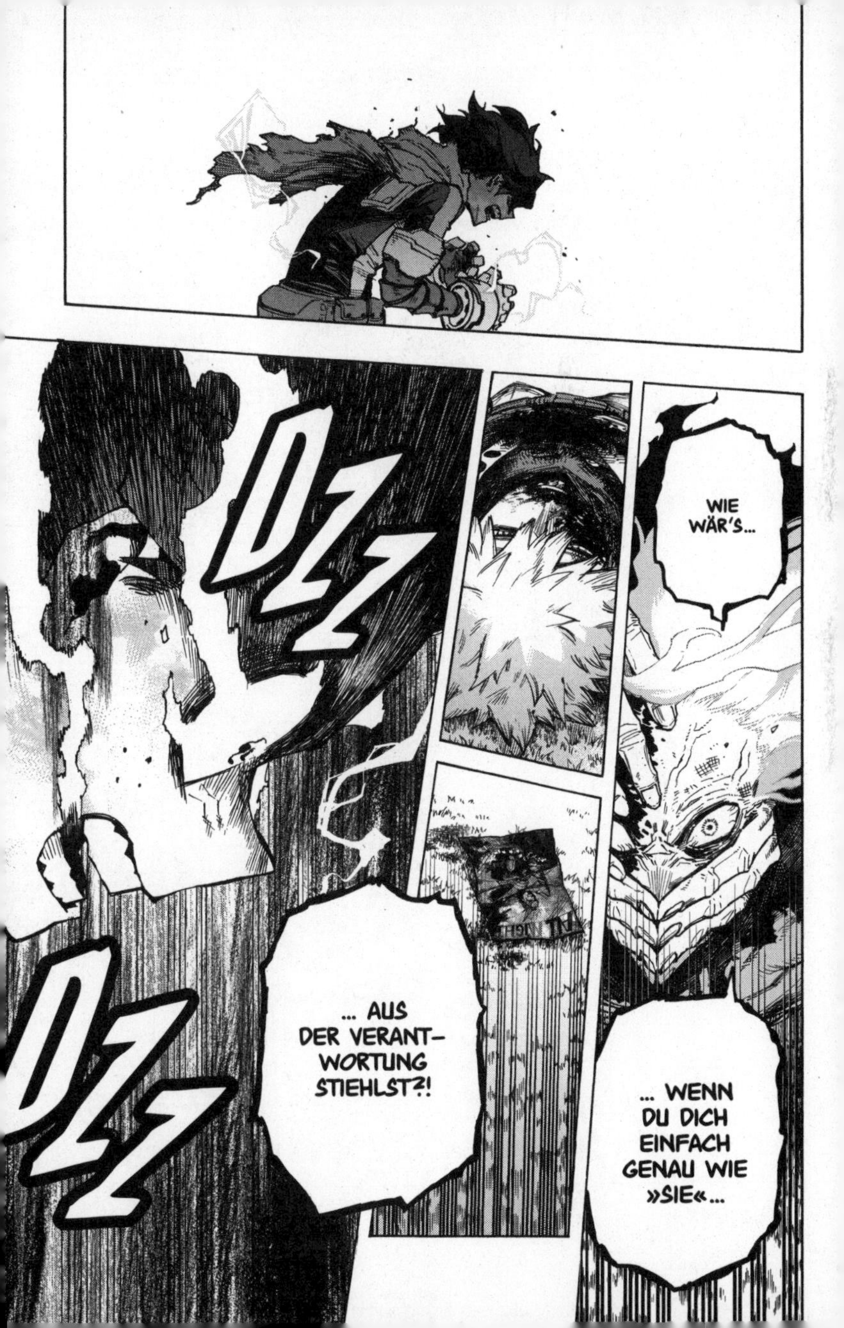
WIE WÄR'S...
... WENN DU DICH EINFACH GENAU WIE »SIE«...
... AUS DER VERANT-WORTUNG STIEHLST?!

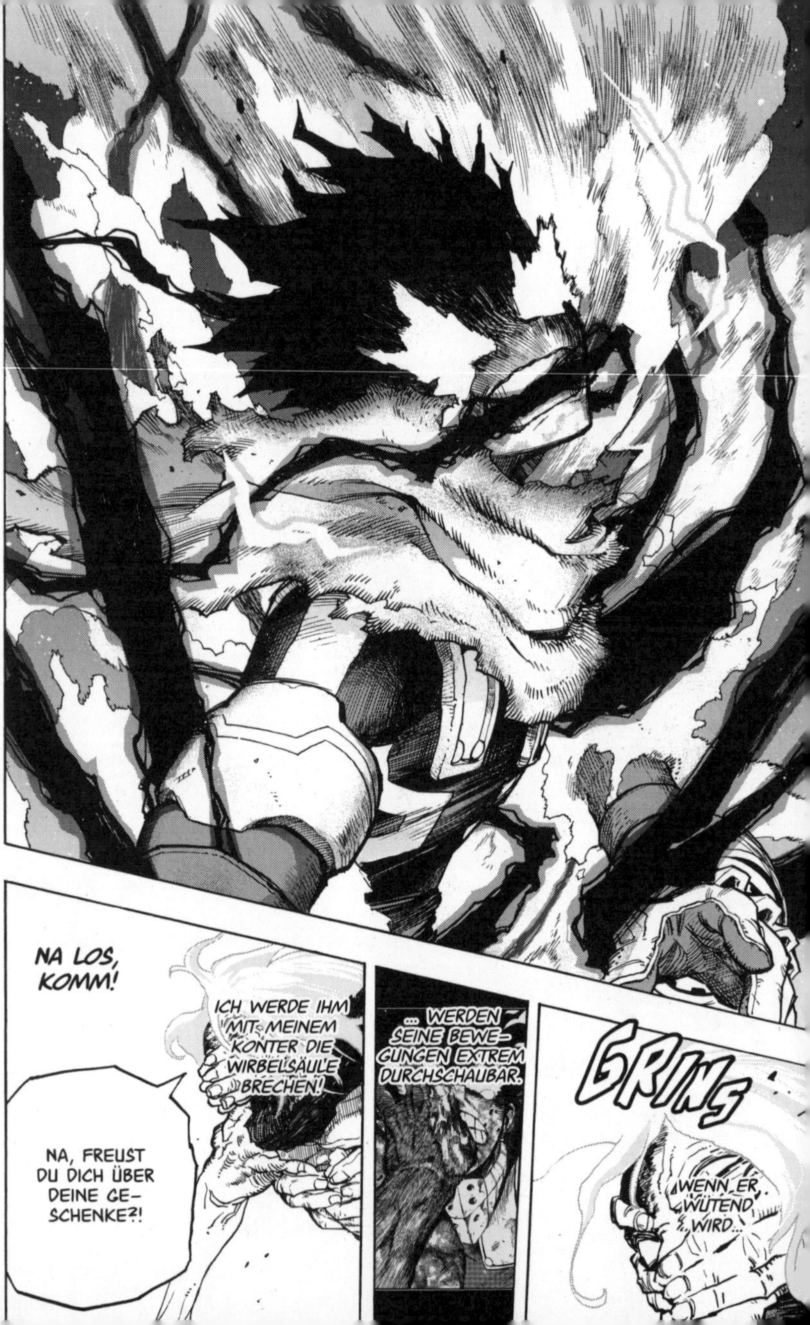
GRINS
WENN ER WÜTEND WIRD ...
... WERDEN SEINE BEWE-GUNGEN EXTREM DURCHSCHAUBAR.
ICH WERDE IHM MIT MEINEM KONTER DIE WIRBELSÄULE BRECHEN!
NA LOS, KOMM!
NA, FREUST DU DICH ÜBER DEINE GE-SCHENKE?!

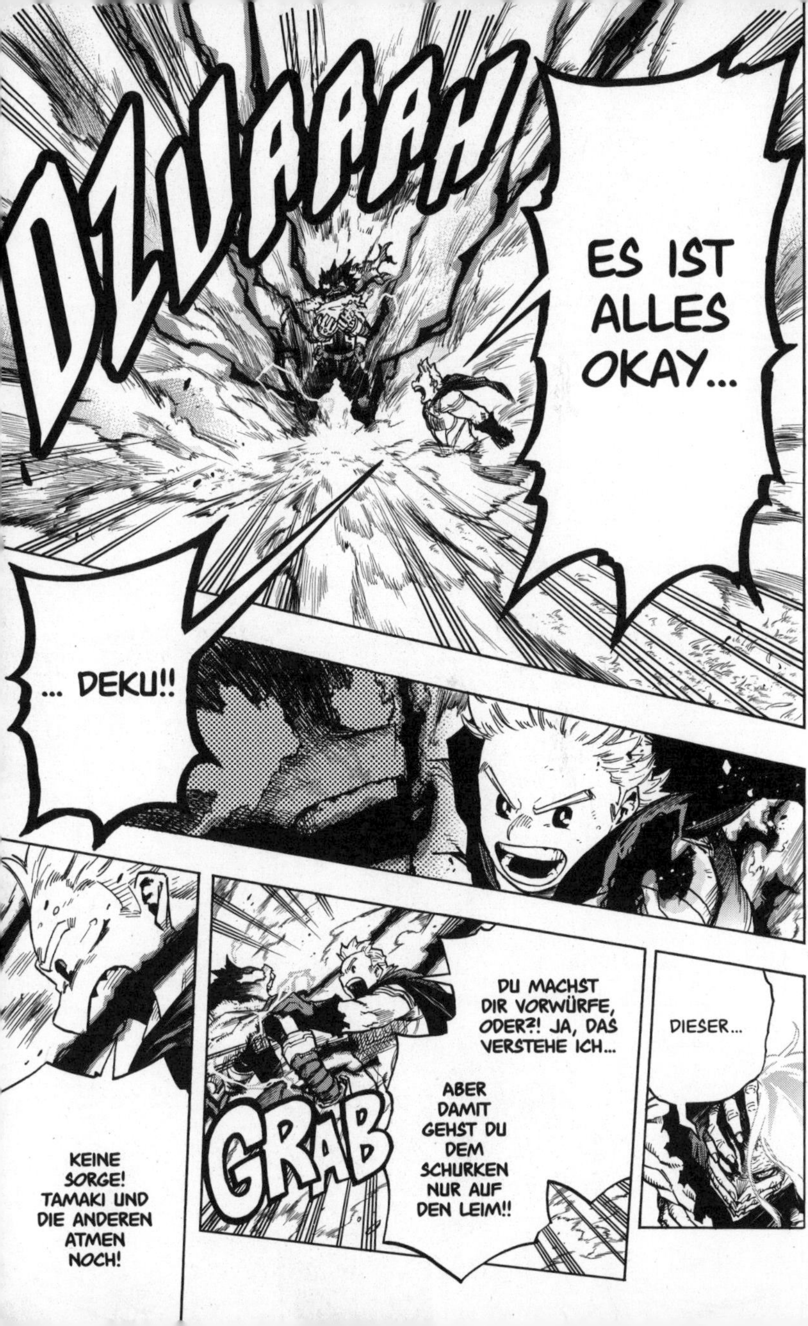
DZUAAAH
ES IST ALLES OKAY...
... DEKU!!
DIESER...
DU MACHST DIR VORWÜRFE, ODER?! JA, DAS VERSTEHE ICH...
ABER DAMIT GEHST DU DEM SCHURKEN NUR AUF DEN LEIM!!
GRAB
KEINE SORGE! TAMAKI UND DIE ANDEREN ATMEN NOCH!

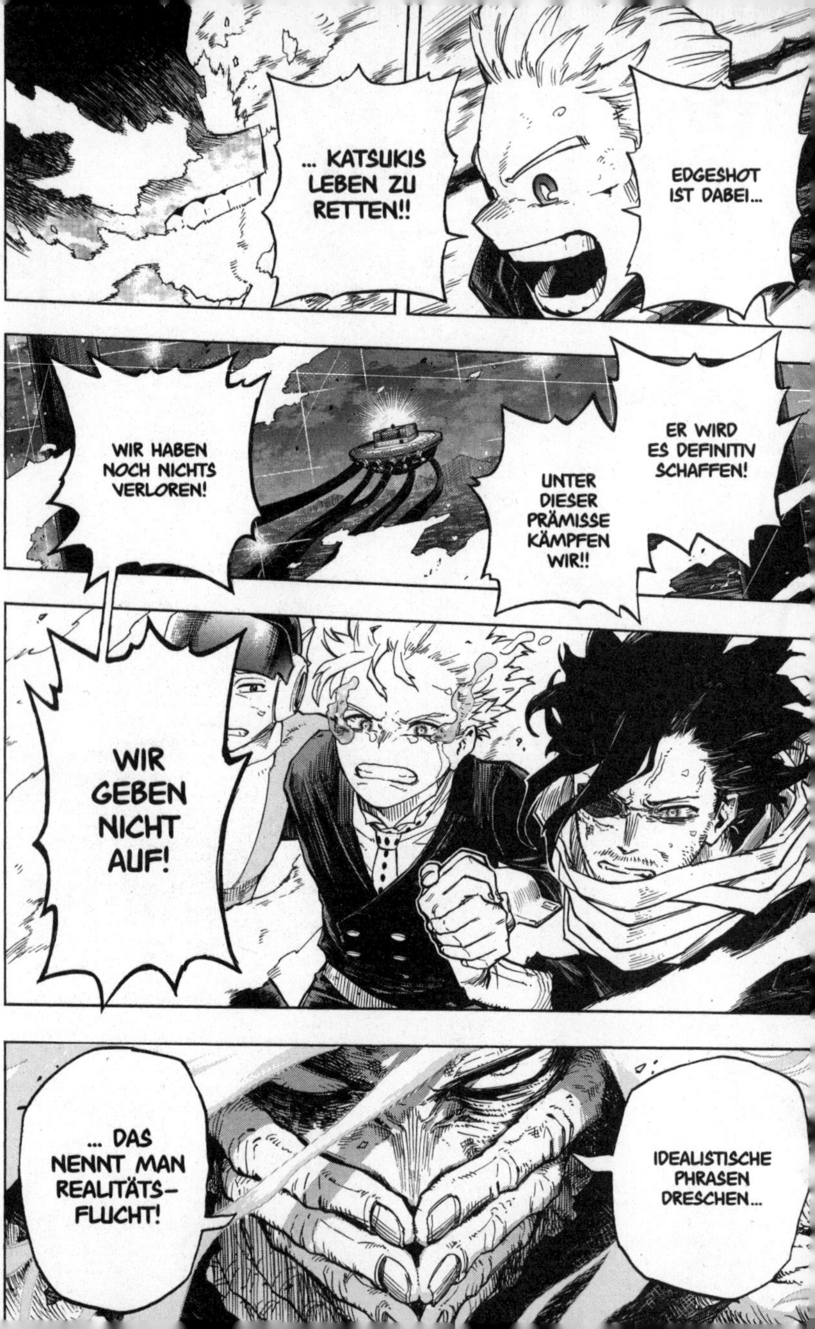
EDGESHOT IST DABEI...
... KATSUKIS LEBEN ZU RETTEN!!
ER WIRD ES DEFINITIV SCHAFFEN!
UNTER DIESER PRÄMISSE KÄMPFEN WIR!!
WIR HABEN NOCH NICHTS VERLOREN!
WIR GEBEN NICHT AUF!
IDEALISTISCHE PHRASEN DRESCHEN...
... DAS NENNT MAN REALITÄTSFLUCHT!

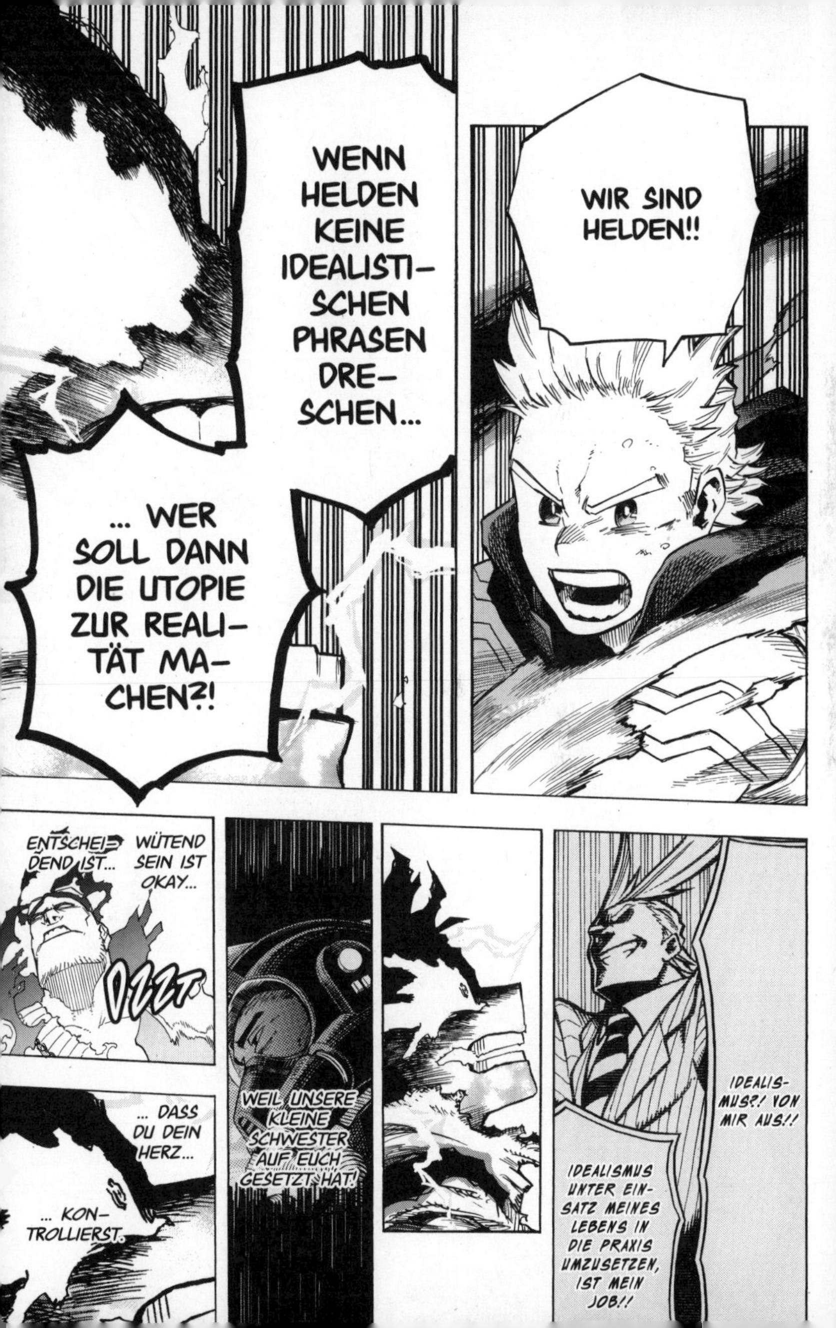
WIR SIND HELDEN!!
WENN HELDEN KEINE IDEALISTISCHEN PHRASEN DRESCHEN...
... WER SOLL DANN DIE UTOPIE ZUR REALITÄT MACHEN?!
IDEALISMUS?! VON MIR AUS!!
IDEALISMUS UNTER EINSATZ MEINES LEBENS IN DIE PRAXIS UMZUSETZEN, IST MEIN JOB!!
WEIL UNSERE KLEINE SCHWESTER AUF EUCH GESETZT HAT!
WÜTEND SEIN IST OKAY...
ENTSCHEIDEND IST...
DZZT
... DASS DU DEIN HERZ...
... KONTROLLIERST.

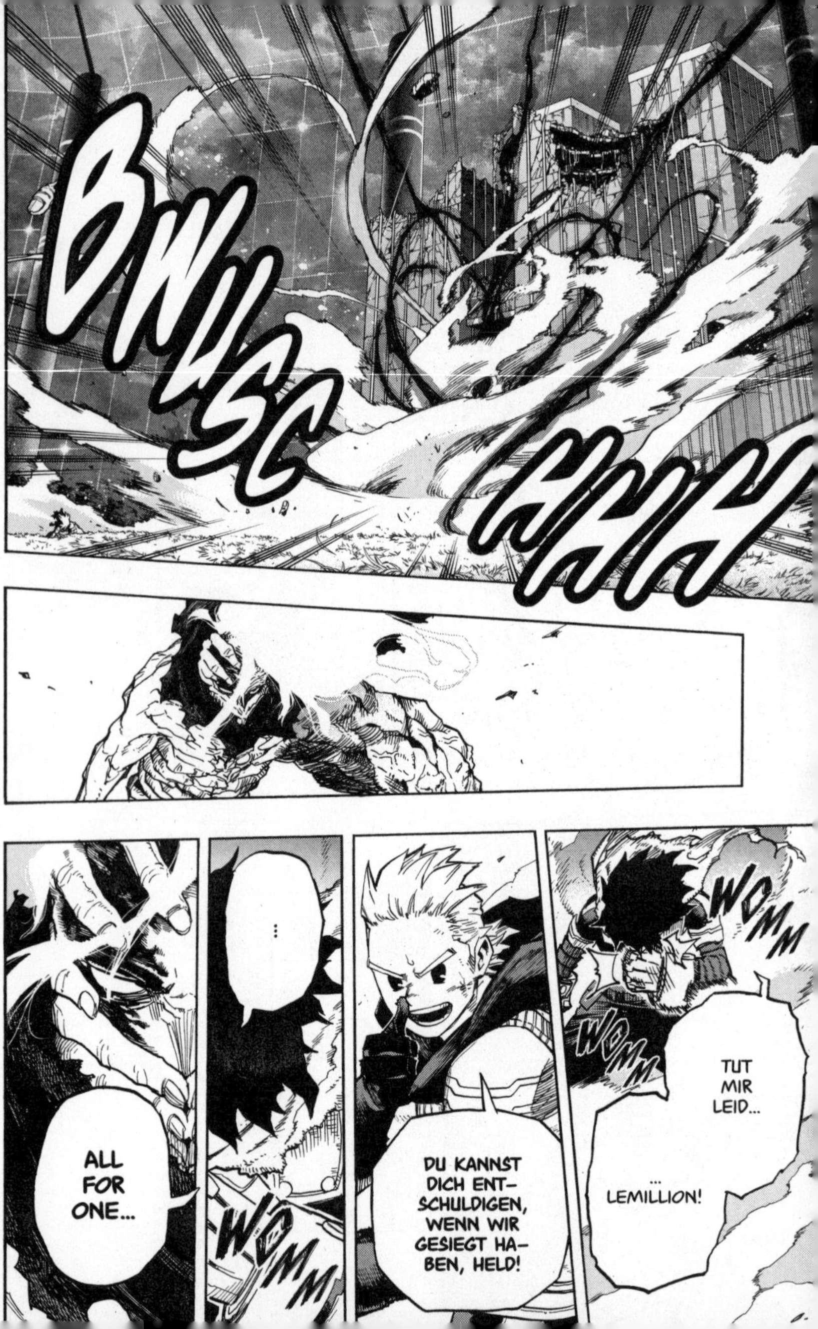
WOMM
WOMM
TUT MIR LEID...
... LEMILLION!
DU KANNST DICH ENT-SCHULDIGEN, WENN WIR GESIEGT HA-BEN, HELD!
...
WOMM
ALL FOR ONE...

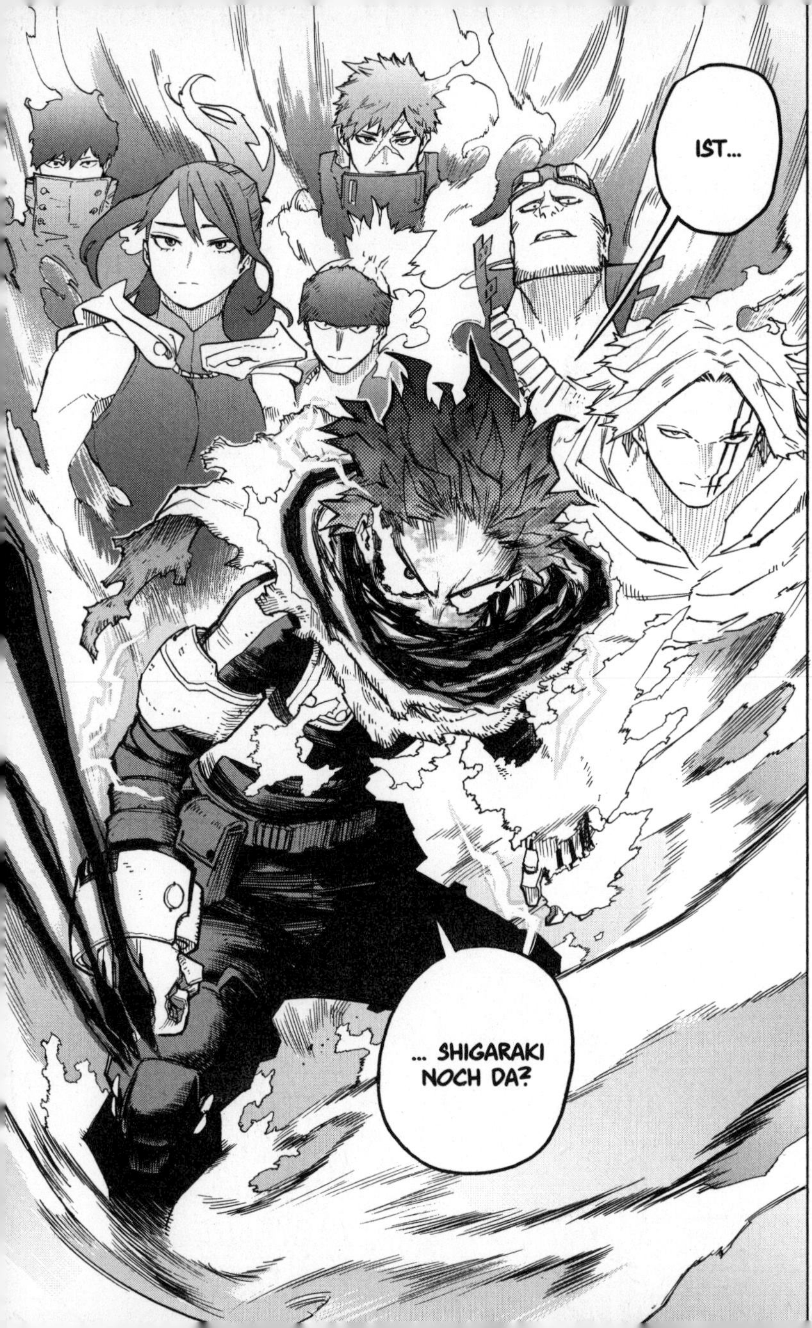
IST...
... SHIGARAKI NOCH DA?

THE HINTERGRUNDINFOS ZUM CENTER COLOR-BILD*

Diese Farbillustration hat gar nichts mit der Story zu tun! Ist auch kein Wunder. Ich habe dieses Bild vor ein paar Jahren mehr oder weniger als Setting-Material gezeichnet, um Farben zu testen, und hatte gar nicht die Absicht, es irgendwo zu verwenden. Dann hatte ich aber bei diesem Kapitel keine Zeit, eine Farbillustration für das Center Color zu zeichnen, und habe dieses Bild hervorgekramt, frei nach dem Motto »Egal was, aber hab ich nicht irgendwo noch eine kolorierte Zeichnung?!!"
Na ja, ich bin eigentlich jemand, der sich keinen allzu großen Kopf über den Zusammenhang mit der Story macht, aber das da ist schon überraschend, oder?

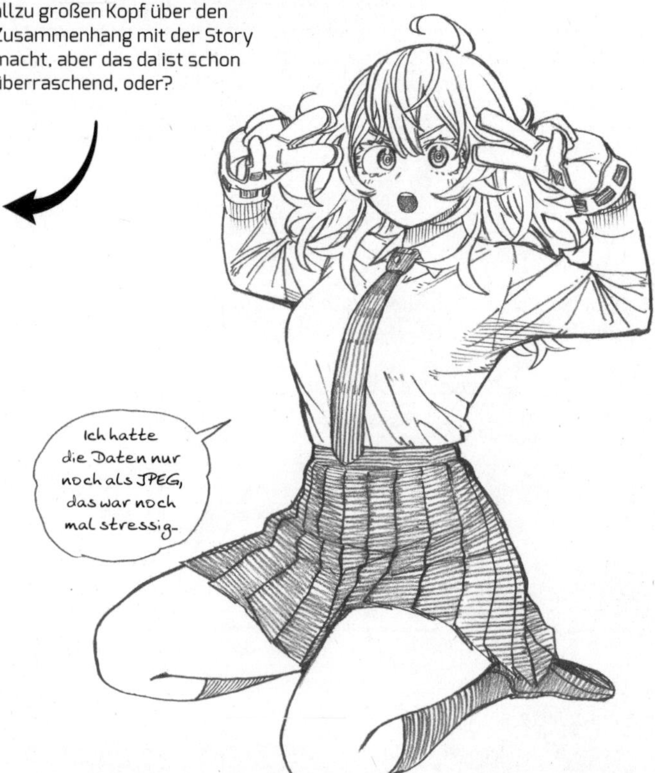

* FARBIGES TITELBILD IN DER MITTE EINER ZEITSCHRIFT

Nr. 368

KICKDOWN, ONE FOR ALL

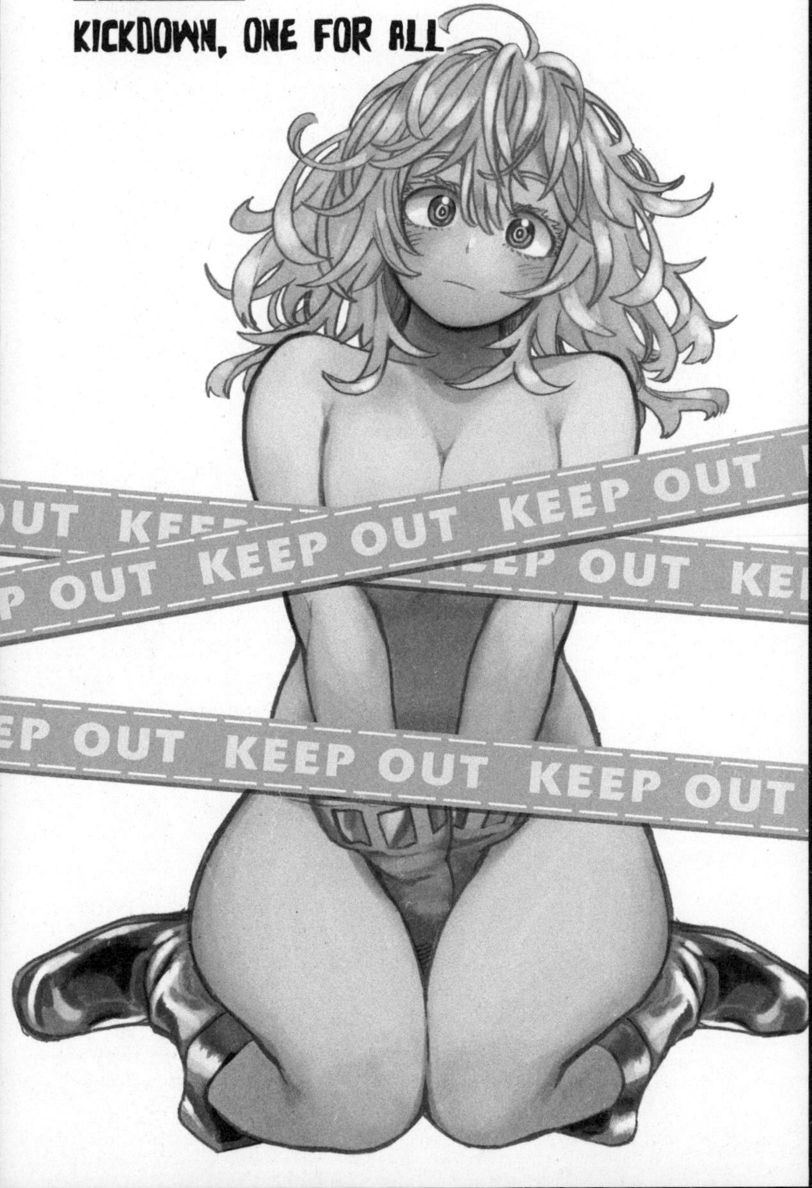

MY HERO ACADEMIA

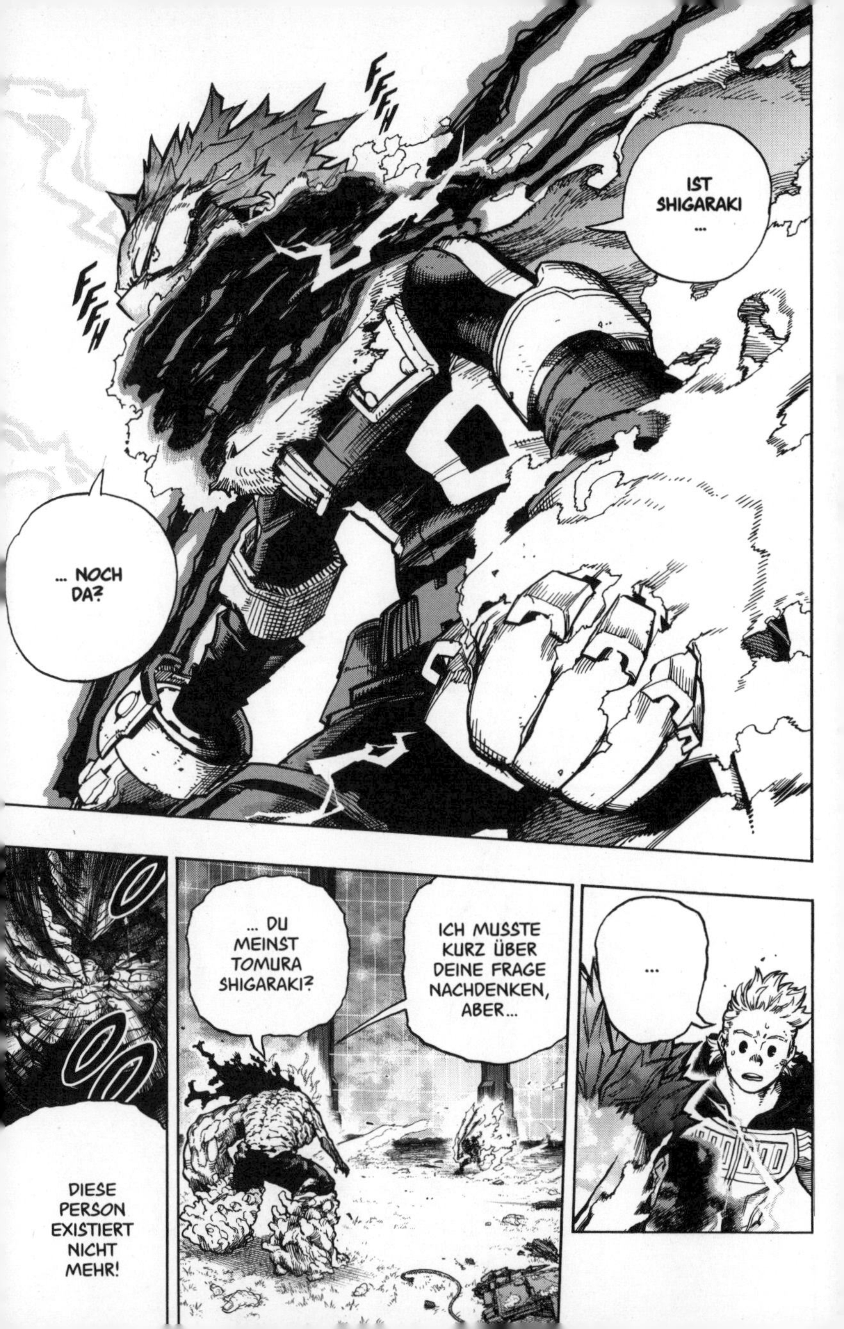
FFFH
FFFH
IST SHIGARAKI ...
... NOCH DA?
...
ICH MUSSTE KURZ ÜBER DEINE FRAGE NACHDENKEN, ABER...
... DU MEINST TOMURA SHIGARAKI?
DIESE PERSON EXISTIERT NICHT MEHR!

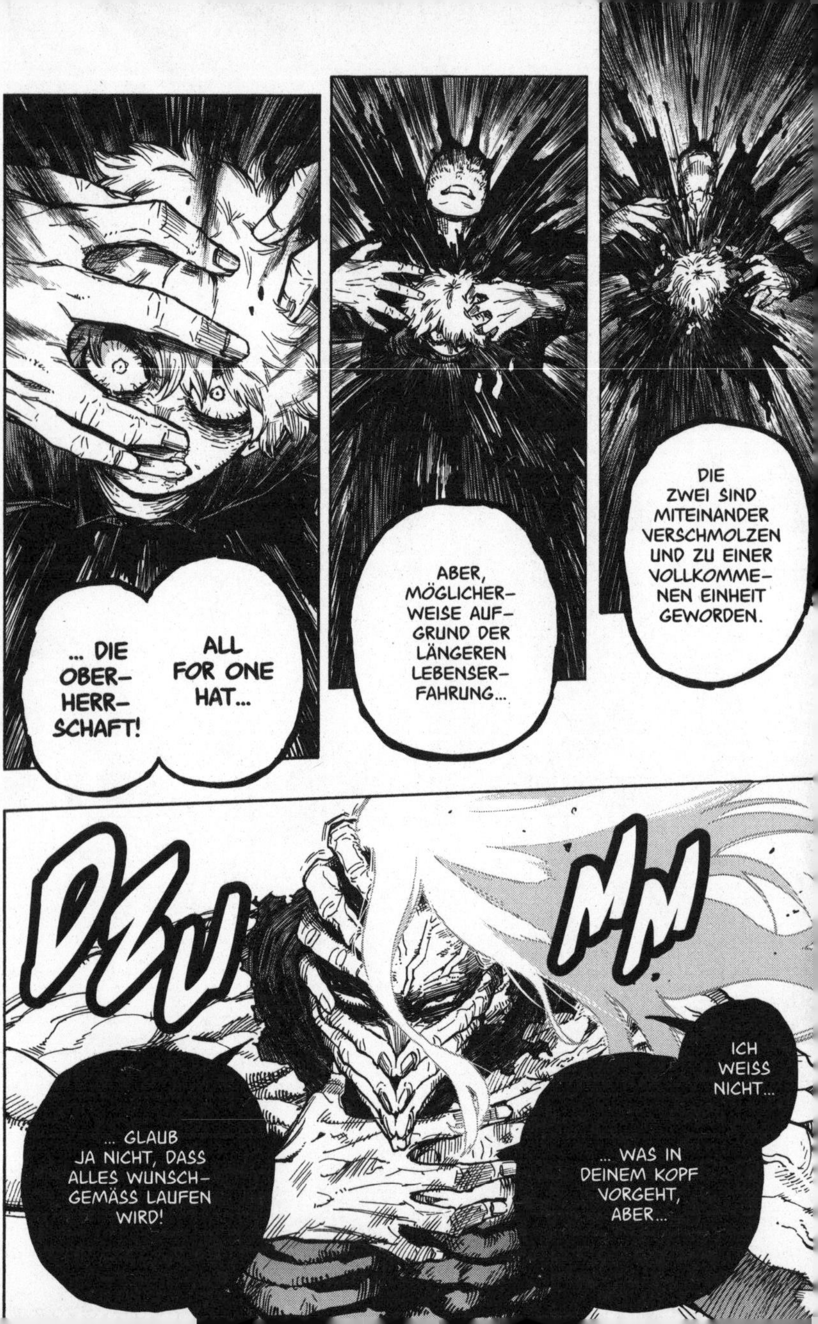
DIE ZWEI SIND MITEINANDER VERSCHMOLZEN UND ZU EINER VOLLKOMMENEN EINHEIT GEWORDEN.
ABER, MÖGLICHERWEISE AUFGRUND DER LÄNGEREN LEBENSERFAHRUNG...
ALL FOR ONE HAT...
... DIE OBERHERRSCHAFT!
DZUMM
ICH WEISS NICHT...
... WAS IN DEINEM KOPF VORGEHT, ABER...
... GLAUB JA NICHT, DASS ALLES WUNSCHGEMÄSS LAUFEN WIRD!

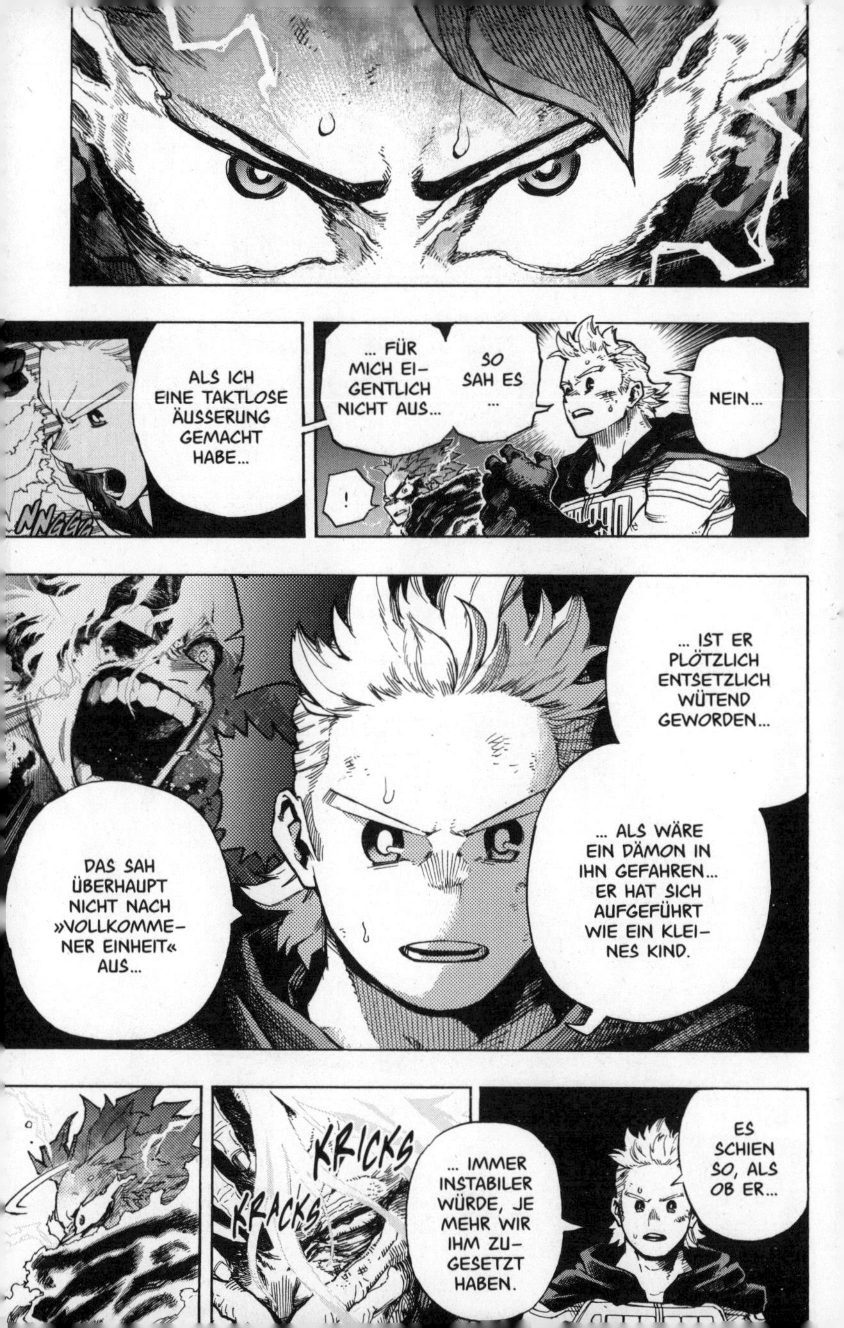
NEIN...
SO SAH ES ...
... FÜR MICH EIGENTLICH NICHT AUS...
!
ALS ICH EINE TAKTLOSE ÄUSSERUNG GEMACHT HABE...
... IST ER PLÖTZLICH ENTSETZLICH WÜTEND GEWORDEN...
... ALS WÄRE EIN DÄMON IN IHN GEFAHREN... ER HAT SICH AUFGEFÜHRT WIE EIN KLEINES KIND.
DAS SAH ÜBERHAUPT NICHT NACH »VOLLKOMMENER EINHEIT« AUS...
ES SCHIEN SO, ALS OB ER...
... IMMER INSTABILER WÜRDE, JE MEHR WIR IHM ZUGESETZT HABEN.
KRICKS
KRACKS

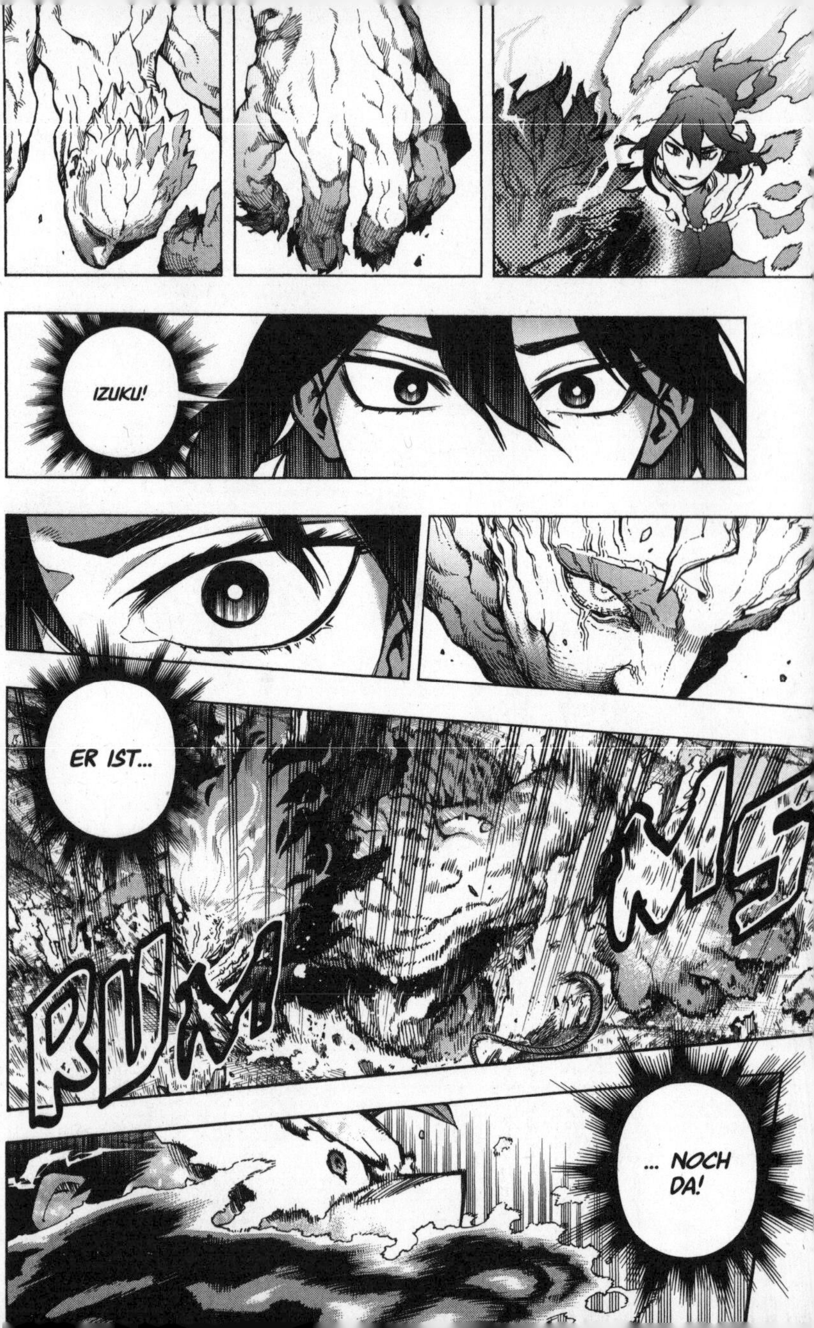
IZUKU!
ER IST...
RUM
MS
... NOCH DA!

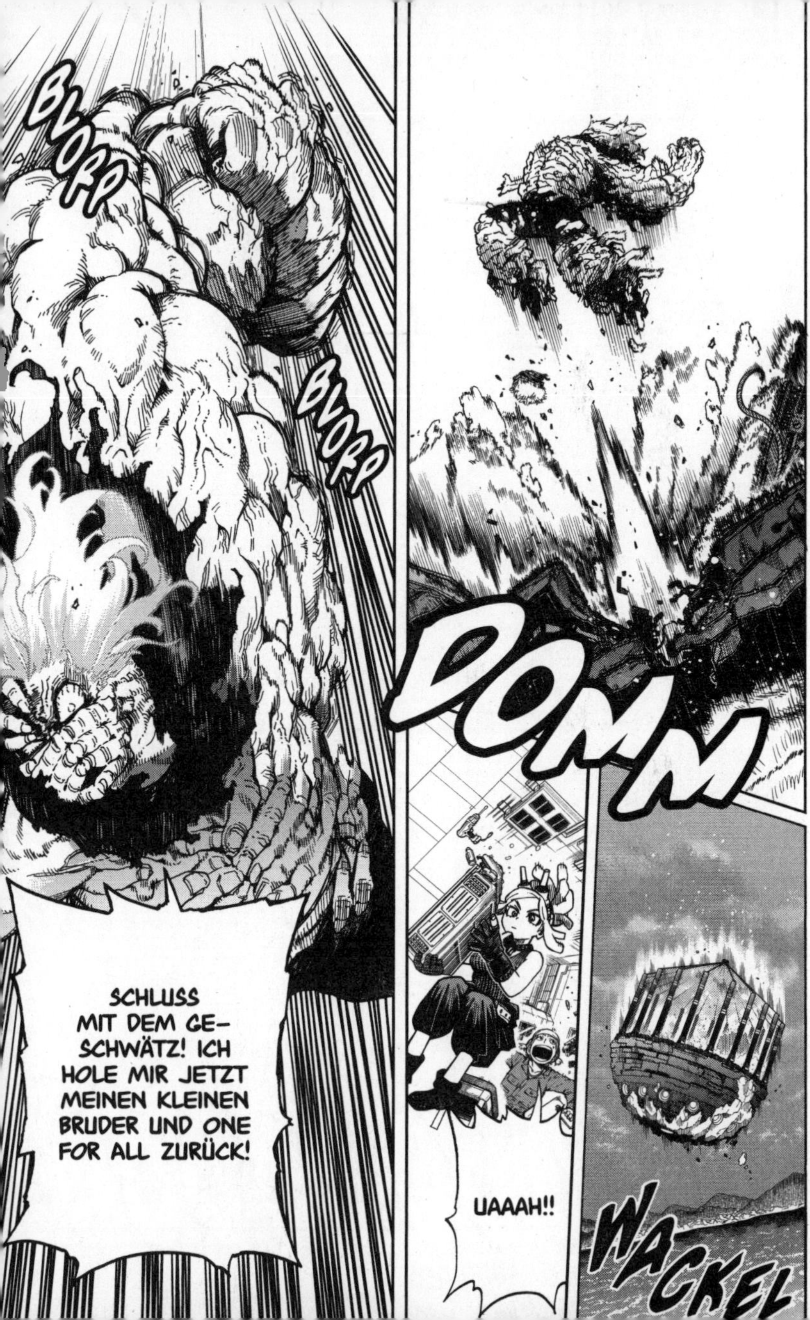
DOMM
WACKEL
UAAAH!!
BLOPP
BLOPP
SCHLUSS MIT DEM GE-SCHWÄTZ! ICH HOLE MIR JETZT MEINEN KLEINEN BRUDER UND ONE FOR ALL ZURÜCK!

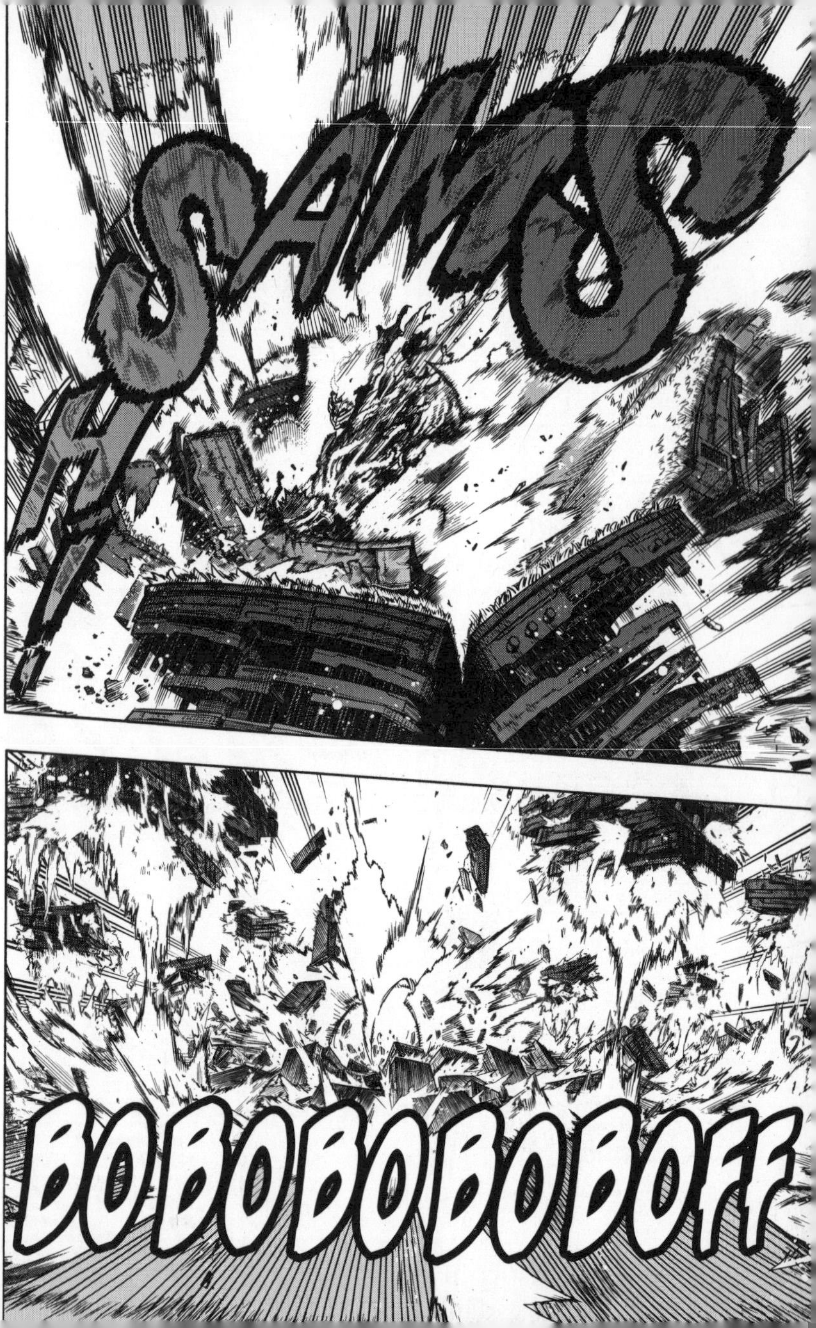
FSHWOOO
BOBOBOBOBOFF

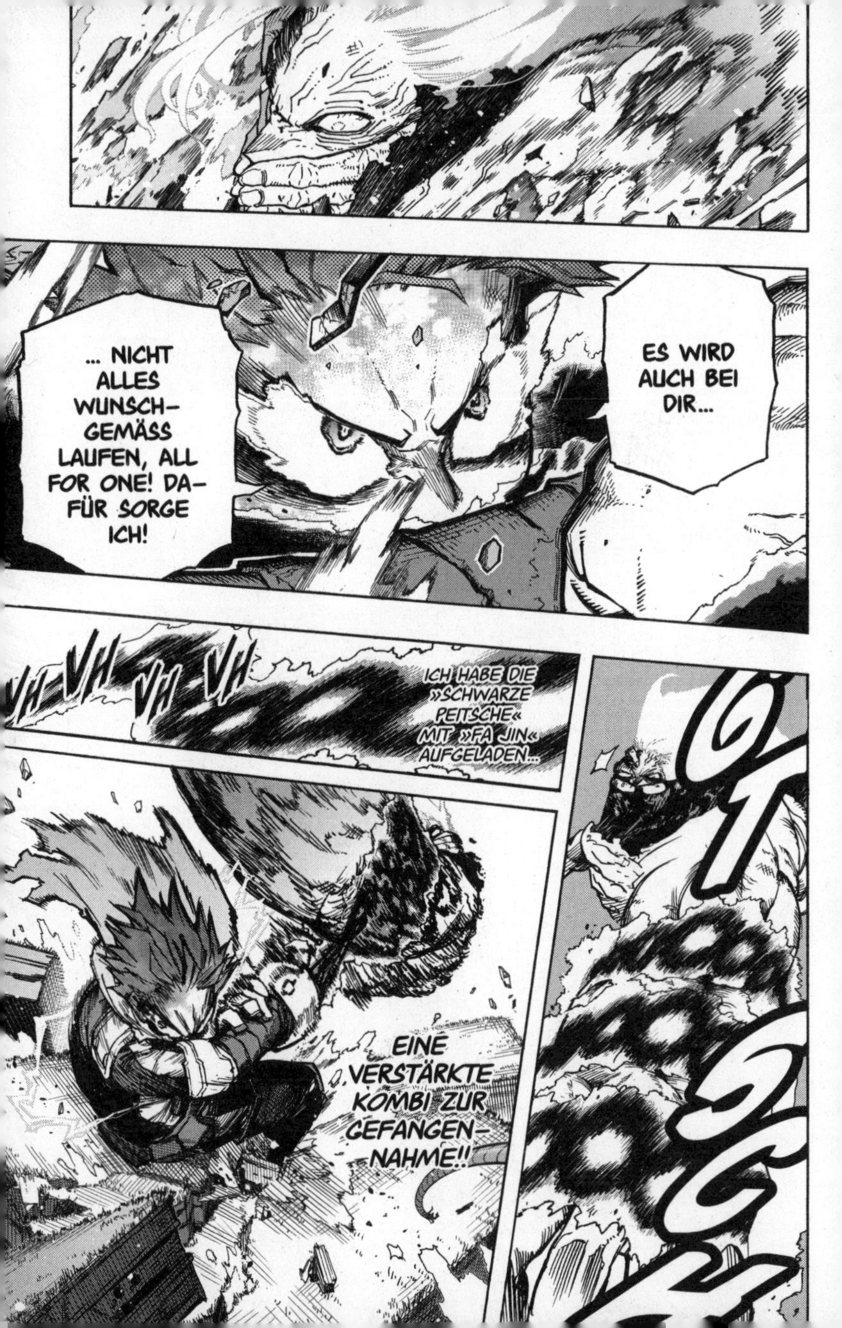

ES WIRD AUCH BEI DIR...
... NICHT ALLES WUNSCH-GEMÄSS LAUFEN, ALL FOR ONE! DA-FÜR SORGE ICH!
VH VH VH
ICH HABE DIE »SCHWARZE PEITSCHE« MIT »FA JIN« AUFGELADEN...
EINE VERSTÄRKTE KOMBI ZUR GEFANGEN-NAHME!!

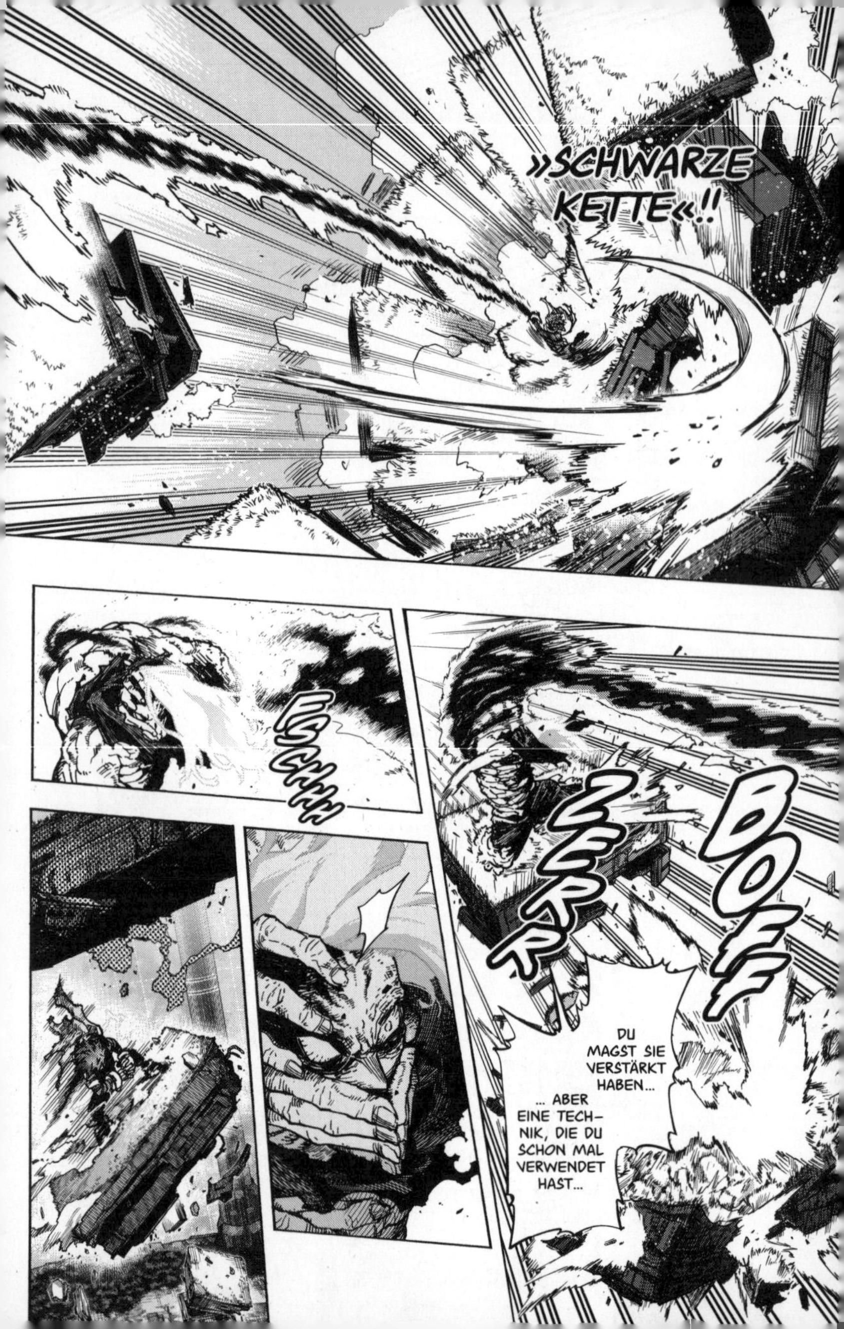
»SCHWARZE KETTE«!!
DU MAGST SIE VERSTÄRKT HABEN...
... ABER EINE TECHNIK, DIE DU SCHON MAL VERWENDET HAST...

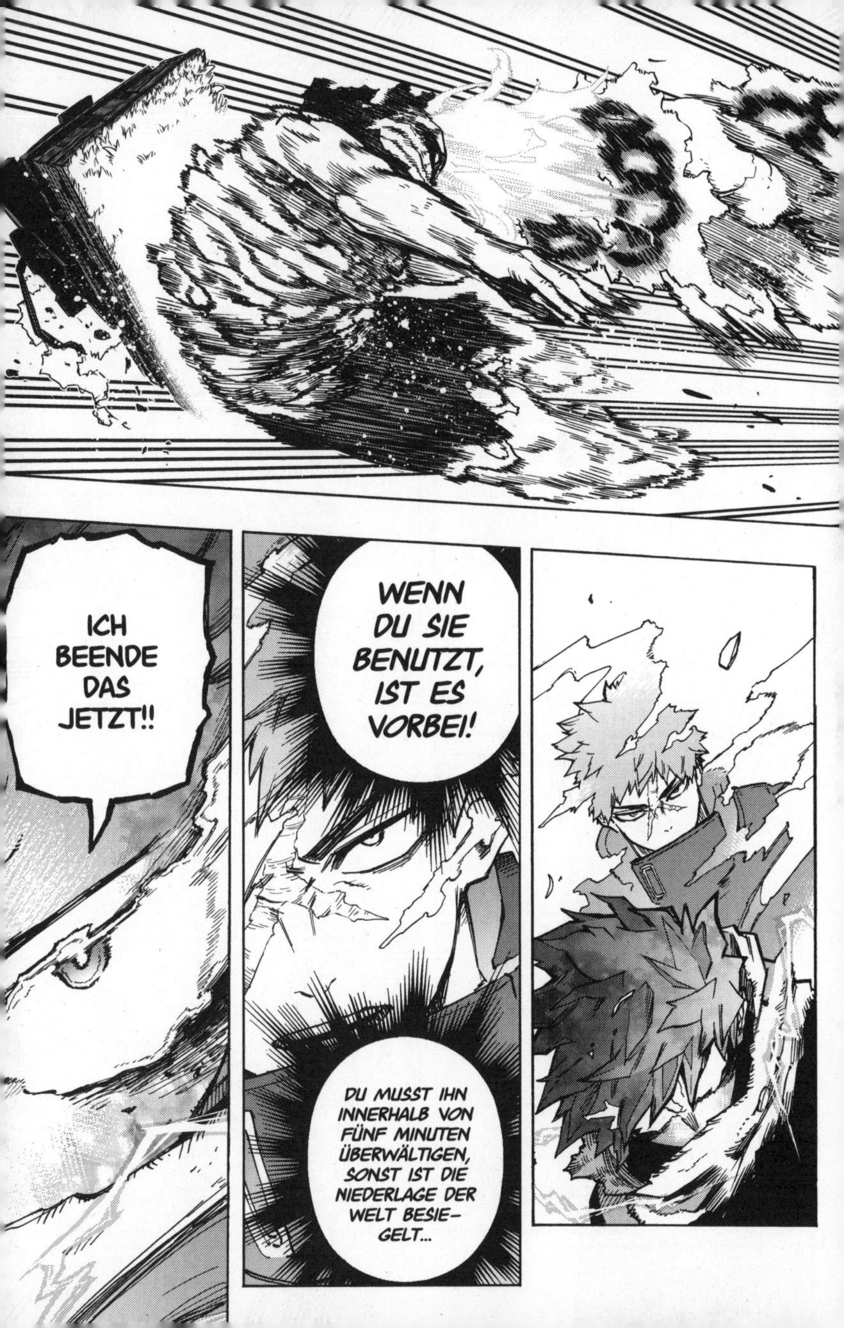
WENN DU SIE BENUTZT, IST ES VORBEI!
DU MUSST IHN INNERHALB VON FÜNF MINUTEN ÜBERWÄLTIGEN, SONST IST DIE NIEDERLAGE DER WELT BESIE-GELT...
ICH BEENDE DAS JETZT!!

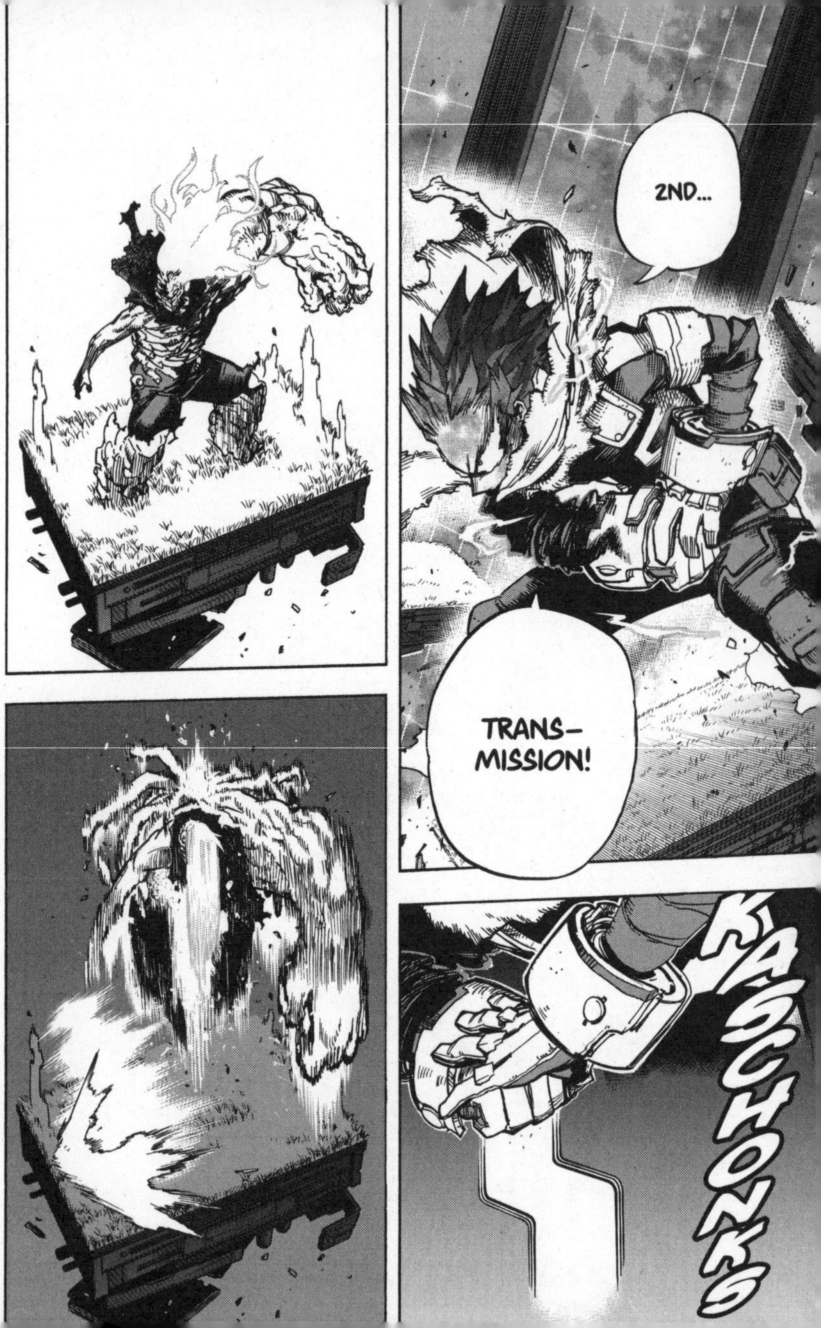
2ND...
TRANS-
MISSION!
KASCHONK

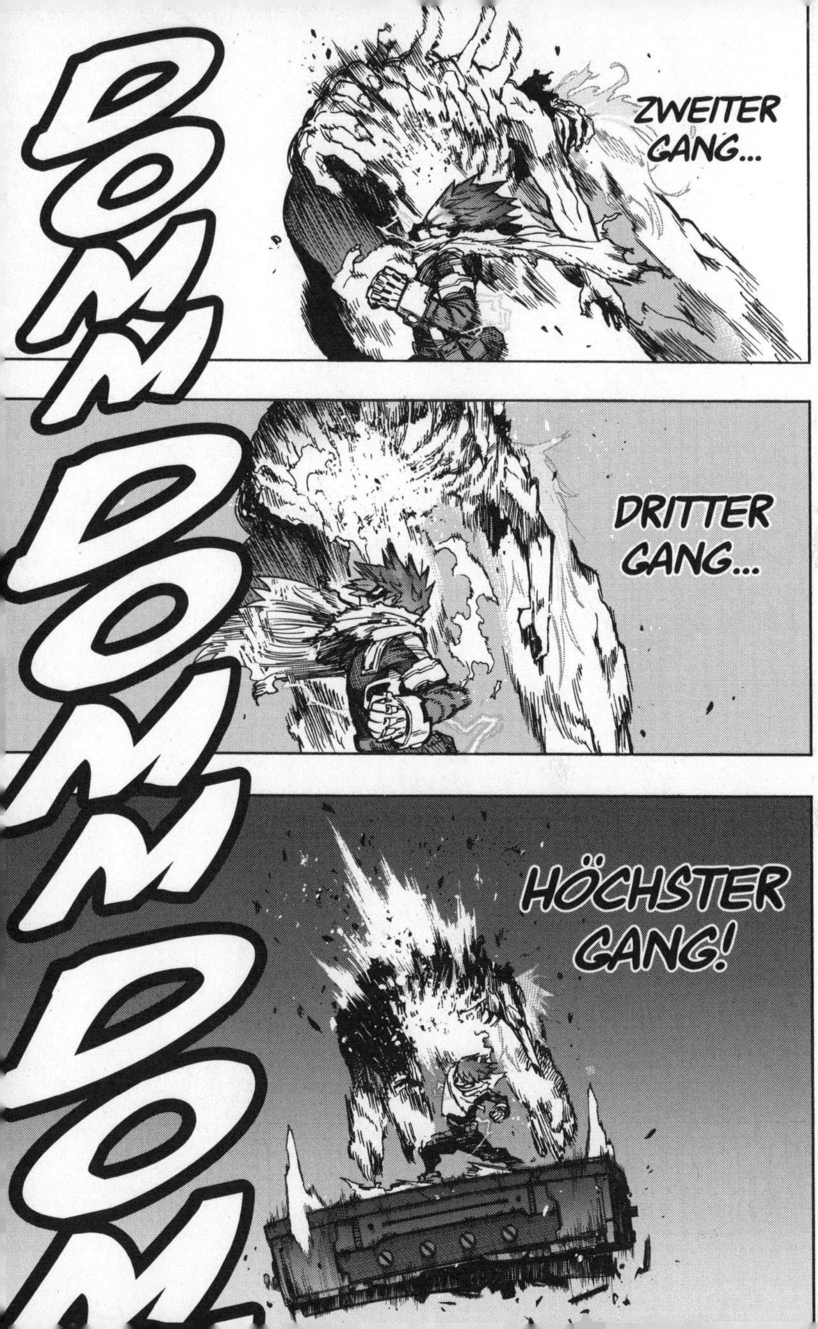
ZWEITER GANG...
DRITTER GANG...
HÖCHSTER GANG!
DOM DOM DOM

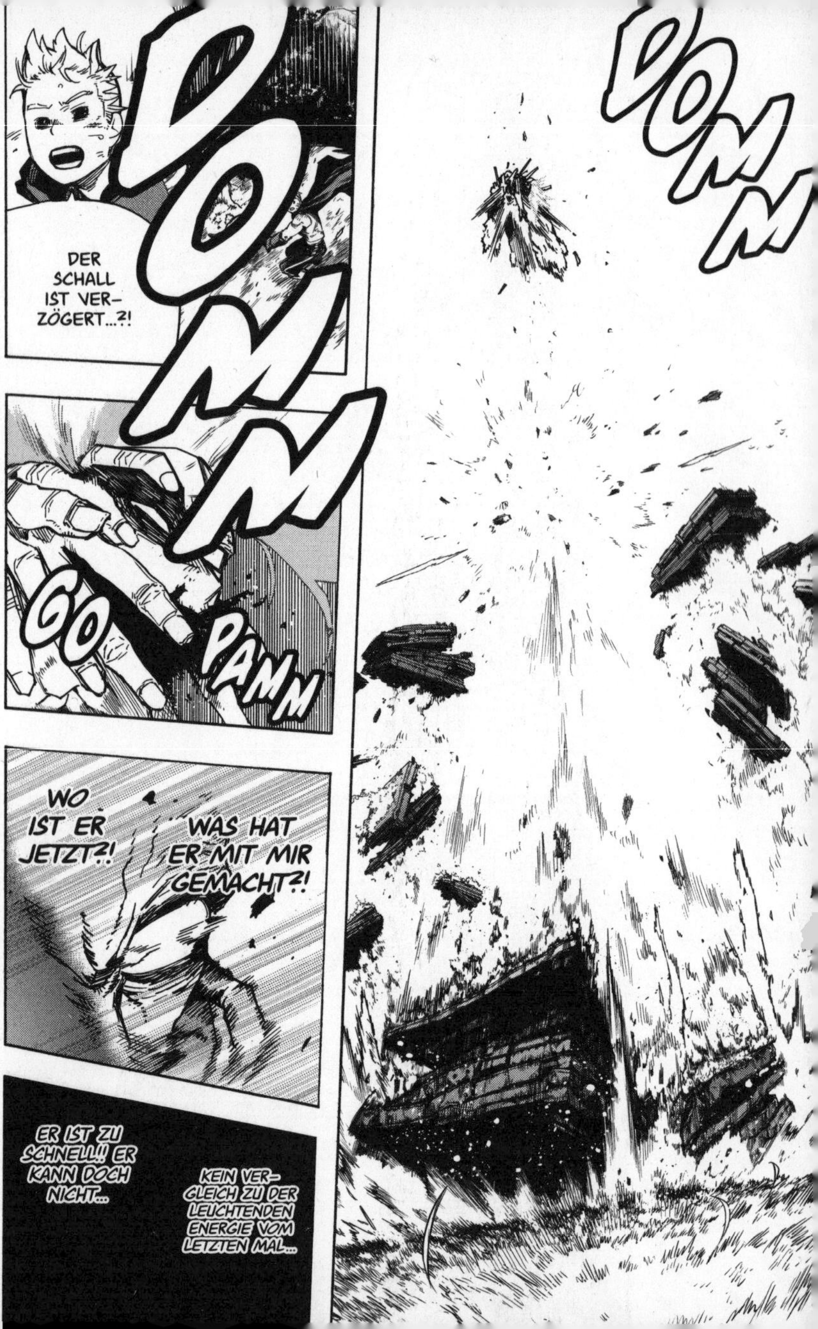

DOMM
DOMM
DER SCHALL IST VERZÖGERT...?!
GO
PAMM
WO IST ER JETZT?!
WAS HAT ER MIT MIR GEMACHT?!
ER IST ZU SCHNELL!! ER KANN DOCH NICHT...
KEIN VERGLEICH ZU DER LEUCHTENDEN ENERGIE VOM LETZTEN MAL...

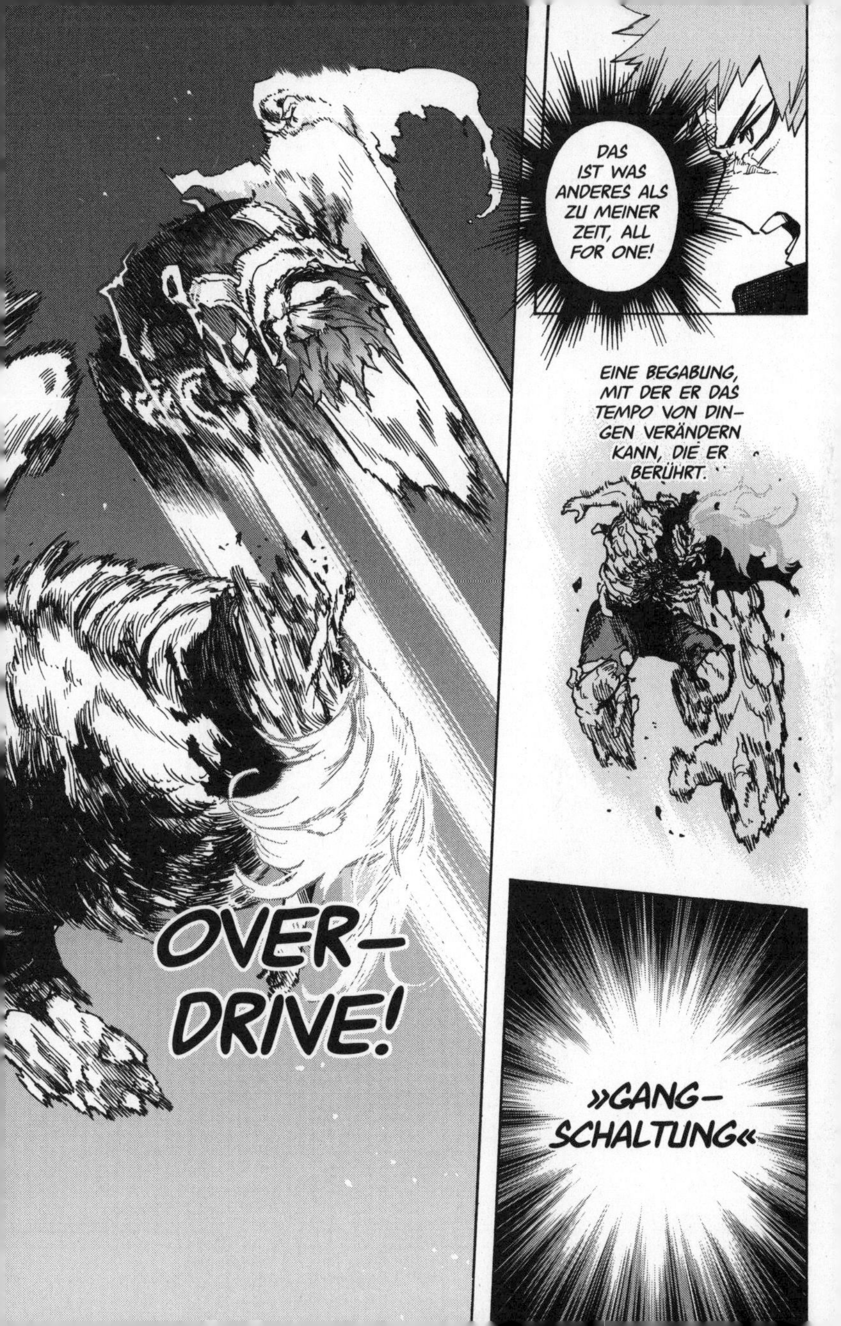
DAS IST WAS ANDERES ALS ZU MEINER ZEIT, ALL FOR ONE!
EINE BEGABUNG, MIT DER ER DAS TEMPO VON DINGEN VERÄNDERN KANN, DIE ER BERÜHRT.
»GANG-SCHALTUNG«
OVER-DRIVE!

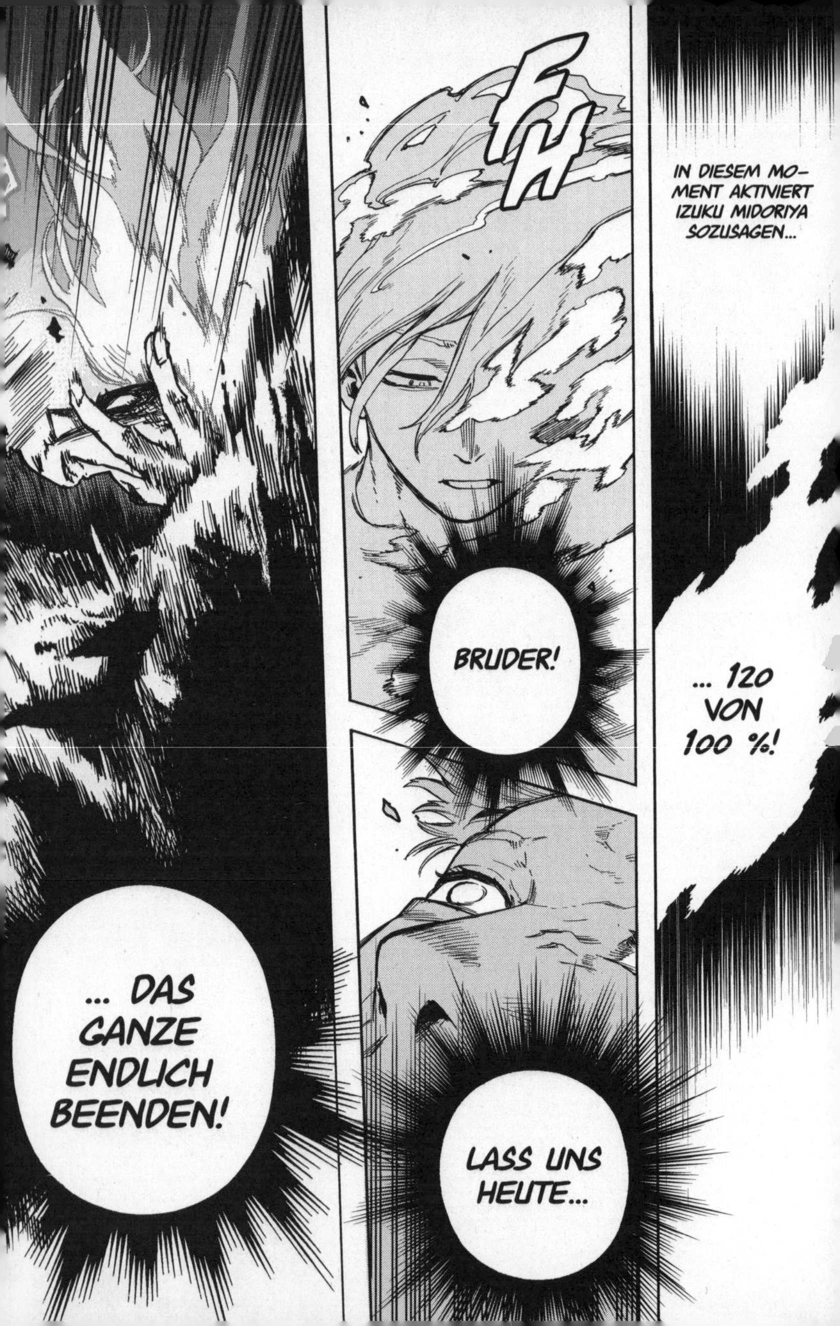
IN DIESEM MO-
MENT AKTIVIERT
IZUKU MIDORIYA
SOZUSAGEN...
... 120
VON
100 %!
BRUDER!
LASS UNS
HEUTE...
... DAS
GANZE
ENDLICH
BEENDEN!

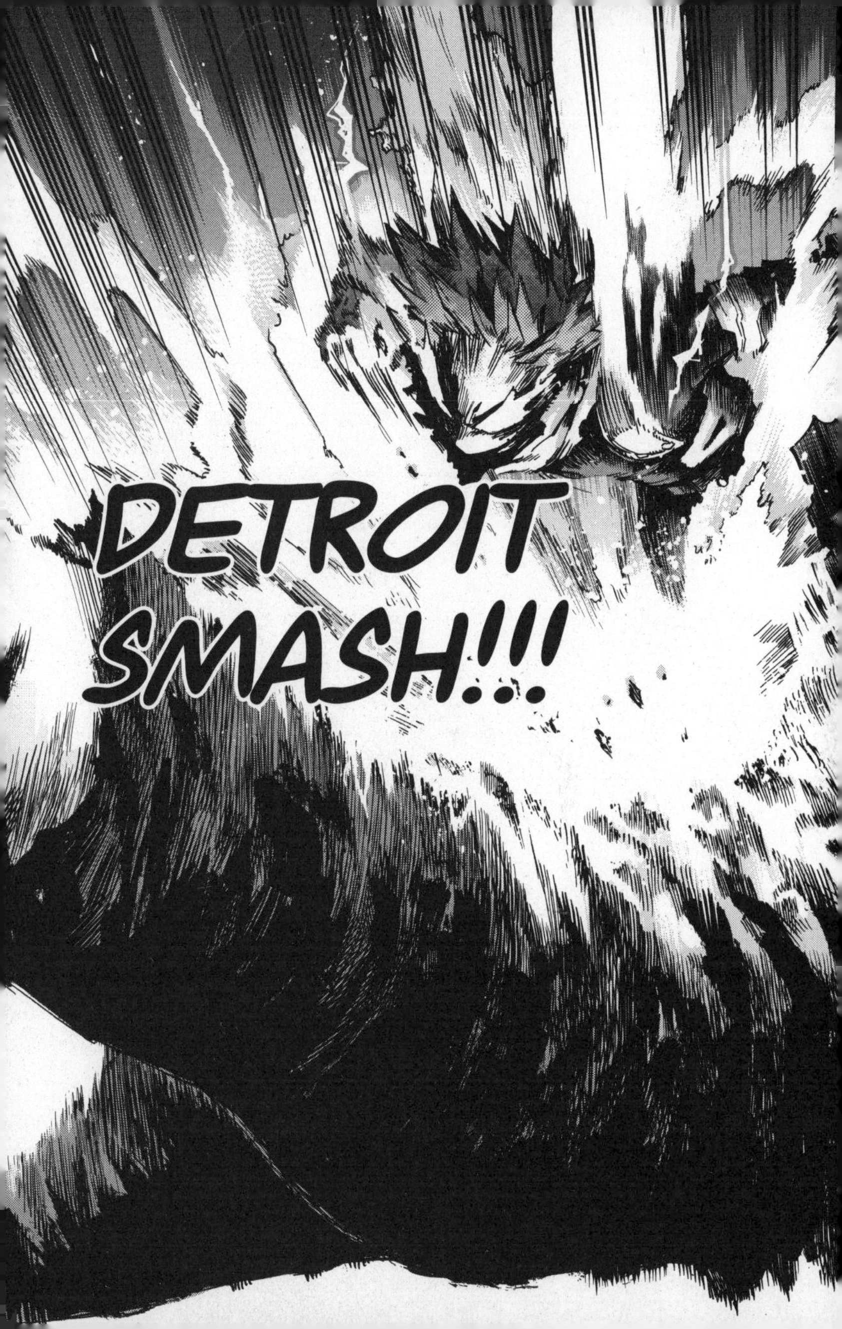
DETROIT
SMASH!!!

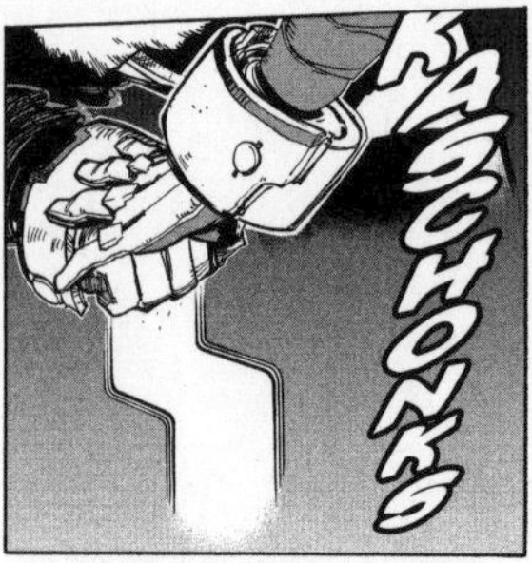

(▲ Seite 94 zweites Panel)

Das Geräusch »Kaschonks« entsteht, wenn Deku seinen Arm wie eine Gangschaltung im Auto benutzt. Da er noch nie Auto gefahren ist, macht er das rein nach seiner Vorstellung. Die Methode, seine Kraft mithilfe konkreter Vorstellungen anzuwenden, hat er kontinuierlich beim Erwerb neuer Techniken praktiziert, seit All Might ihm in Band 1 diesen Rat gegeben hat.

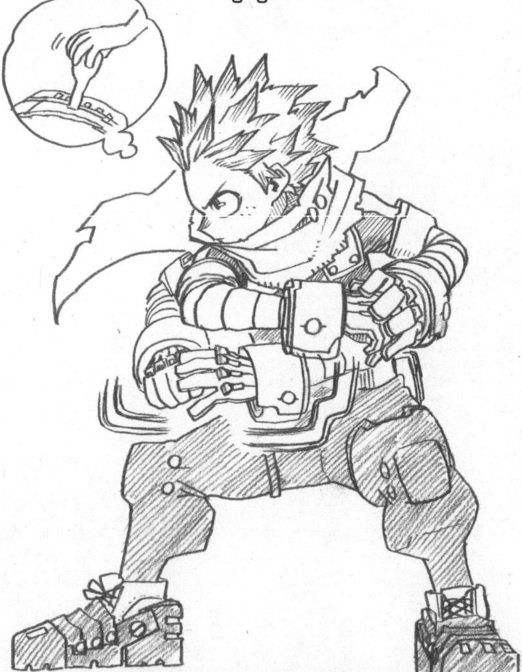

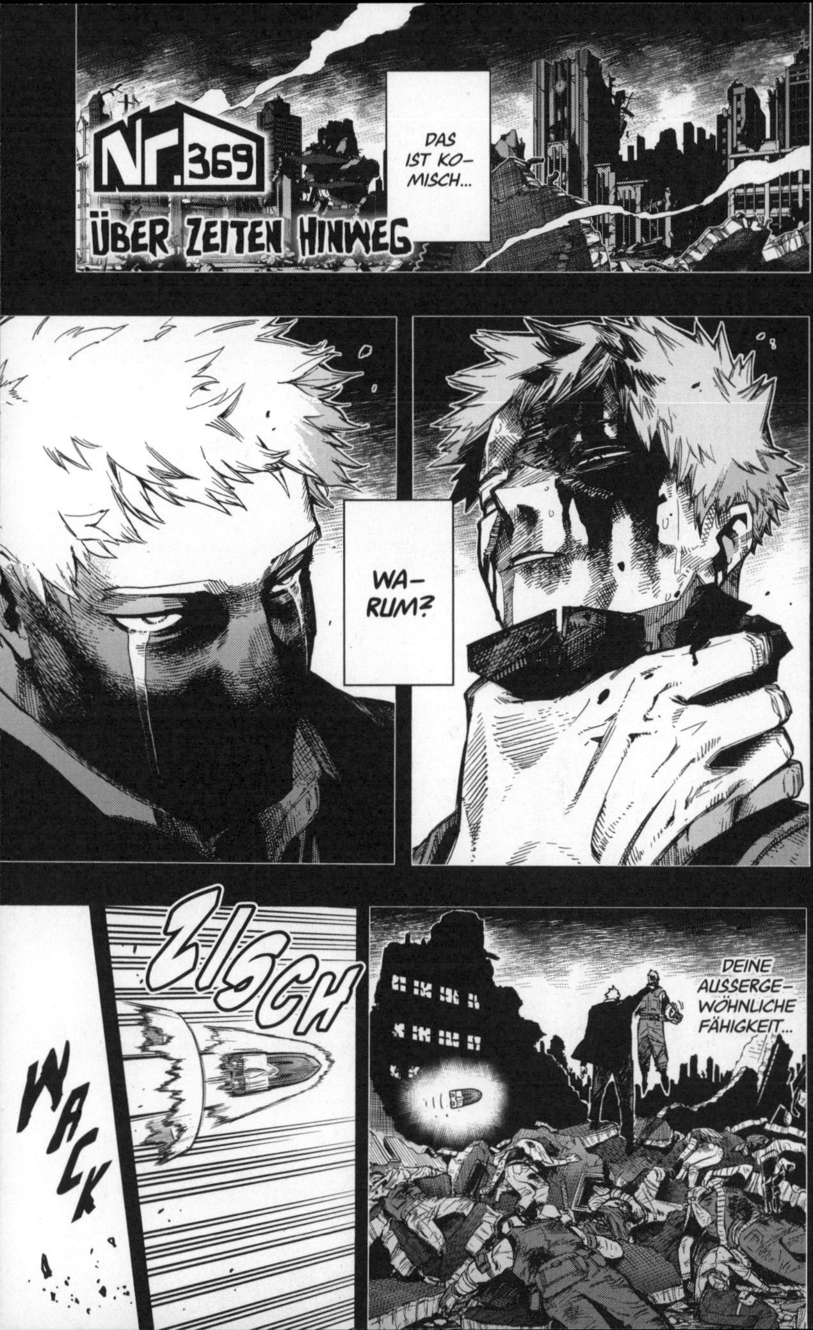

NR. 369
ÜBER ZEITEN HINWEG
DAS IST KO-MISCH...
WA-RUM?
DEINE AUSSERGE-WÖHNLICHE FÄHIGKEIT...
ZISCH
WACK

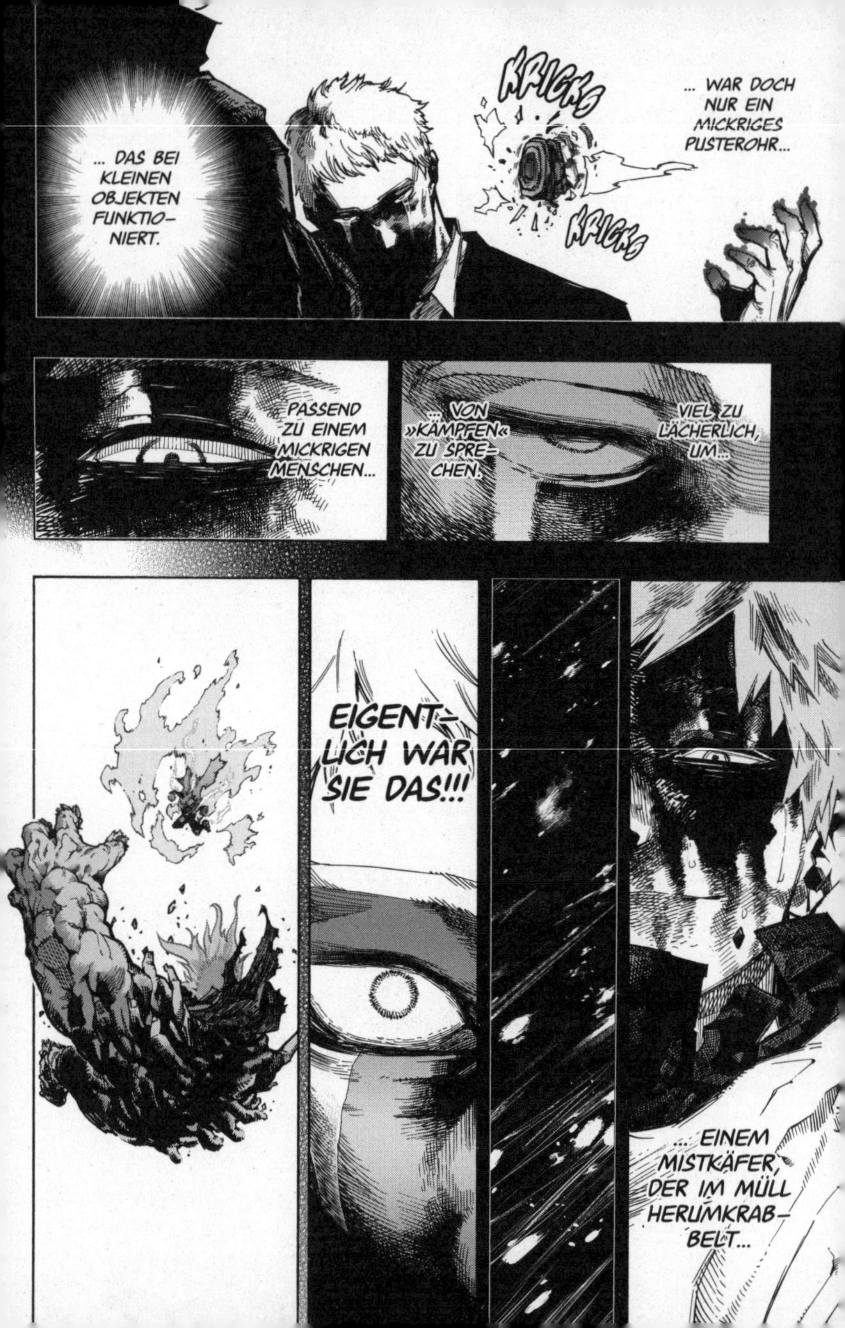
... WAR DOCH NUR EIN MICKRIGES PUSTEROHR...
KRICKS
KRICKS
... DAS BEI KLEINEN OBJEKTEN FUNKTIO-NIERT.
VIEL ZU LÄCHERLICH, UM...
... VON »KÄMPFEN« ZU SPRE-CHEN.
PASSEND ZU EINEM MICKRIGEN MENSCHEN...
... EINEM MISTKÄFER, DER IM MÜLL HERUMKRAB-BELT...
EIGENT-LICH WAR SIE DAS!!!

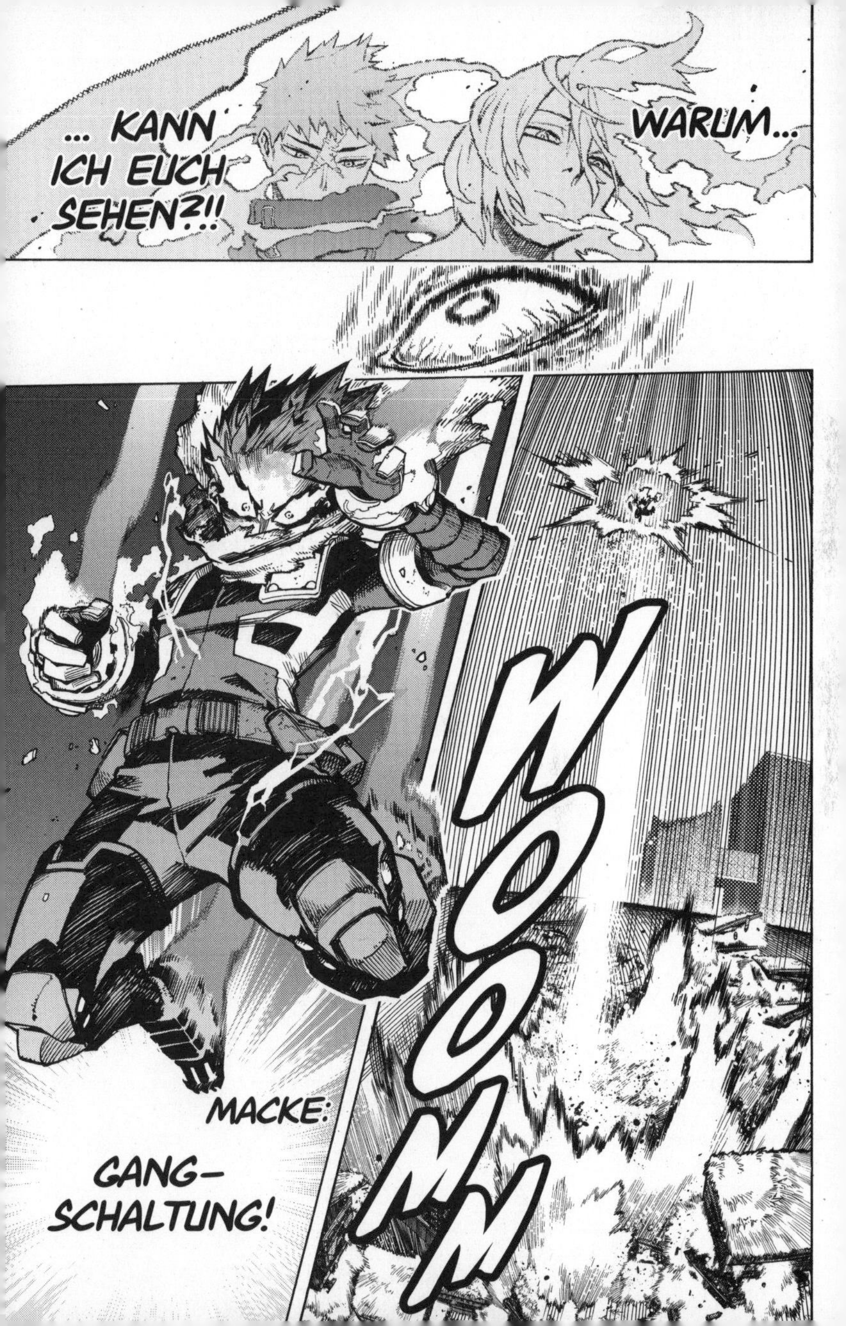
WARUM...
... KANN ICH EUCH SEHEN?!!
WOOOMM
MACKE:
GANG-SCHALTUNG!

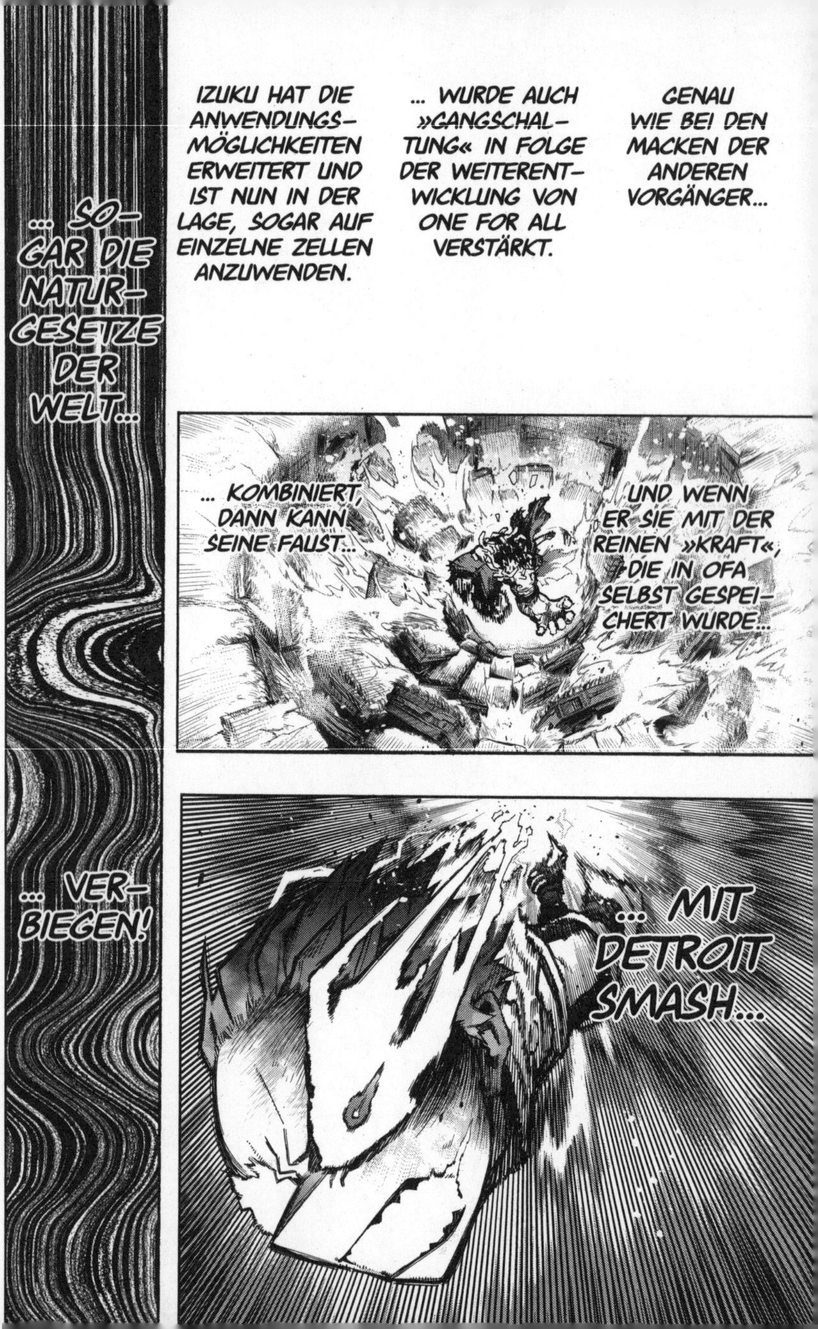
GENAU WIE BEI DEN MACKEN DER ANDEREN VORGÄNGER...
... WURDE AUCH »GANGSCHALTUNG« IN FOLGE DER WEITERENTWICKLUNG VON ONE FOR ALL VERSTÄRKT.
IZUKU HAT DIE ANWENDUNGSMÖGLICHKEITEN ERWEITERT UND IST NUN IN DER LAGE, SOGAR AUF EINZELNE ZELLEN ANZUWENDEN.
... SOGAR DIE NATURGESETZE DER WELT...
UND WENN ER SIE MIT DER REINEN »KRAFT«, DIE IN OFA SELBST GESPEICHERT WURDE...
... KOMBINIERT, DANN KANN SEINE FAUST...
... MIT DETROIT SMASH...
... VERBIEGEN!

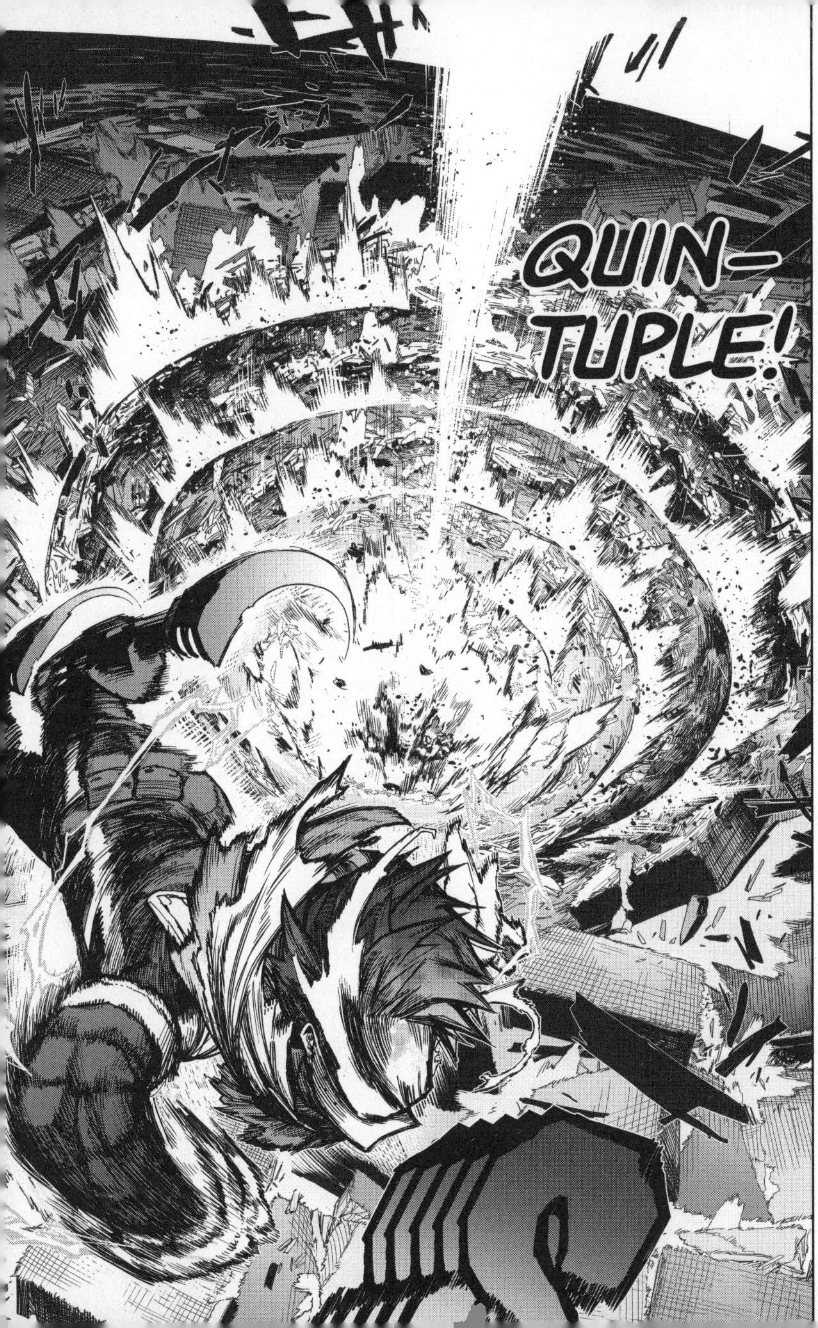
QUIN-
TUPLE!

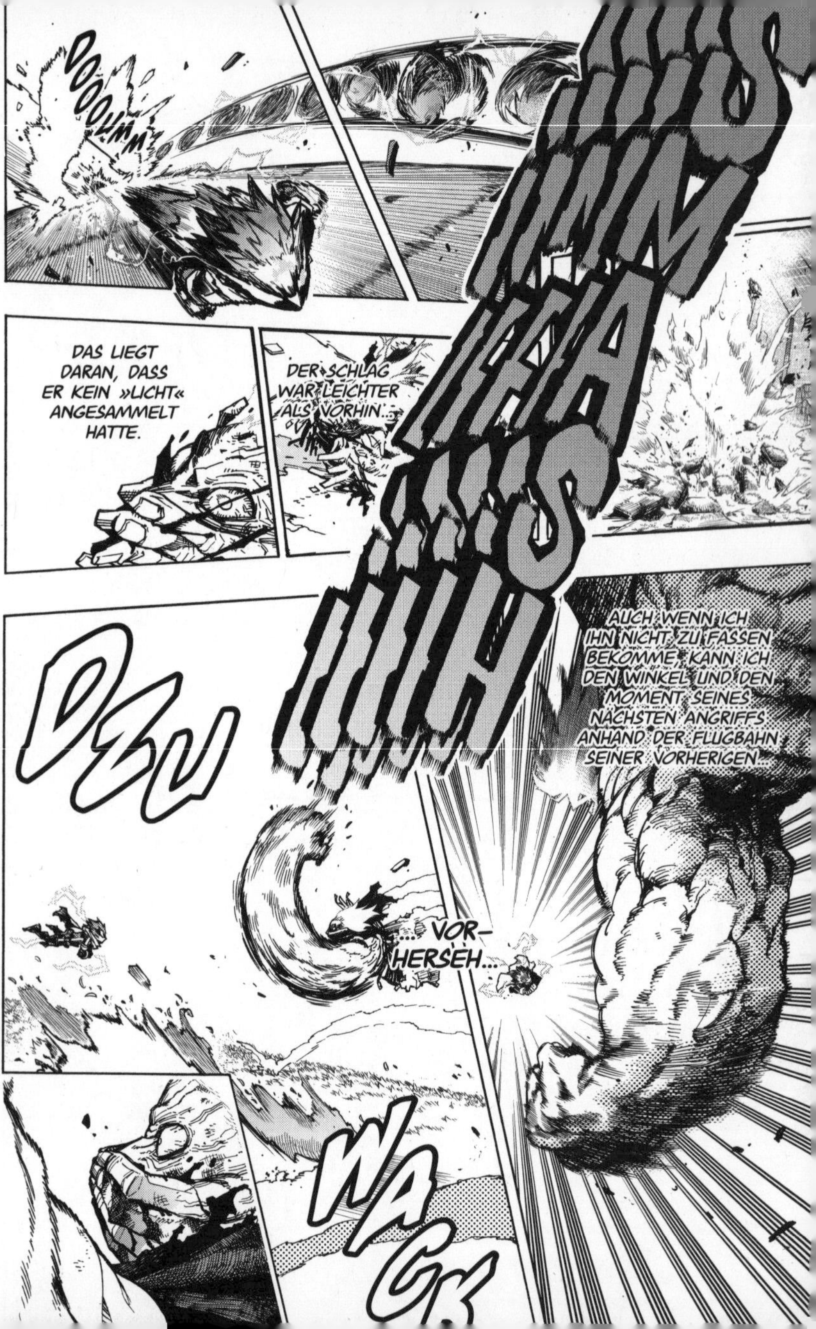
DOOOUMM
DER SCHLAG WAR LEICHTER ALS VORHIN..
DAS LIEGT DARAN, DASS ER KEIN »LICHT« ANGESAMMELT HATTE.
AUCH WENN ICH IHN NICHT ZU FASSEN BEKOMME, KANN ICH DEN WINKEL UND DEN MOMENT SEINES NÄCHSTEN ANGRIFFS ANHAND DER FLUGBAHN SEINER VORHERIGEN...
... VORHERSEH...

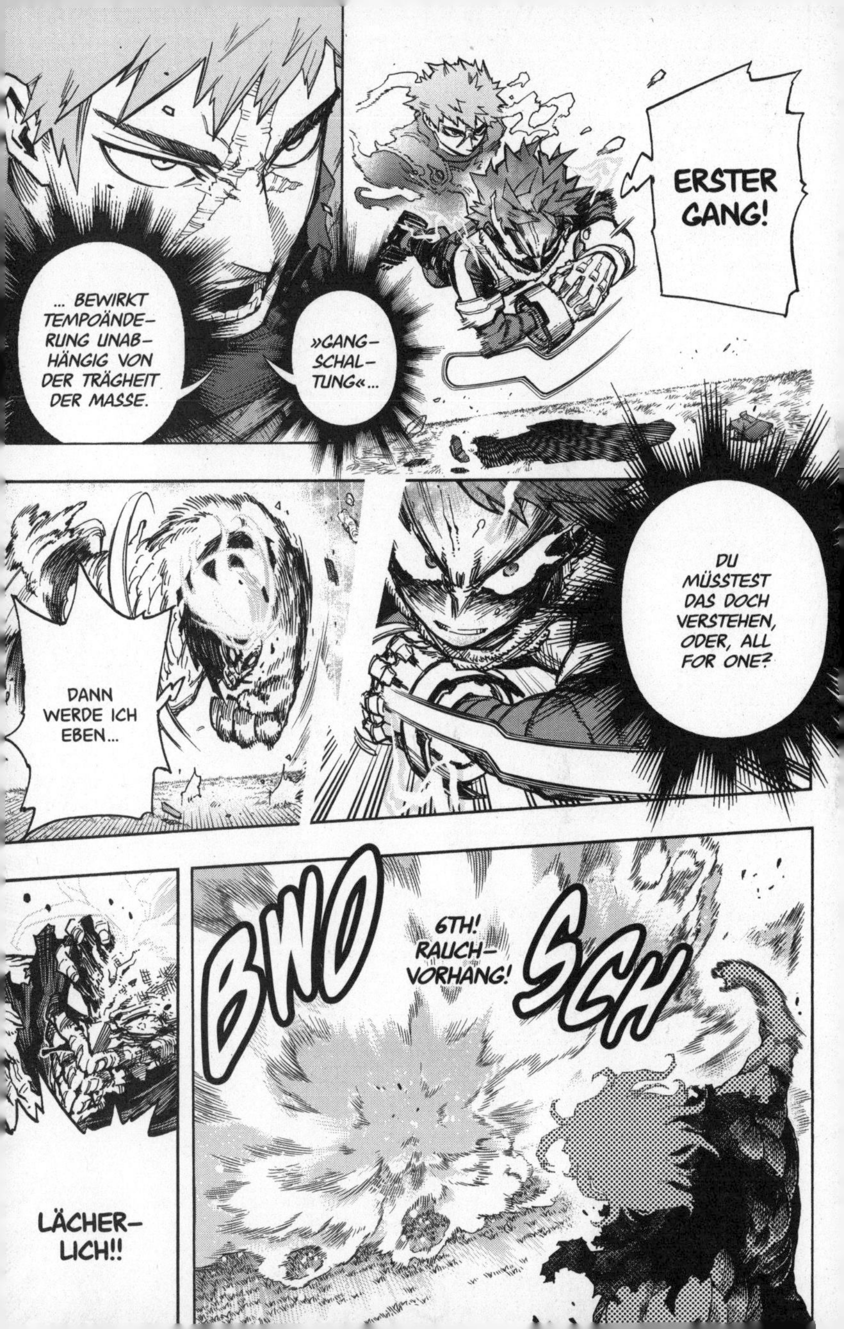
ERSTER GANG!
»GANG-SCHAL-TUNG«...
... BEWIRKT TEMPOÄNDE-RUNG UNAB-HÄNGIG VON DER TRÄGHEIT DER MASSE.
DU MÜSSTEST DAS DOCH VERSTEHEN, ODER, ALL FOR ONE?
DANN WERDE ICH EBEN...
BWO
SCH
6TH! RAUCH-VORHANG!
LÄCHER-LICH!!

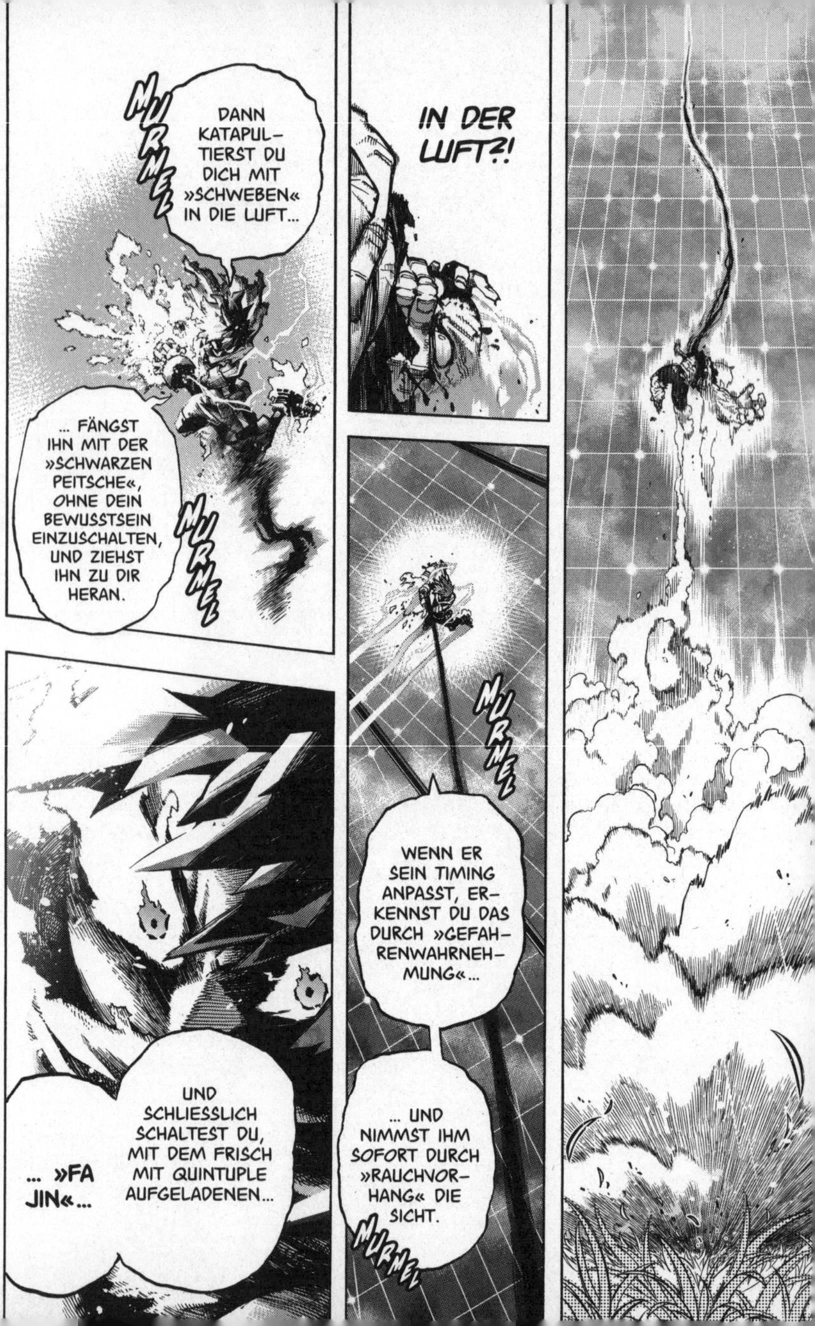
IN DER LUFT?!
MURMEL
DANN KATAPULTIERST DU DICH MIT »SCHWEBEN« IN DIE LUFT...
... FÄNGST IHN MIT DER »SCHWARZEN PEITSCHE«, OHNE DEIN BEWUSSTSEIN EINZUSCHALTEN, UND ZIEHST IHN ZU DIR HERAN.
MURMEL
MURMEL
WENN ER SEIN TIMING ANPASST, ERKENNST DU DAS DURCH »GEFAHRENWAHRNEHMUNG«...
... UND NIMMST IHM SOFORT DURCH »RAUCHVORHANG« DIE SICHT.
MURMEL
UND SCHLIESSLICH SCHALTEST DU, MIT DEM FRISCH MIT QUINTUPLE AUFGELADENEN...
... »FA JIN«...

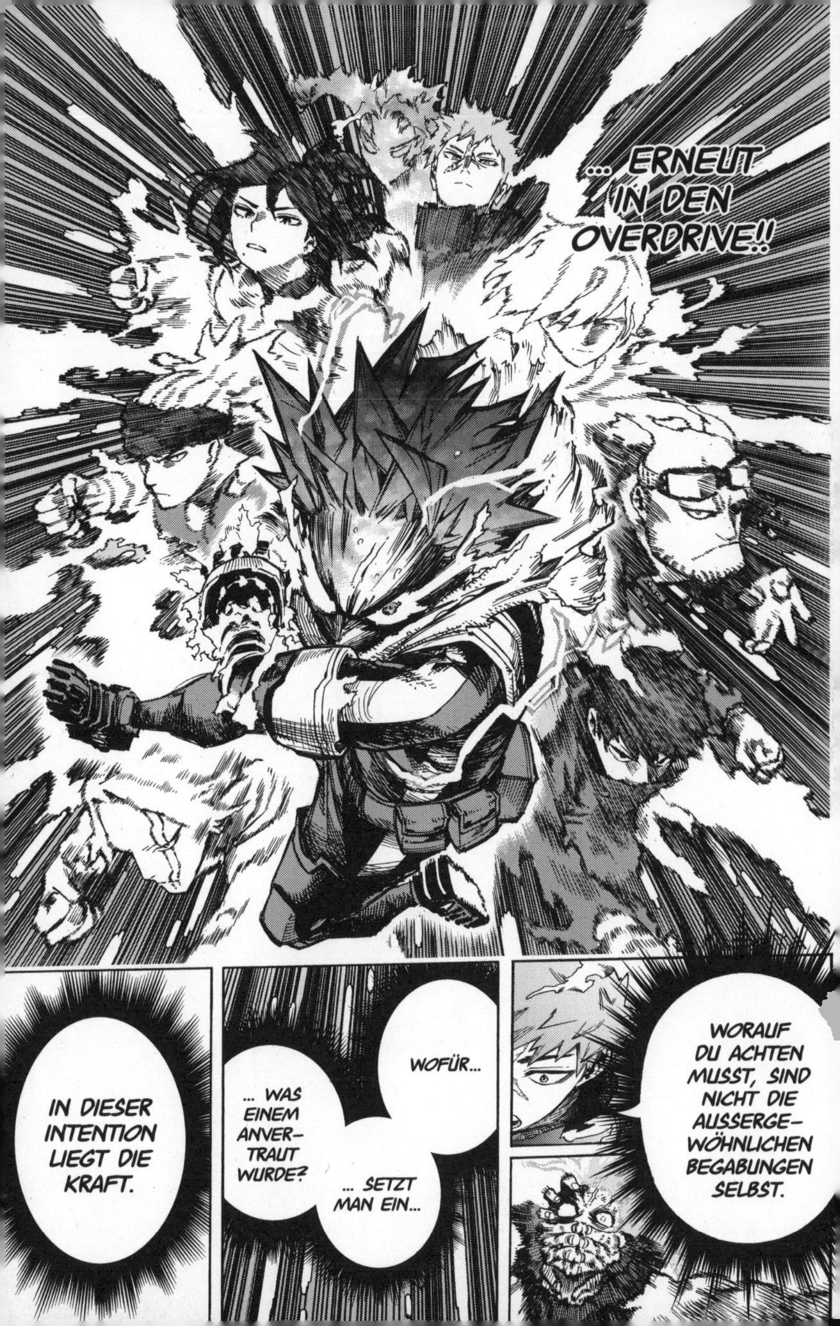
... ERNEUT IN DEN OVERDRIVE!!
WORAUF DU ACHTEN MUSST, SIND NICHT DIE AUSSERGE-WÖHNLICHEN BEGABUNGEN SELBST.
WOFÜR...
... SETZT MAN EIN...
... WAS EINEM ANVER-TRAUT WURDE?
IN DIESER INTENTION LIEGT DIE KRAFT.

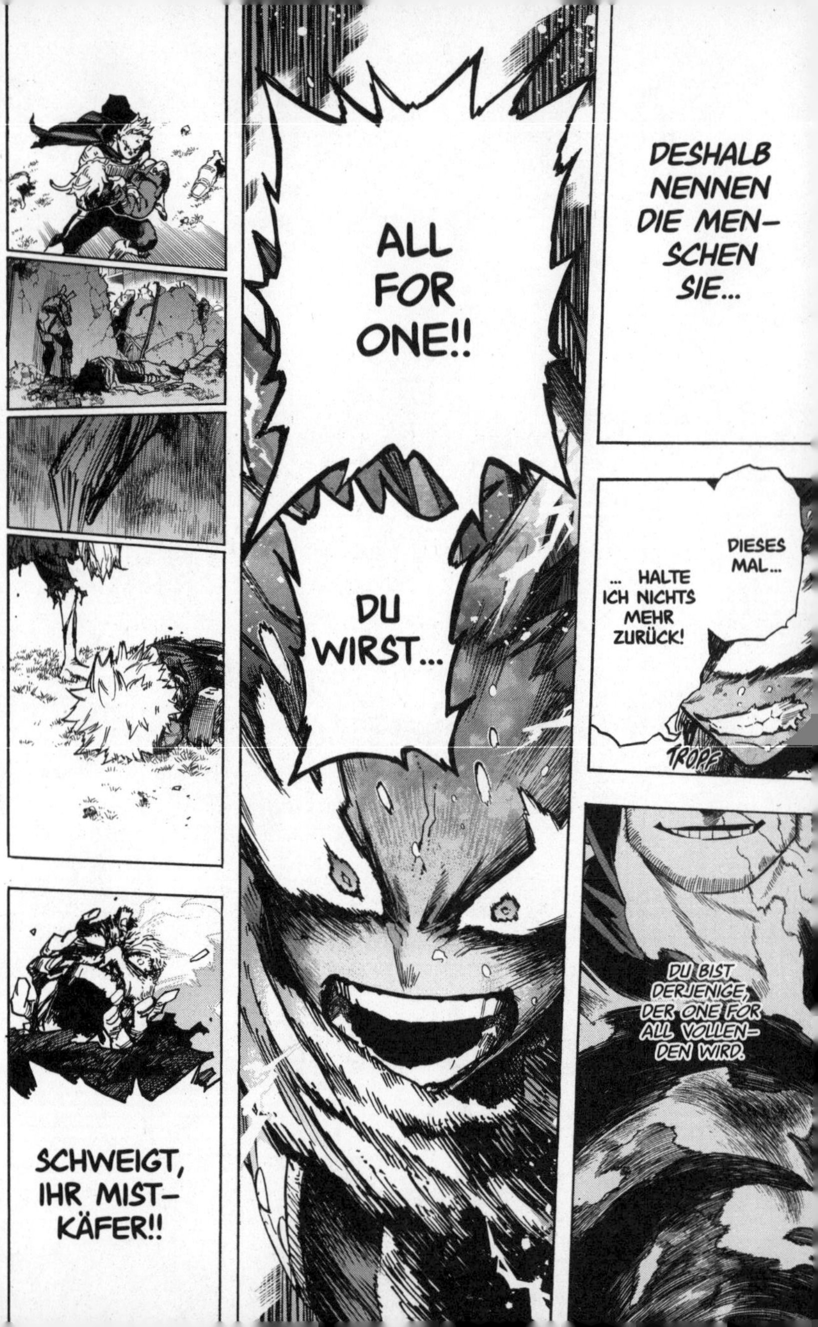
DESHALB NENNEN DIE MEN- SCHEN SIE...
ALL FOR ONE!!
DU WIRST...
DIESES MAL...
... HALTE ICH NICHTS MEHR ZURÜCK!
TROPF
DU BIST DERJENIGE, DER ONE FOR ALL VOLLEN- DEN WIRD.
SCHWEIGT, IHR MIST- KÄFER!!

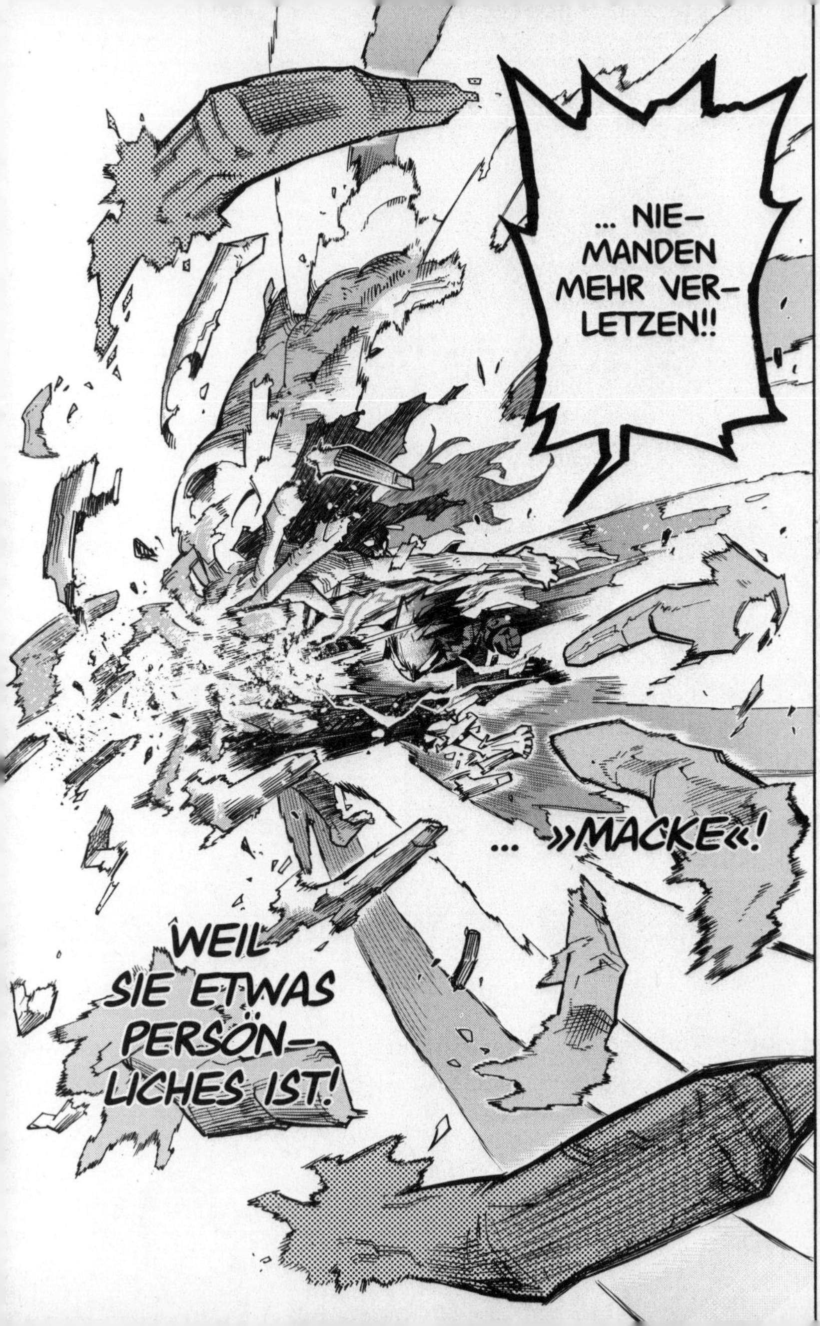

... NIEMANDEN MEHR VERLETZEN!!
... »MACKE«!
WEIL SIE ETWAS PERSÖNLICHES IST!

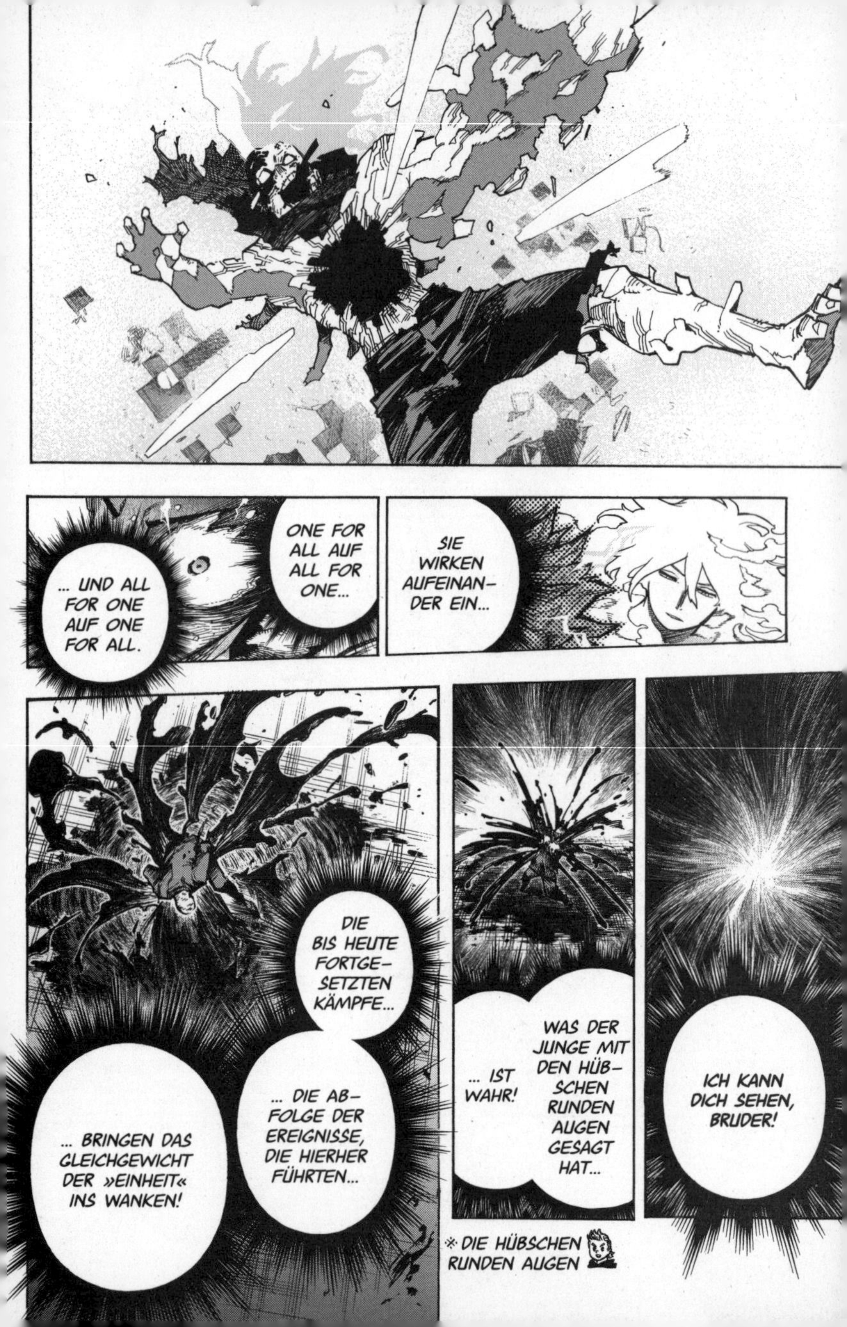
SIE WIRKEN AUFEINANDER EIN...
ONE FOR ALL AUF ALL FOR ONE...
... UND ALL FOR ONE AUF ONE FOR ALL.
ICH KANN DICH SEHEN, BRUDER!
WAS DER JUNGE MIT DEN HÜBSCHEN RUNDEN AUGEN GESAGT HAT...
... IST WAHR!
※DIE HÜBSCHEN RUNDEN AUGEN
DIE BIS HEUTE FORTGESETZTEN KÄMPFE...
... DIE ABFOLGE DER EREIGNISSE, DIE HIERHER FÜHRTEN...
... BRINGEN DAS GLEICHGEWICHT DER »EINHEIT« INS WANKEN!

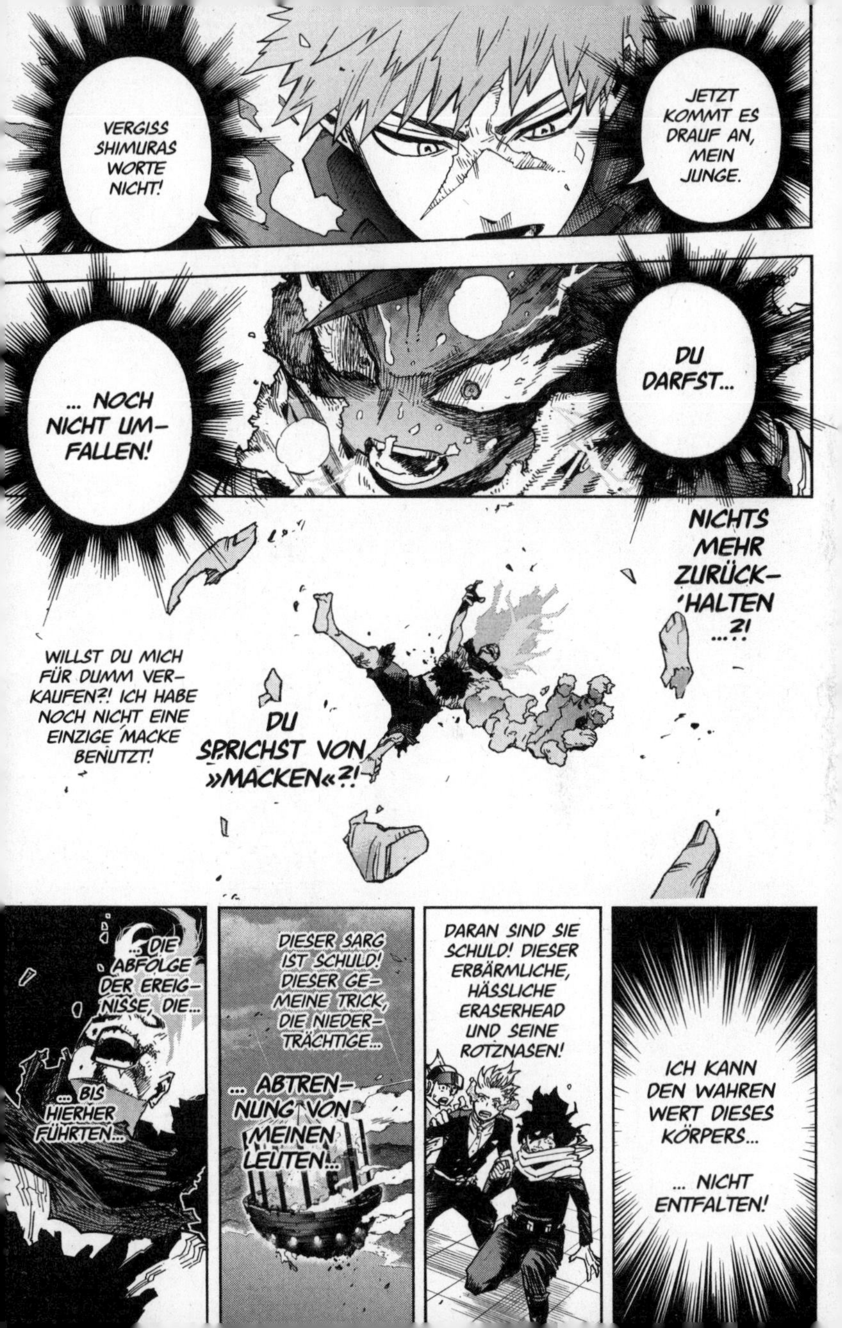
JETZT KOMMT ES DRAUF AN, MEIN JUNGE.
VERGISS SHIMURAS WORTE NICHT!
DU DARFST...
... NOCH NICHT UM-FALLEN!
NICHTS MEHR ZURÜCK-'HALTEN ...?!
DU SPRICHST VON »MACKEN«?!
WILLST DU MICH FÜR DUMM VER-KAUFEN?! ICH HABE NOCH NICHT EINE EINZIGE MACKE BENUTZT!
ICH KANN DEN WAHREN WERT DIESES KÖRPERS...
... NICHT ENTFALTEN!
DARAN SIND SIE SCHULD! DIESER ERBÄRMLICHE, HÄSSLICHE ERASERHEAD UND SEINE ROTZNASEN!
DIESER SARG IST SCHULD! DIESER GE-MEINE TRICK, DIE NIEDER-TRÄCHTIGE...
... ABTREN-NUNG VON MEINEN LEUTEN!...
... DIE ABFOLGE DER EREIG-NISSE, DIE...
... BIS HIERHER FÜHRTEN...

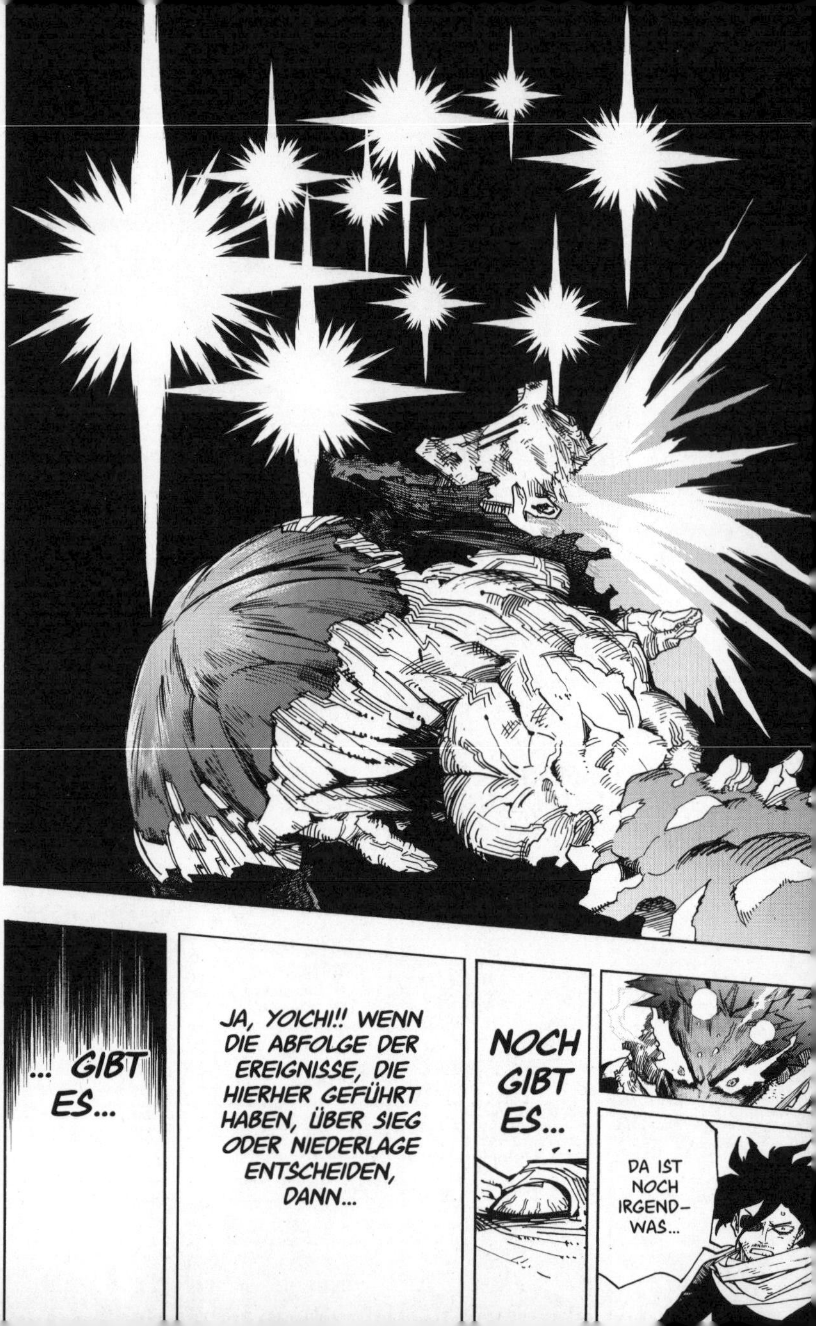

DA IST NOCH IRGEND-WAS...
NOCH GIBT ES...
JA, YOICHI!! WENN DIE ABFOLGE DER EREIGNISSE, DIE HIERHER GEFÜHRT HABEN, ÜBER SIEG ODER NIEDERLAGE ENTSCHEIDEN, DANN...
... GIBT ES...

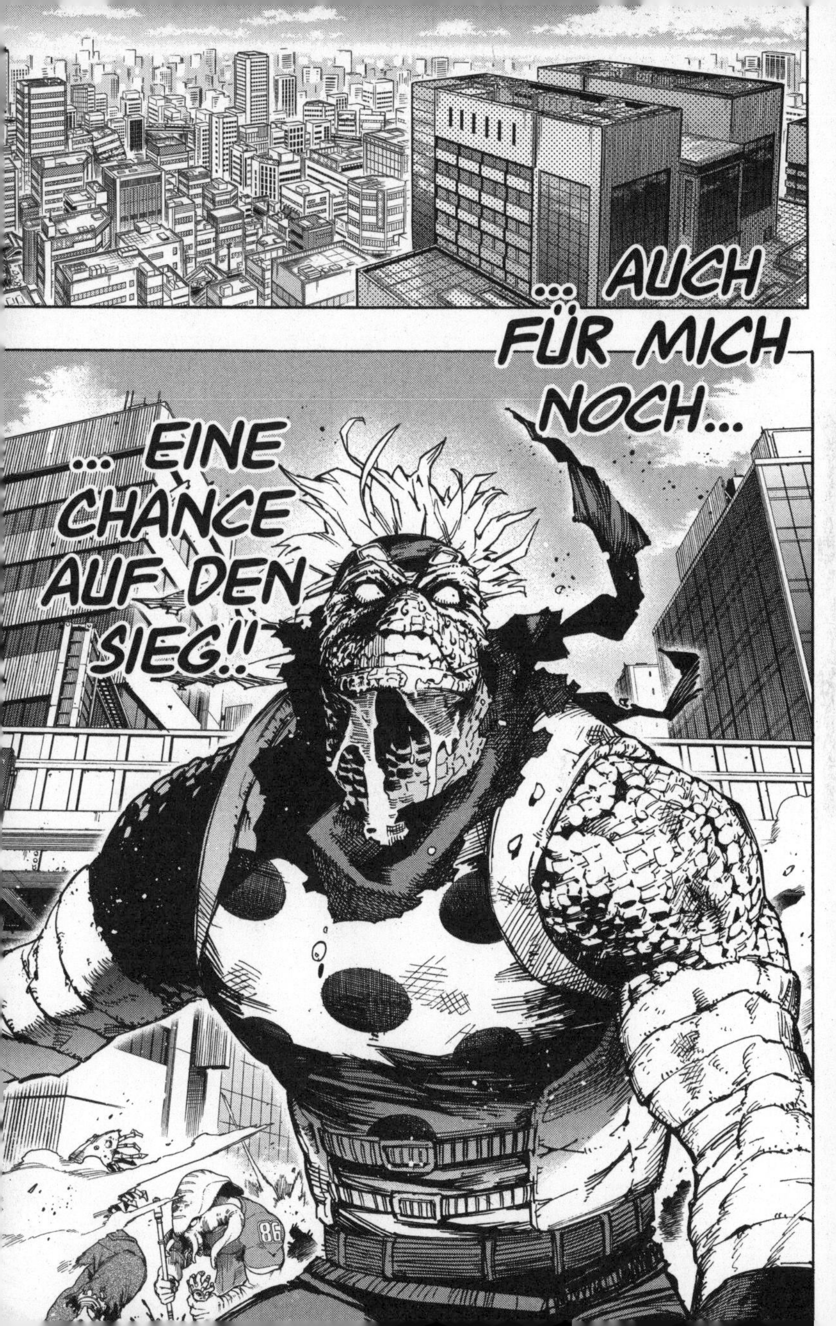
... AUCH FÜR MICH NOCH...
... EINE CHANCE AUF DEN SIEG!!

MHA-SCHUBLADEN-WISSEN

Der Verfasser kann sich Nejirechans Kostüm nicht merken und muss deshalb jedes Mal auf der Homepage des Anime nachsehen.

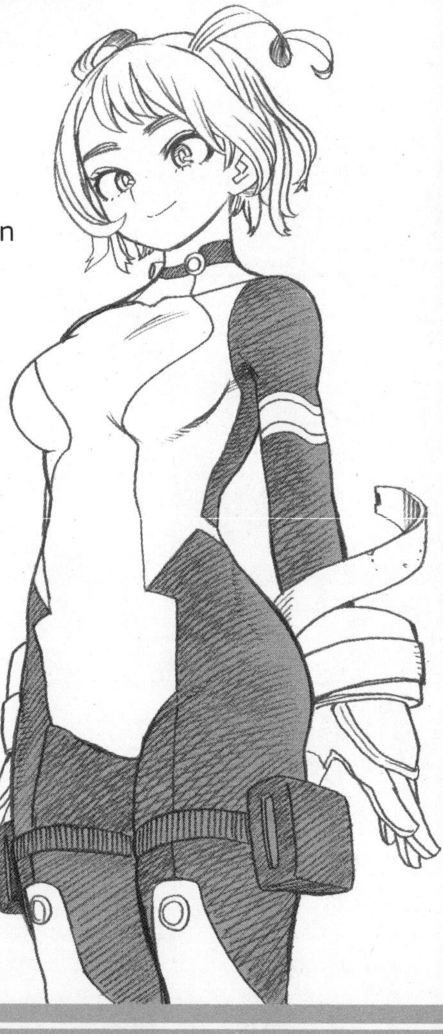

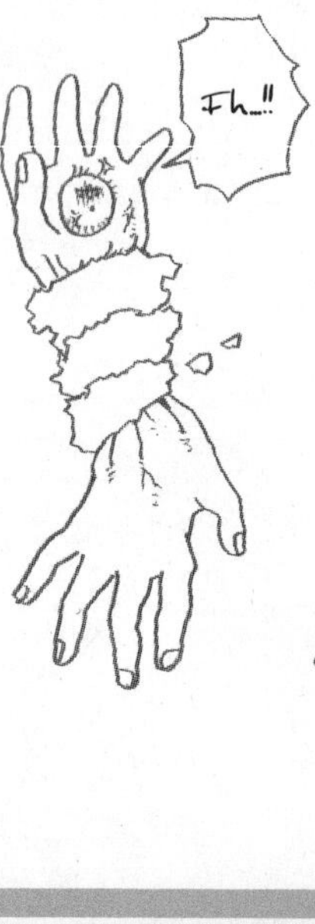

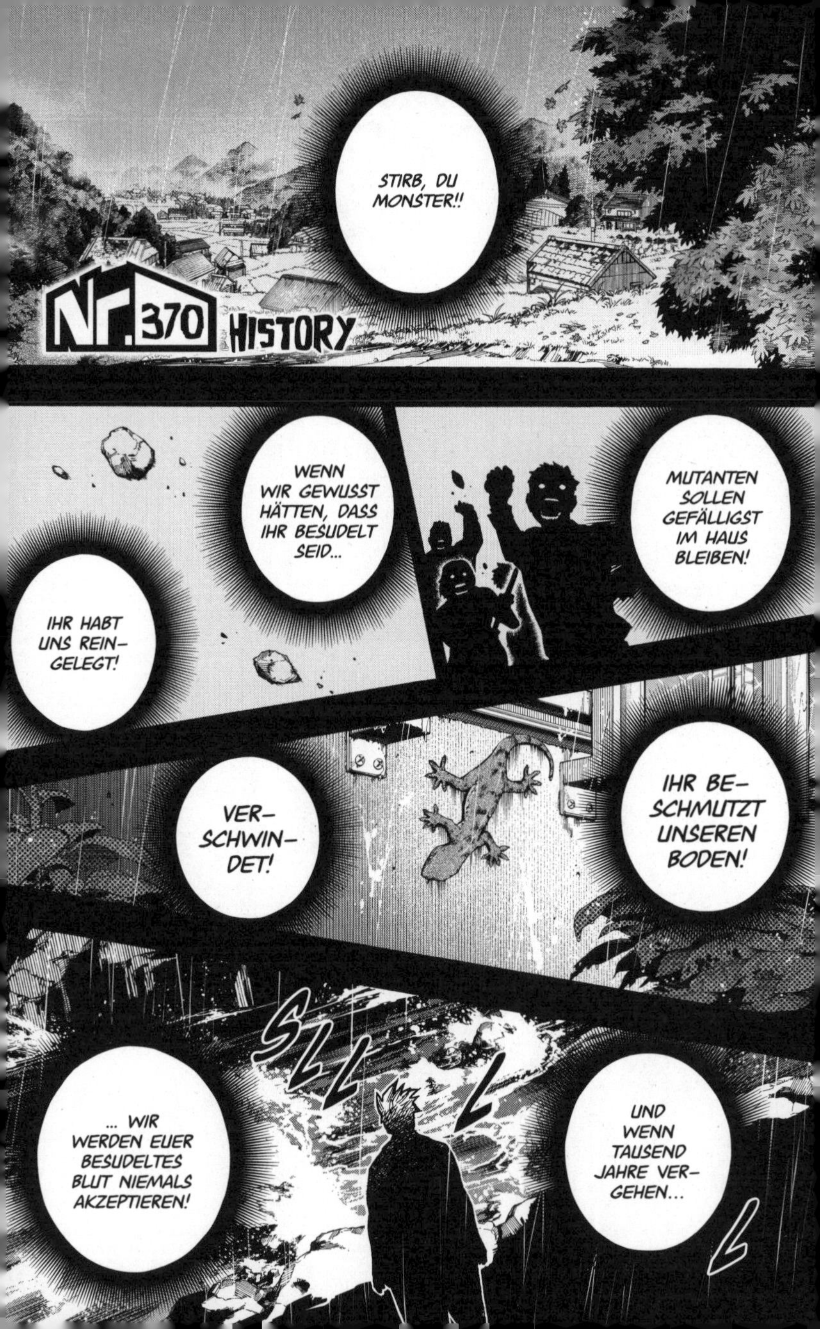
STIRB, DU MONSTER!!
Nr. 370 HISTORY
MUTANTEN SOLLEN GEFÄLLIGST IM HAUS BLEIBEN!
WENN WIR GEWUSST HÄTTEN, DASS IHR BESUDELT SEID...
IHR HABT UNS REIN-GELEGT!
IHR BE-SCHMUTZT UNSEREN BODEN!
VER-SCHWIN-DET!
UND WENN TAUSEND JAHRE VER-GEHEN...
... WIR WERDEN EUER BESUDELTES BLUT NIEMALS AKZEPTIEREN!

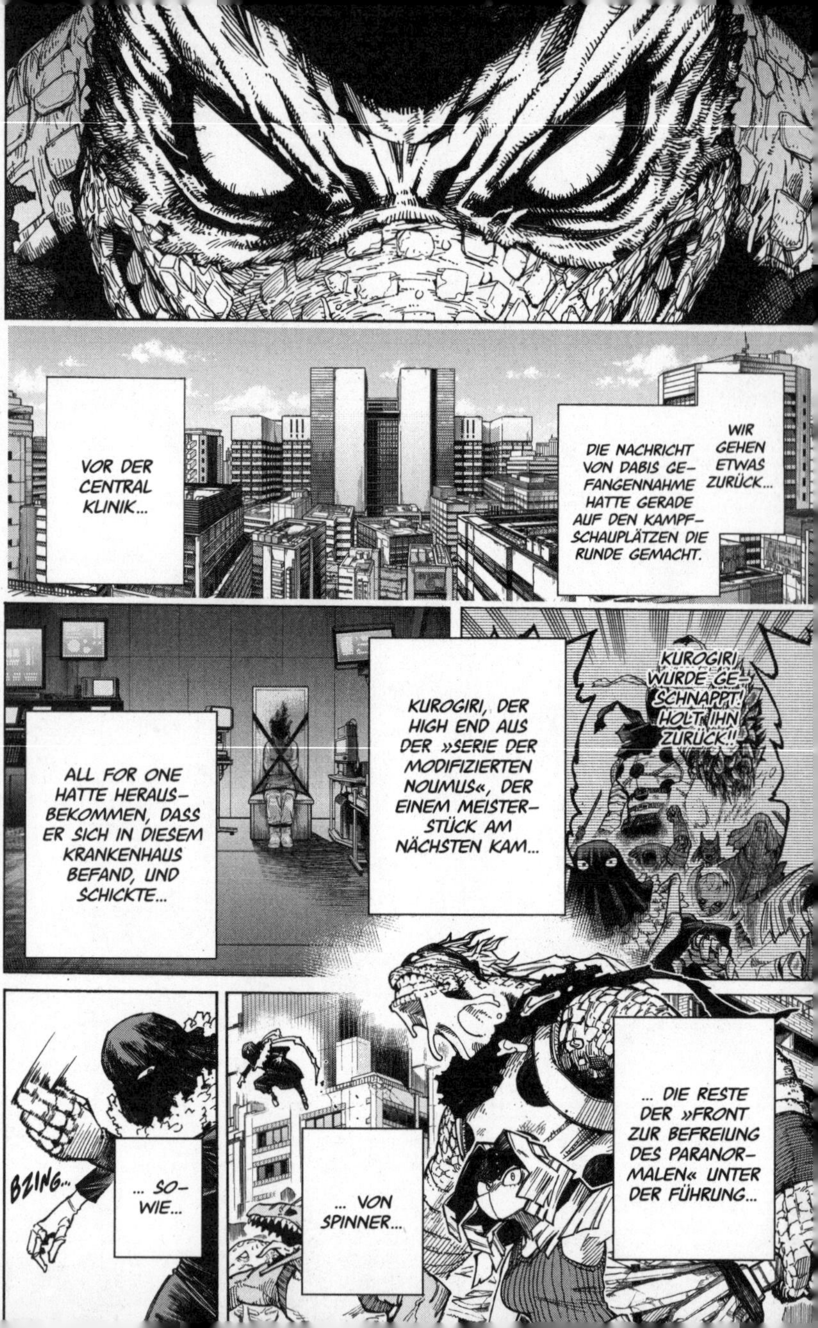
WIR GEHEN ETWAS ZURÜCK...
DIE NACHRICHT VON DABIS GE-FANGENNAHME HATTE GERADE AUF DEN KAMPF-SCHAUPLÄTZEN DIE RUNDE GEMACHT.
VOR DER CENTRAL KLINIK...
!!!
!!
KUROGIRI WURDE GE-SCHNAPPT! HOLT IHN ZURÜCK!!
KUROGIRI, DER HIGH END AUS DER »SERIE DER MODIFIZIERTEN NOUMUS«, DER EINEM MEISTER-STÜCK AM NÄCHSTEN KAM...
ALL FOR ONE HATTE HERAUS-BEKOMMEN, DASS ER SICH IN DIESEM KRANKENHAUS BEFAND, UND SCHICKTE...
... DIE RESTE DER »FRONT ZUR BEFREIUNG DES PARANOR-MALEN« UNTER DER FÜHRUNG...
... VON SPINNER...
... SO-WIE...
BZING...

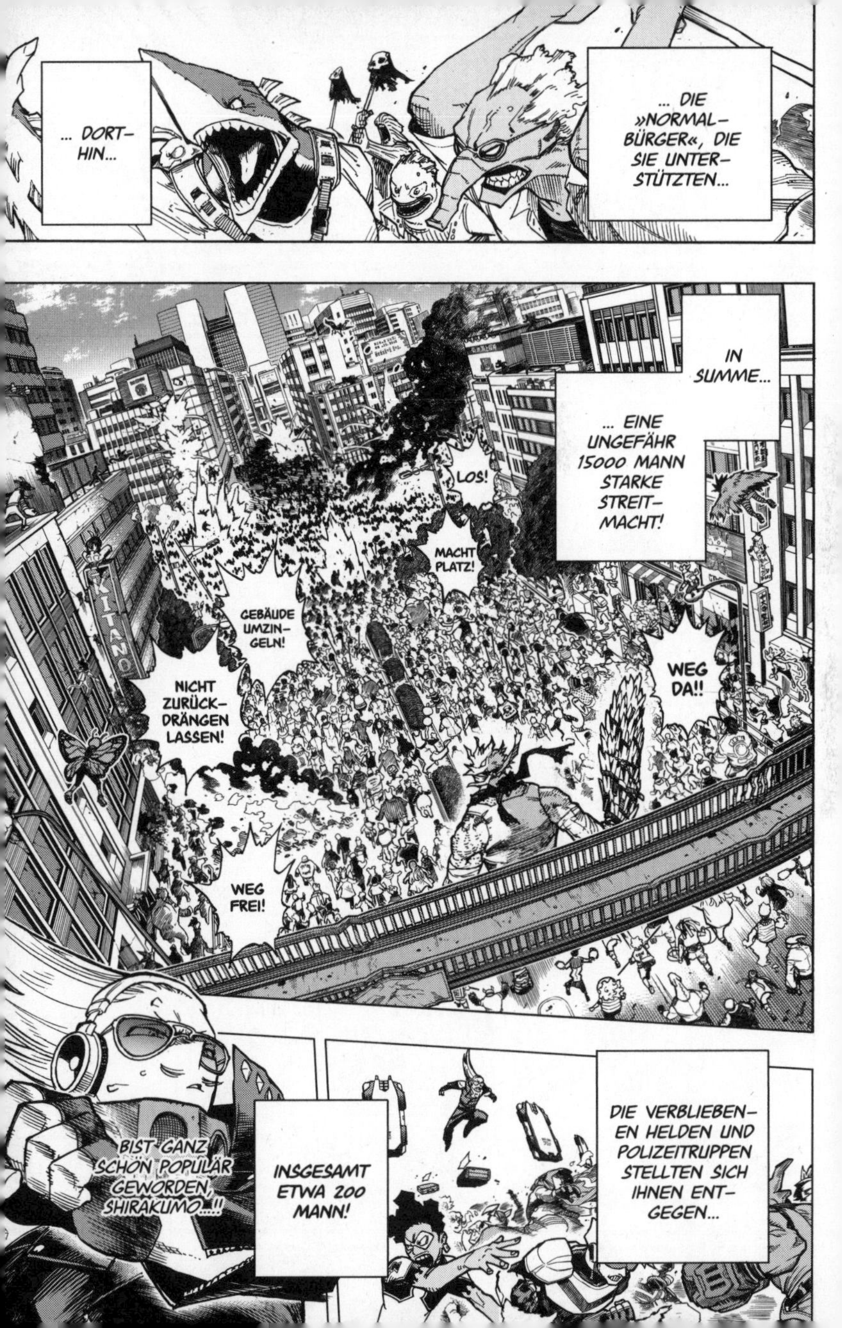
... DIE »NORMALBÜRGER«, DIE SIE UNTERSTÜTZTEN...
... DORTHIN...
IN SUMME...
... EINE UNGEFÄHR 15000 MANN STARKE STREITMACHT!
LOS!
MACHT PLATZ!
WEG DA!!
GEBÄUDE UMZINGELN!
NICHT ZURÜCKDRÄNGEN LASSEN!
WEG FREI!
KITANO
DIE VERBLIEBENEN HELDEN UND POLIZEITRUPPEN STELLTEN SICH IHNEN ENTGEGEN...
INSGESAMT ETWA 200 MANN!
BIST GANZ SCHÖN POPULÄR GEWORDEN, SHIRAKUMO...!!

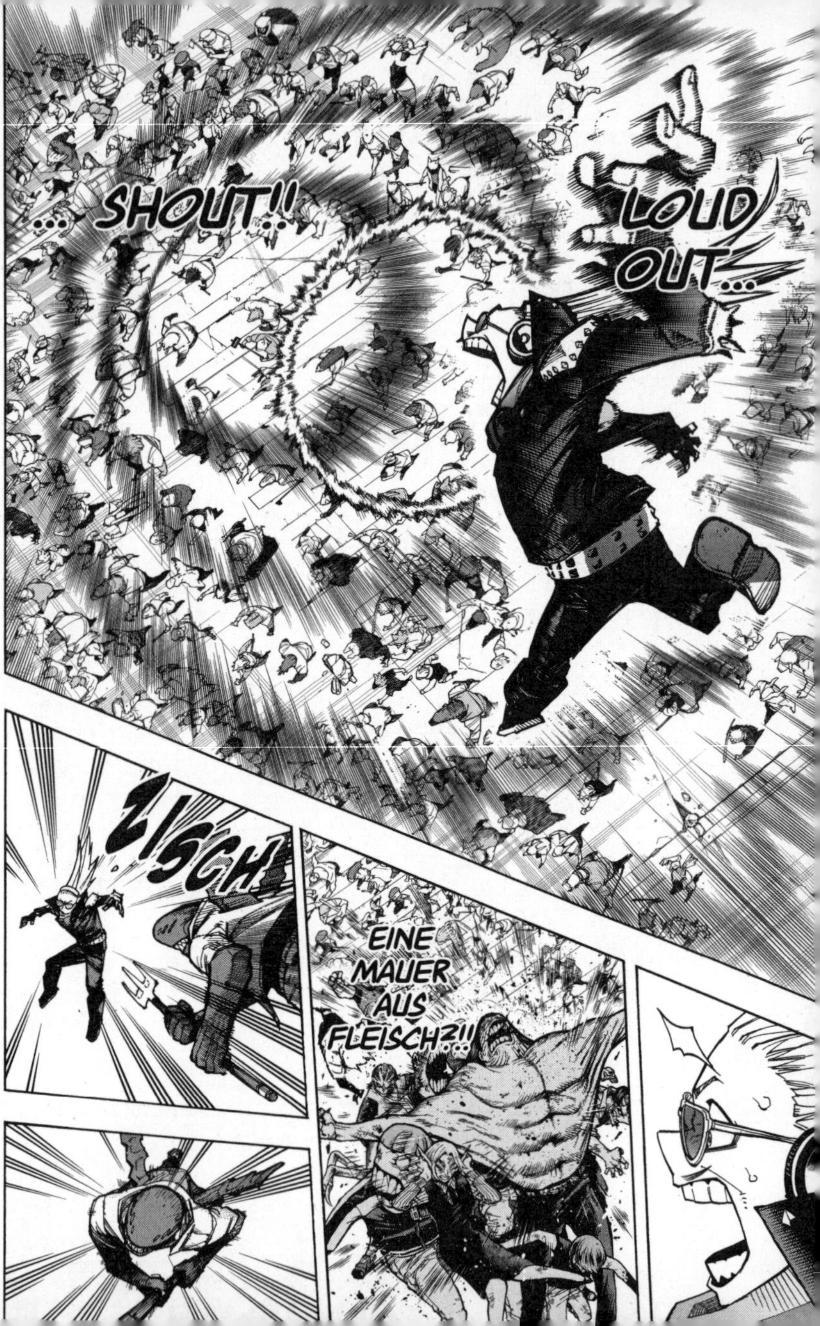
LOUD OUT...
...SHOUT!!
ZISCH
EINE MAUER AUS FLEISCH?!!

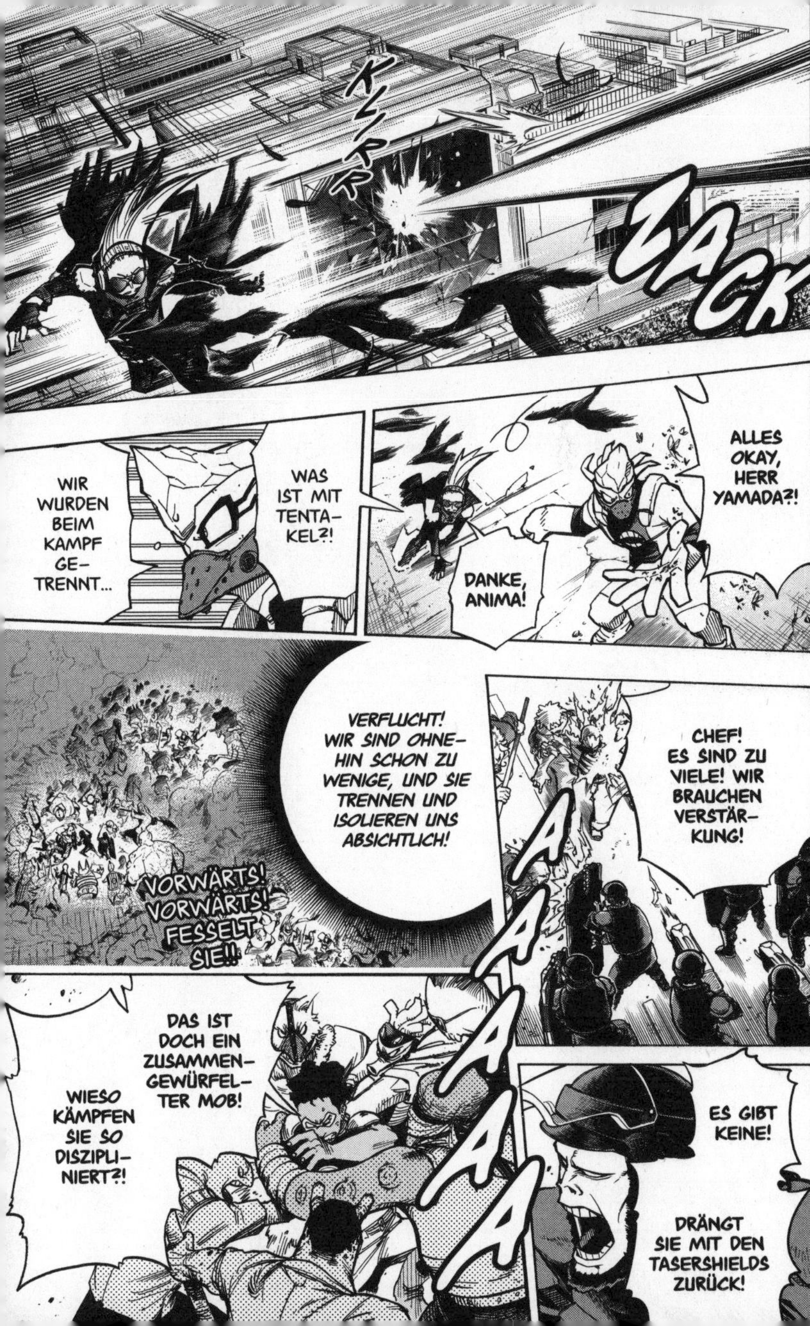
KLIRR
ZACK
ALLES OKAY, HERR YAMADA?!
DANKE, ANIMA!
WAS IST MIT TENTAKEL?!
WIR WURDEN BEIM KAMPF GETRENNT...
CHEF! ES SIND ZU VIELE! WIR BRAUCHEN VERSTÄRKUNG!
AAAAAAAA
VERFLUCHT! WIR SIND OHNEHIN SCHON ZU WENIGE, UND SIE TRENNEN UND ISOLIEREN UNS ABSICHTLICH!
VORWÄRTS! VORWÄRTS! FESSELT SIE!!
ES GIBT KEINE!
DRÄNGT SIE MIT DEN TASERSHIELDS ZURÜCK!
DAS IST DOCH EIN ZUSAMMENGEWÜRFELTER MOB!
WIESO KÄMPFEN SIE SO DISZIPLINIERT?!

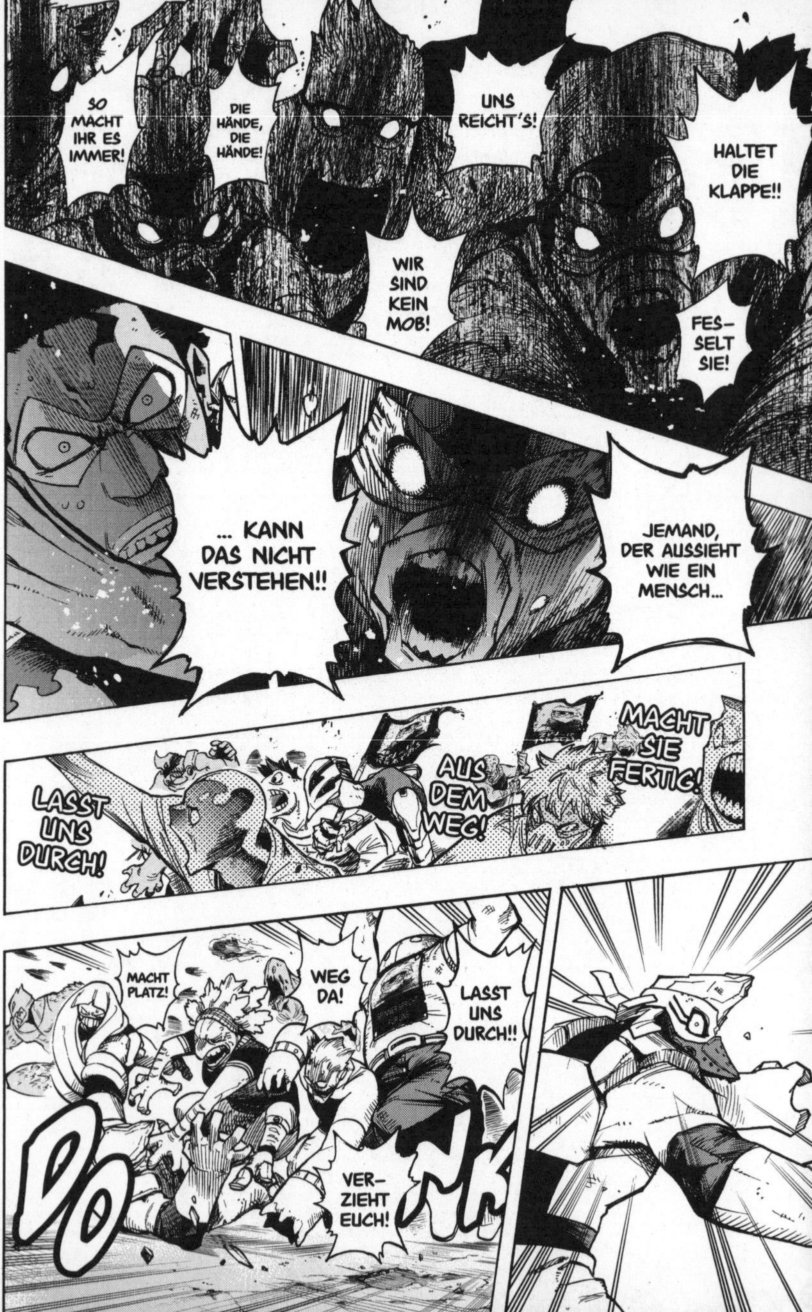

HALTET DIE KLAPPE!!
UNS REICHT'S!
DIE HÄNDE, DIE HÄNDE!
SO MACHT IHR ES IMMER!
FES-SELT SIE!
WIR SIND KEIN MOB!
JEMAND, DER AUSSIEHT WIE EIN MENSCH...
... KANN DAS NICHT VERSTEHEN!!
MACHT SIE FERTIG!
AUS DEM WEG!
LASST UNS DURCH!
LASST UNS DURCH!!
WEG DA!
MACHT PLATZ!
VER-ZIEHT EUCH!

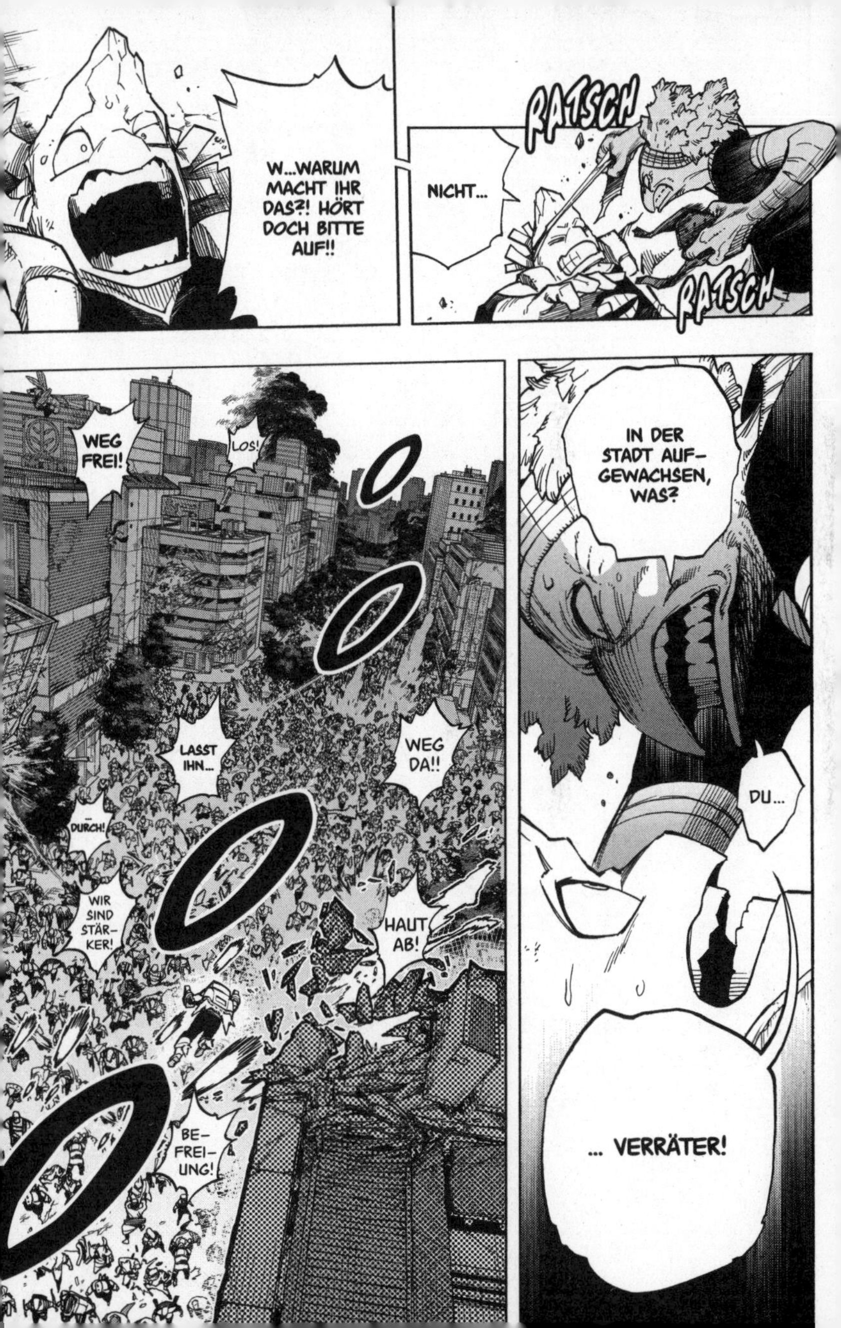

NICHT...
RATSCH
RATSCH
W...WARUM MACHT IHR DAS⁈ HÖRT DOCH BITTE AUF!!
IN DER STADT AUF-GEWACHSEN, WAS?
DU...
... VERRÄTER!
LOS!
WEG FREI!
WEG DA!!
LASST IHN...
...DURCH!
HAUT AB!
WIR SIND STÄR-KER!
BE-FREI-UNG!

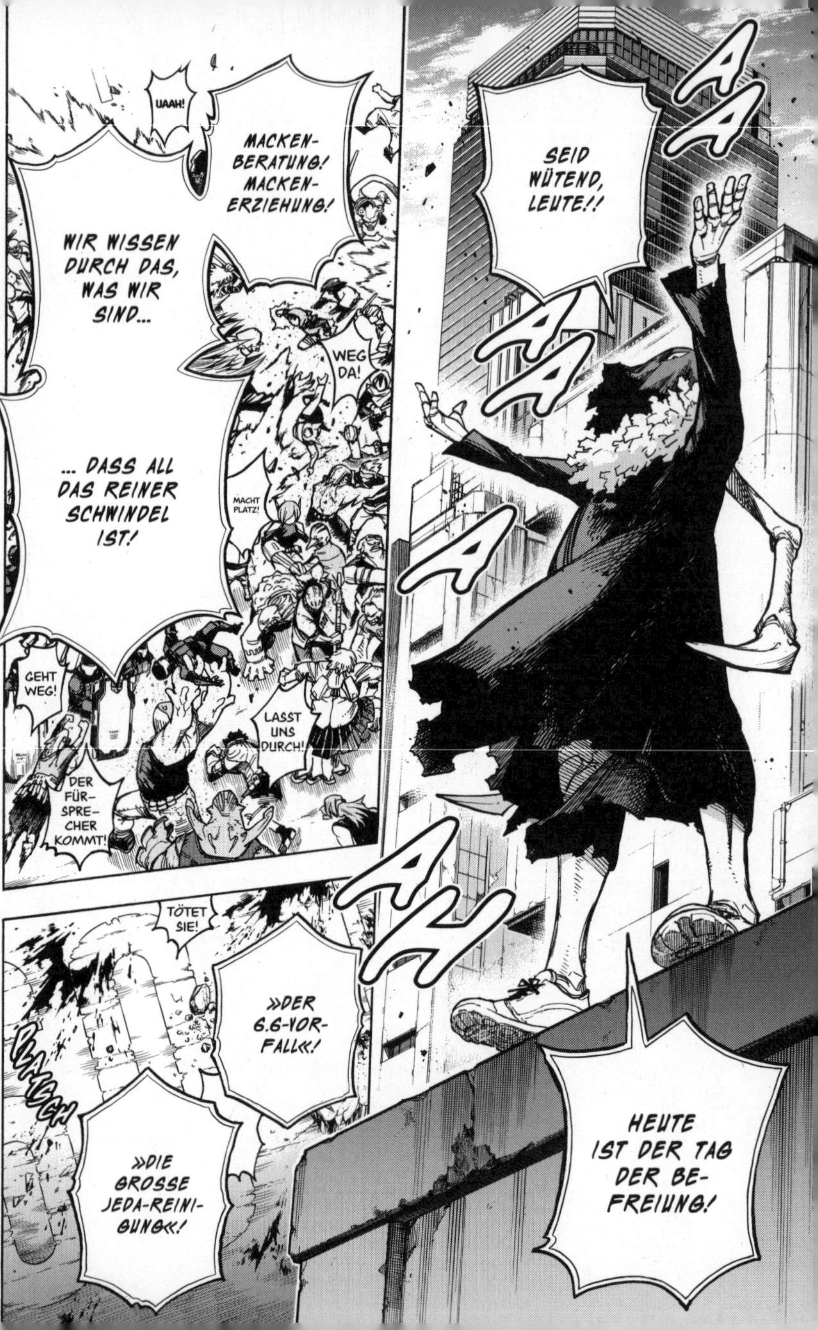
SEID WÜTEND, LEUTE!!
AAAAAAAH
HEUTE IST DER TAG DER BEFREIUNG!
UAAH!
MACKEN-BERATUNG! MACKEN-ERZIEHUNG!
WIR WISSEN DURCH DAS, WAS WIR SIND...
WEG DA!
... DASS ALL DAS REINER SCHWINDEL IST!
MACHT PLATZ!
LASST UNS DURCH!
GEHT WEG!
DER FÜRSPRECHER KOMMT!
TÖTET SIE!
»DER 6.6-VORFALL«!
»DIE GROSSE JEDA-REINIGUNG«!

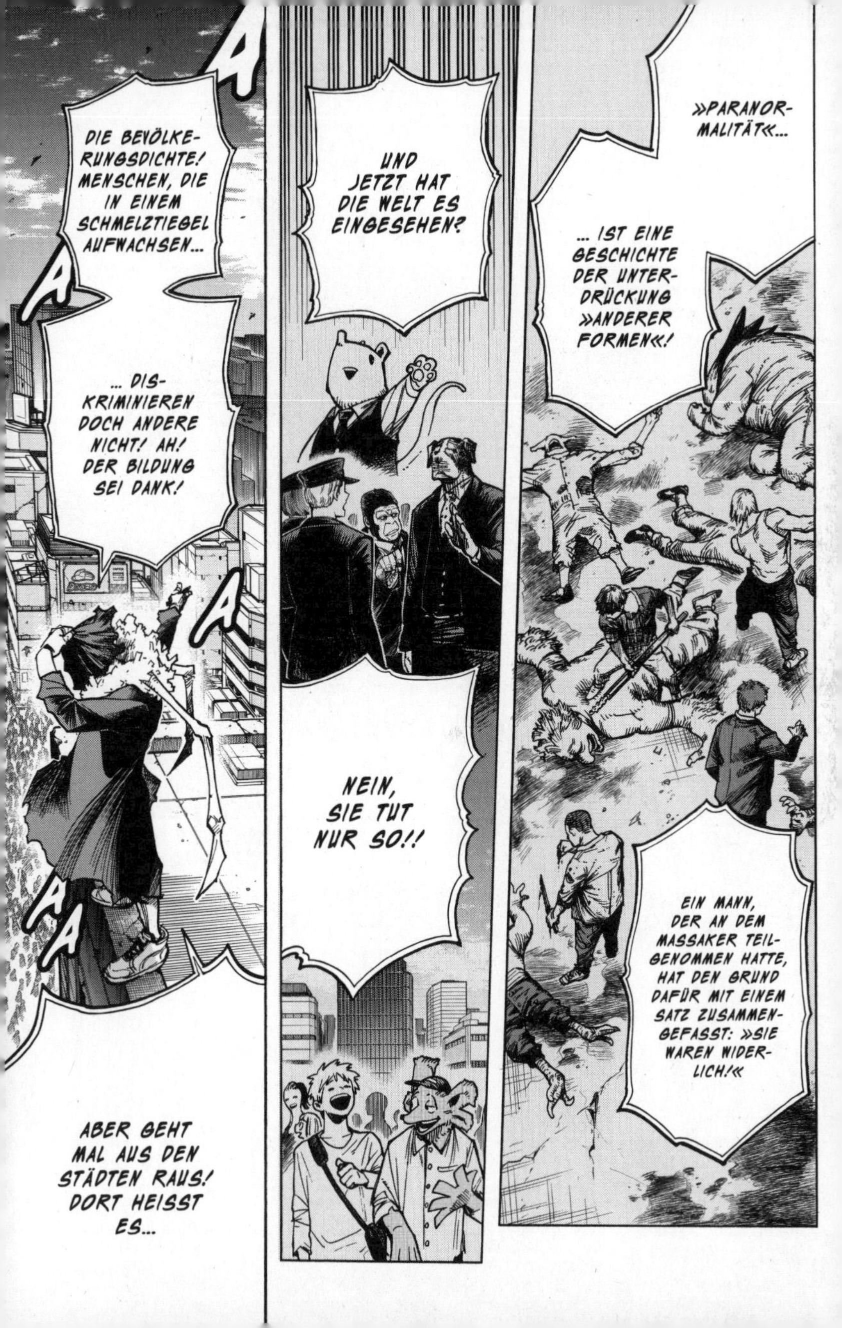
»PARANORMALITÄT«...
... IST EINE GESCHICHTE DER UNTERDRÜCKUNG »ANDERER FORMEN«!
EIN MANN, DER AN DEM MASSAKER TEILGENOMMEN HATTE, HAT DEN GRUND DAFÜR MIT EINEM SATZ ZUSAMMENGEFASST: »SIE WAREN WIDERLICH!«
UND JETZT HAT DIE WELT ES EINGESEHEN?
NEIN, SIE TUT NUR SO!!
A
DIE BEVÖLKERUNGSDICHTE! MENSCHEN, DIE IN EINEM SCHMELZTIEGEL AUFWACHSEN...
A
... DISKRIMINIEREN DOCH ANDERE NICHT! AH! DER BILDUNG SEI DANK!
A
A A
ABER GEHT MAL AUS DEN STÄDTEN RAUS! DORT HEISST ES...

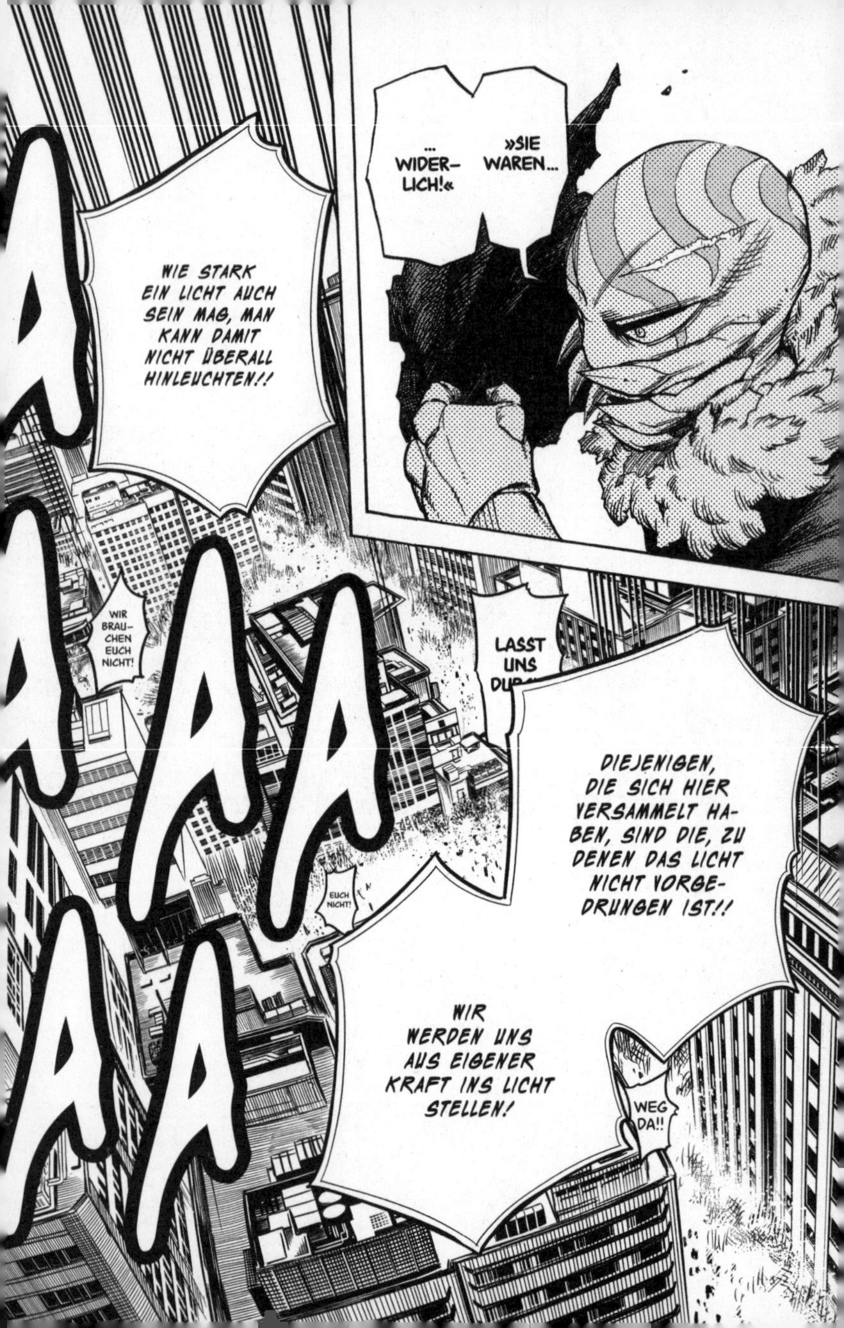
»SIE WAREN... ...WIDERLICH!«
WIE STARK EIN LICHT AUCH SEIN MAG, MAN KANN DAMIT NICHT ÜBERALL HINLEUCHTEN!!
LASST UNS
WIR BRAUCHEN EUCH NICHT!
DIEJENIGEN, DIE SICH HIER VERSAMMELT HABEN, SIND DIE, ZU DENEN DAS LICHT NICHT VORGEDRUNGEN IST!!
EUCH NICHT!
WIR WERDEN UNS AUS EIGENER KRAFT INS LICHT STELLEN!
WEG DA!!

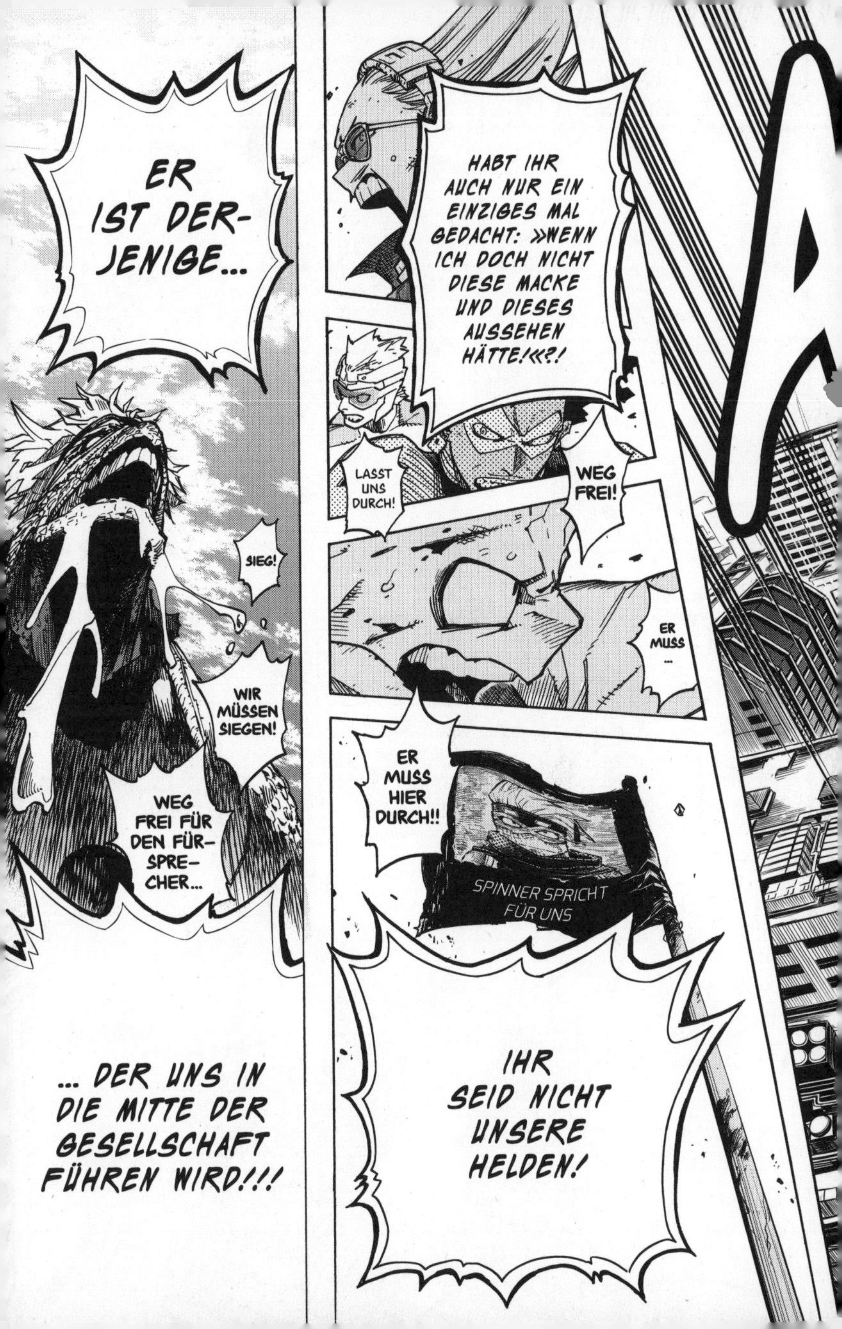
HABT IHR AUCH NUR EIN EINZIGES MAL GEDACHT: »WENN ICH DOCH NICHT DIESE MACKE UND DIESES AUSSEHEN HÄTTE!«?!
WEG FREI!
LASST UNS DURCH!
ER MUSS ...
ER MUSS HIER DURCH!!
SPINNER SPRICHT FÜR UNS
IHR SEID NICHT UNSERE HELDEN!
ER IST DER-JENIGE...
SIEG!
WIR MÜSSEN SIEGEN!
WEG FREI FÜR DEN FÜR-SPRE-CHER...
... DER UNS IN DIE MITTE DER GESELLSCHAFT FÜHREN WIRD!!!

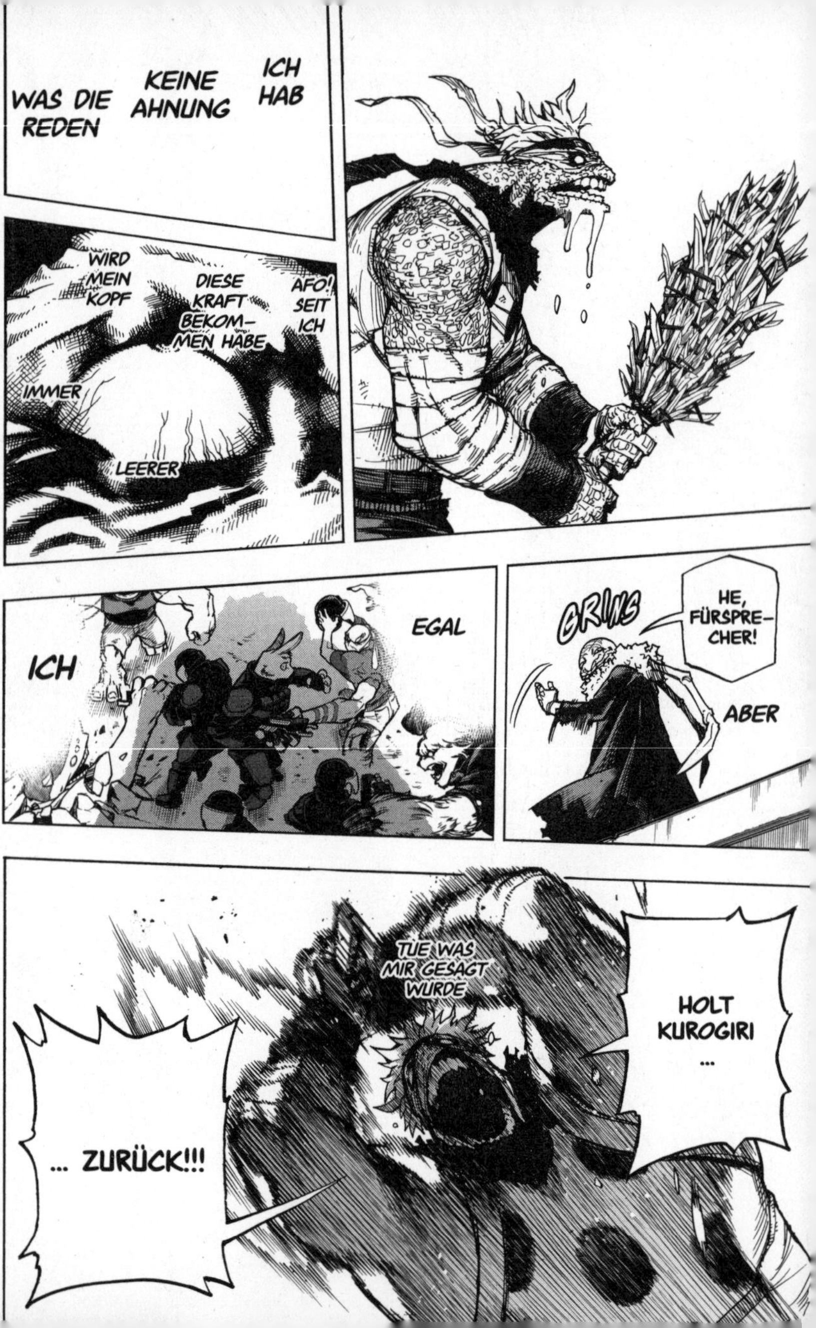
ICH HAB
KEINE AHNUNG
WAS DIE REDEN
AFO! SEIT ICH
DIESE KRAFT BEKOM-MEN HABE
WIRD MEIN KOPF
IMMER
LEERER
HE, FÜRSPRE-CHER!
ABER
EGAL
ICH
TUE WAS MIR GESAGT WURDE
HOLT KUROGIRI ...
... ZURÜCK!!!

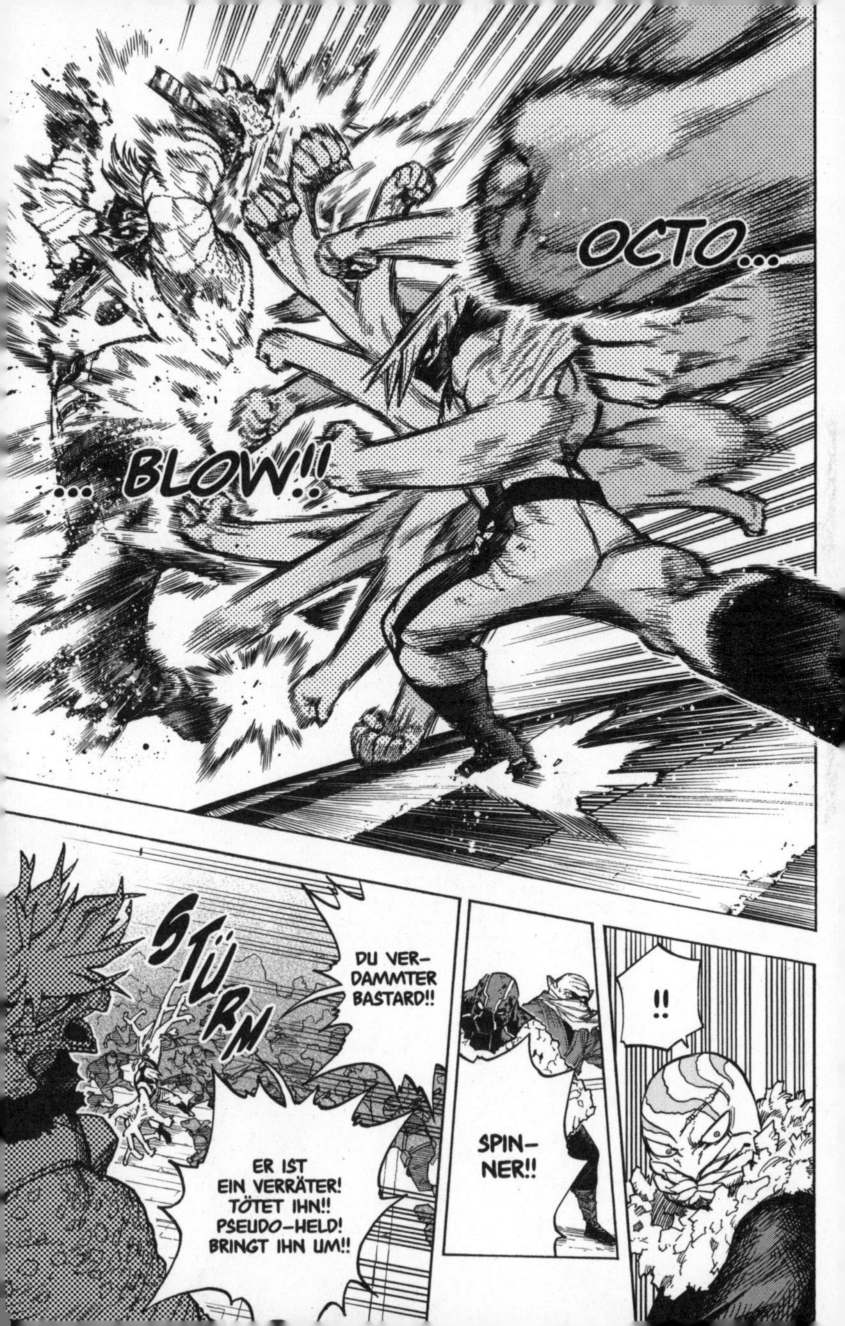
OCTO...
...BLOW!!
!!
SPIN-
NER!!
DU VER-
DAMMTER
BASTARD!!
STÜRM
ER IST
EIN VERRÄTER!
TÖTET IHN!!
PSEUDO-HELD!
BRINGT IHN UM!!

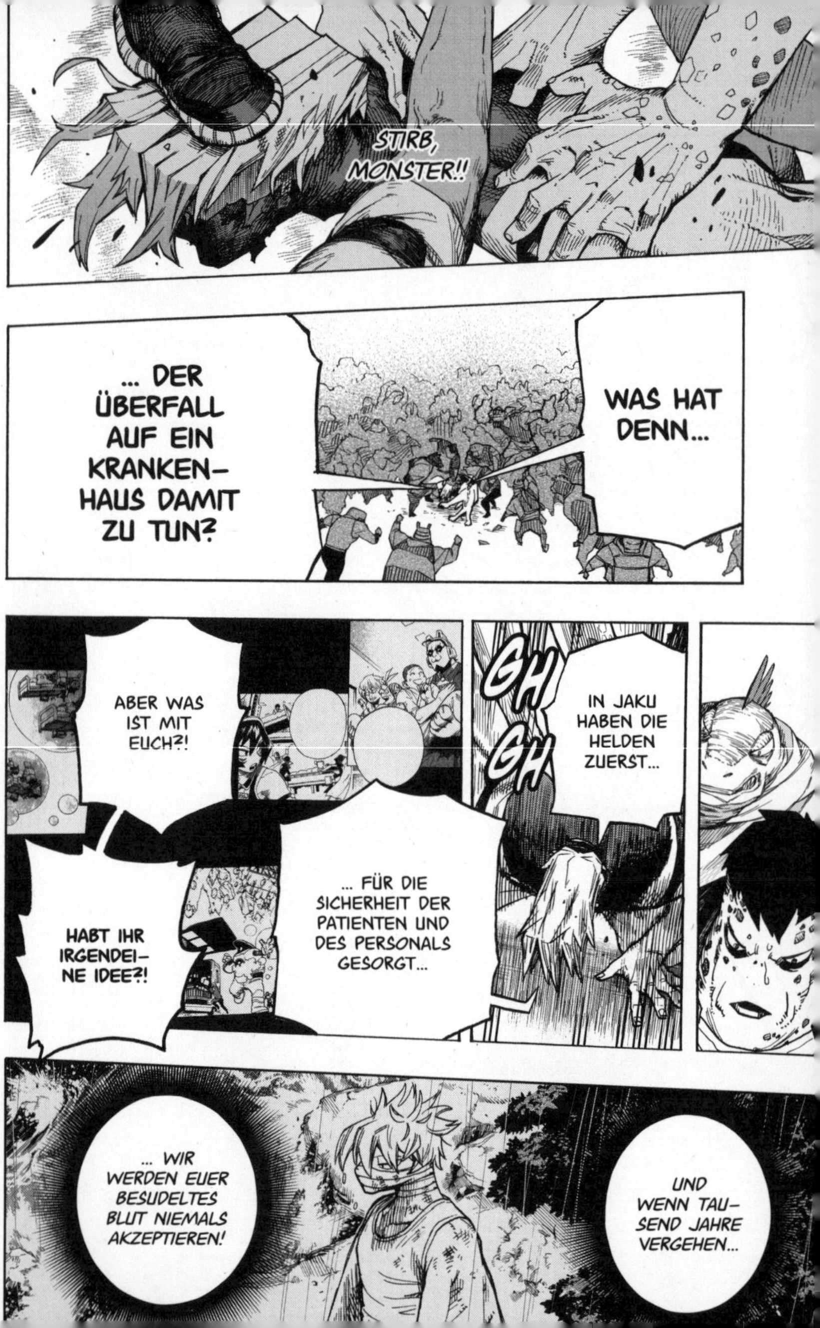
STIRB, MONSTER!!
WAS HAT DENN...
... DER ÜBERFALL AUF EIN KRANKENHAUS DAMIT ZU TUN?
GH GH
IN JAKU HABEN DIE HELDEN ZUERST...
... FÜR DIE SICHERHEIT DER PATIENTEN UND DES PERSONALS GESORGT...
ABER WAS IST MIT EUCH?!
HABT IHR IRGENDEINE IDEE?!
UND WENN TAUSEND JAHRE VERGEHEN...
... WIR WERDEN EUER BESUDELTES BLUT NIEMALS AKZEPTIEREN!

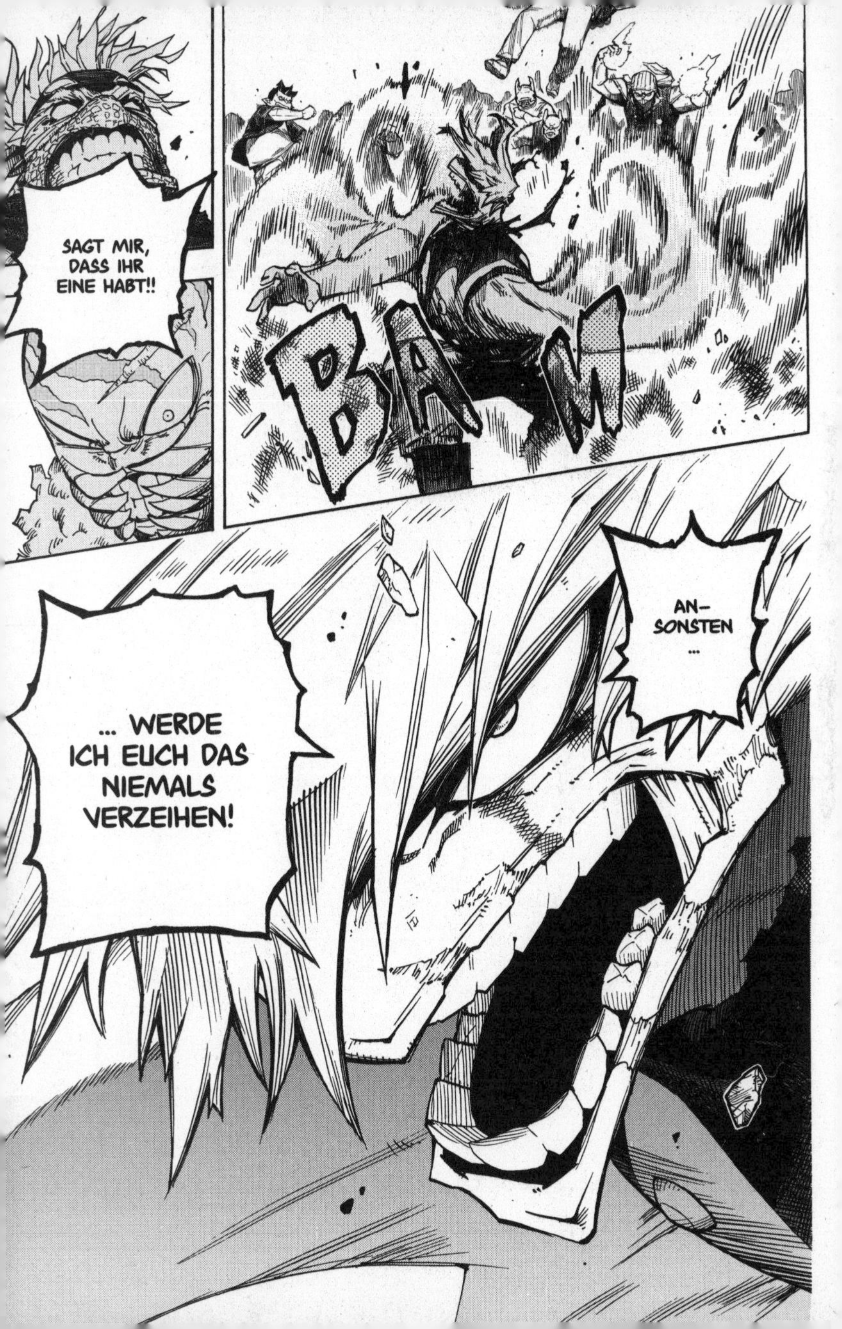
BAM
SAGT MIR, DASS IHR EINE HABT!!
AN-SONSTEN ...
... WERDE ICH EUCH DAS NIEMALS VERZEIHEN!

Man sieht hier den Gorillamenschen, nicht wahr? In Band 36 spricht er nach dessen Verhaftung mit dem Doktor. Sekundenteleport?! Nein, das ist es nicht. Die Polizei hat gegenwärtig rund um die Central Klinik mehrere Stützpunkte konzentriert, sodass die Leute, die dort die Zelleninsassen bewachen, auf Bewegungen der Feinde reagieren und schnell auf Einsätze umschalten können.

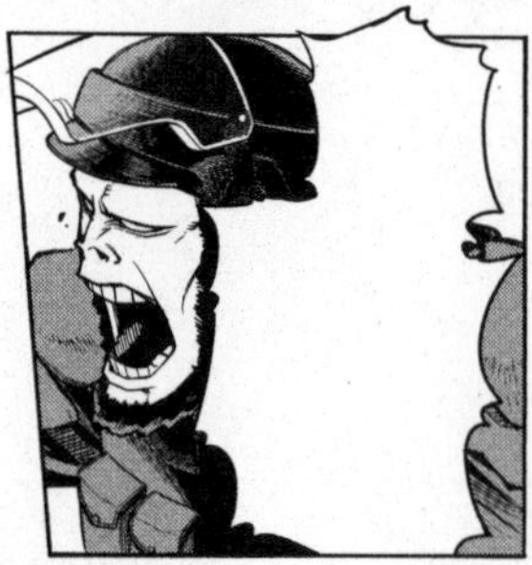

(▲Seite 121, Panel 5)

Die Central Klinik hat...

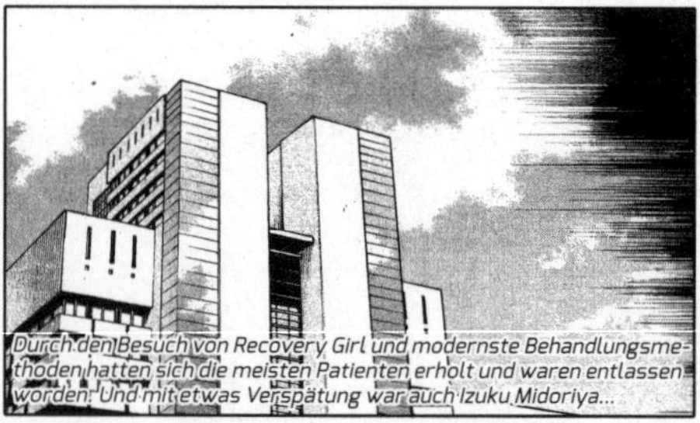

(◀ Band 32, Seite 51)

... so wie hier beschrieben, die meisten Patienten geheilt entlassen und evakuiert, wobei Patienten, die so schwer krank sind, dass sie von Recovery Girl nicht ausreichend wiederhergestellt werden konnten, in der Klinik bleiben konnten.

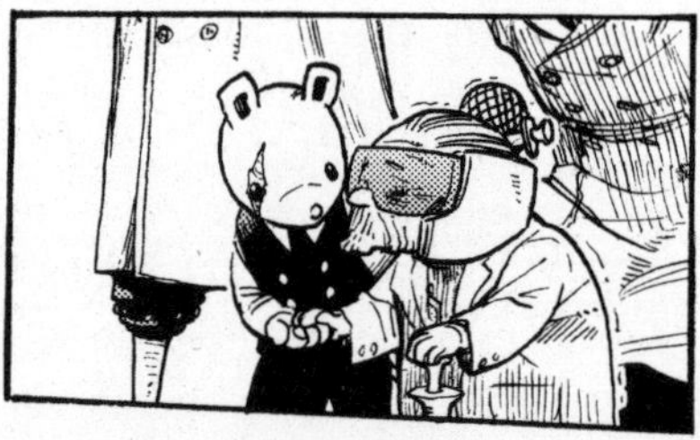

(▶ Band 35, Seite 50)
Ein runzliges Recovery Girl

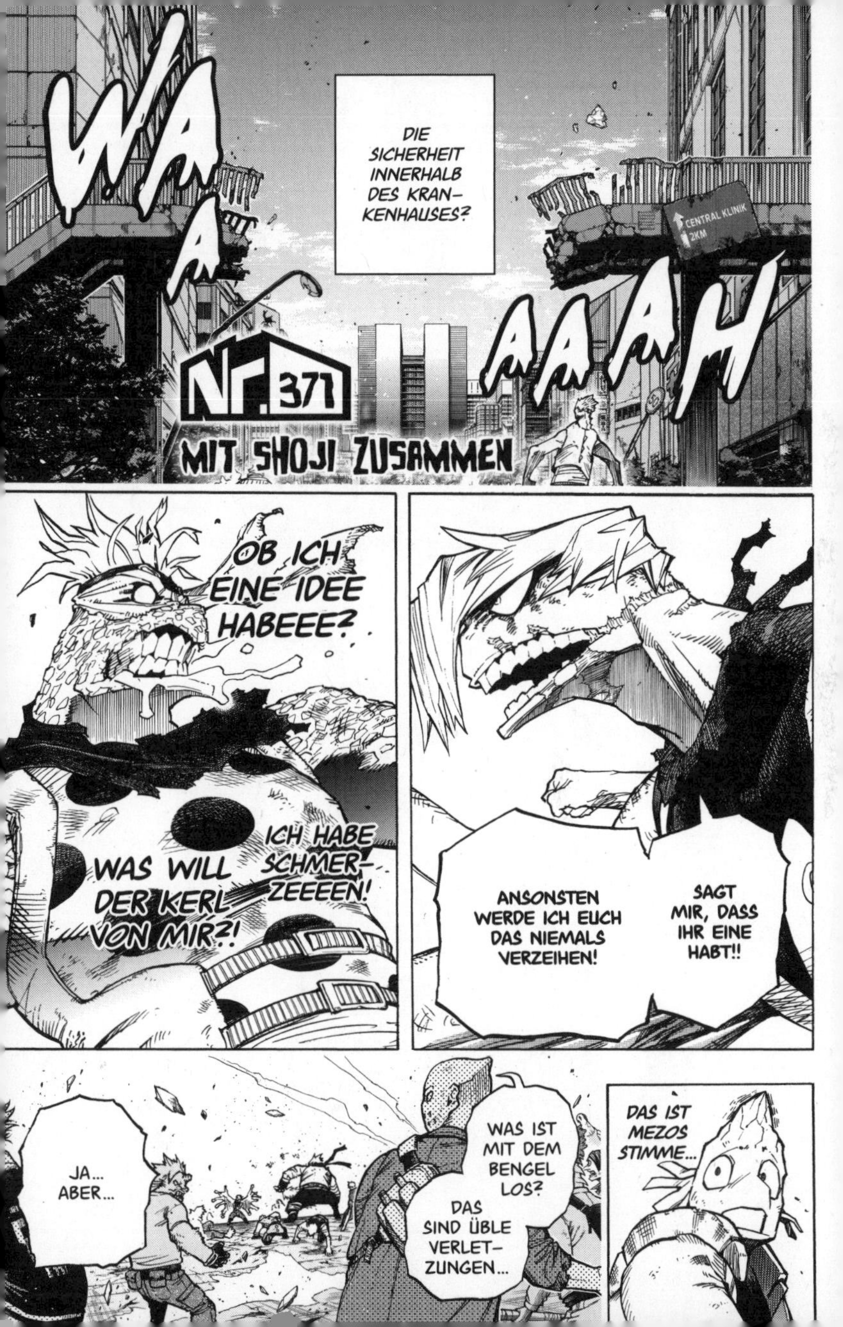
WAAAAAAH
DIE SICHERHEIT INNERHALB DES KRANKENHAUSES?
CENTRAL KLINIK 2KM
NR. 371
MIT SHOJI ZUSAMMEN
SAGT MIR, DASS IHR EINE HABT!!
ANSONSTEN WERDE ICH EUCH DAS NIEMALS VERZEIHEN!
OB ICH EINE IDEE HABEEE?
ICH HABE SCHMERZEEEEN!
WAS WILL DER KERL VON MIR?!
DAS IST MEZOS STIMME...
WAS IST MIT DEM BENGEL LOS?
DAS SIND ÜBLE VERLETZUNGEN...
JA... ABER...

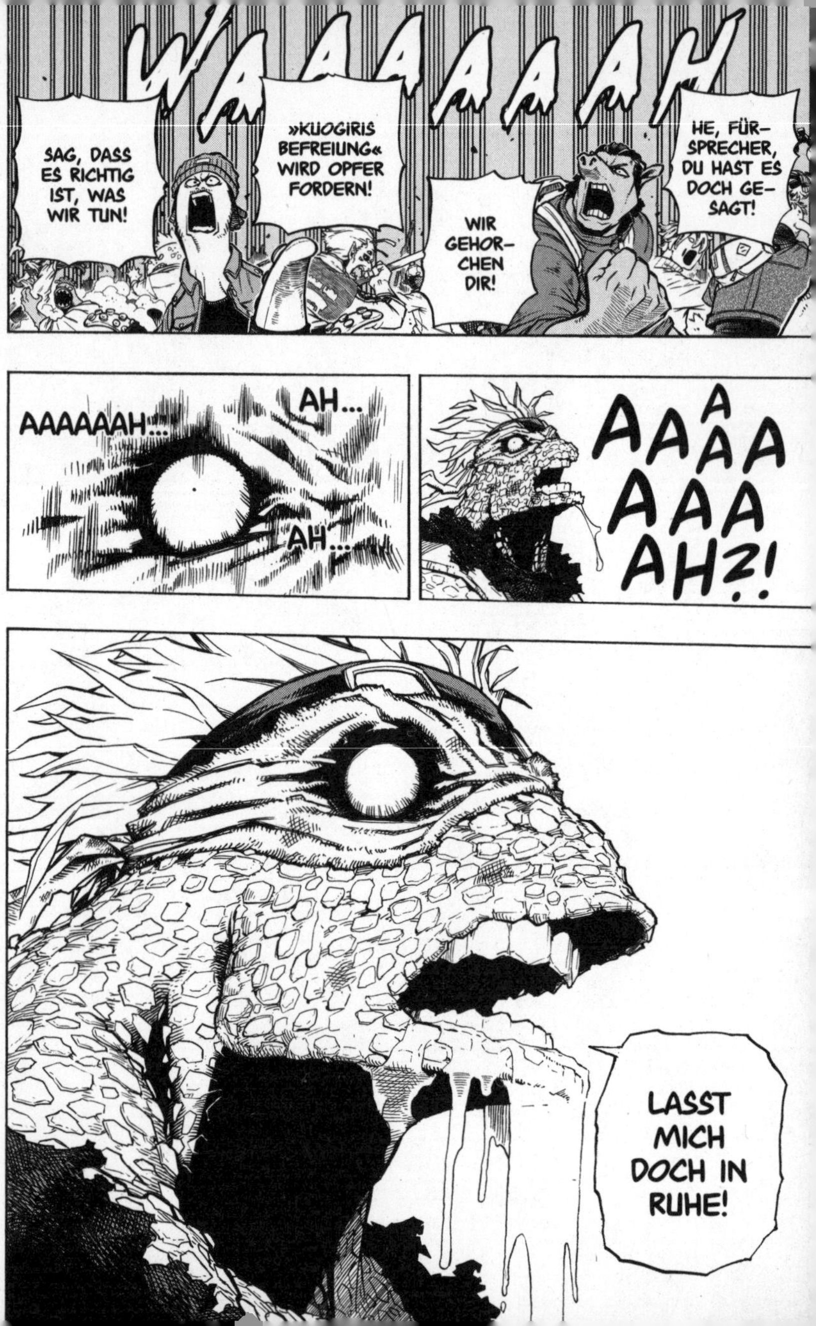
WAAAAAAH
SAG, DASS ES RICHTIG IST, WAS WIR TUN!
»KUOGIRIS BEFREIUNG« WIRD OPFER FORDERN!
WIR GEHORCHEN DIR!
HE, FÜRSPRECHER, DU HAST ES DOCH GESAGT!
AAAAAAH...
AH...
AH...
AAAAAAAAAH?!
LASST MICH DOCH IN RUHE!

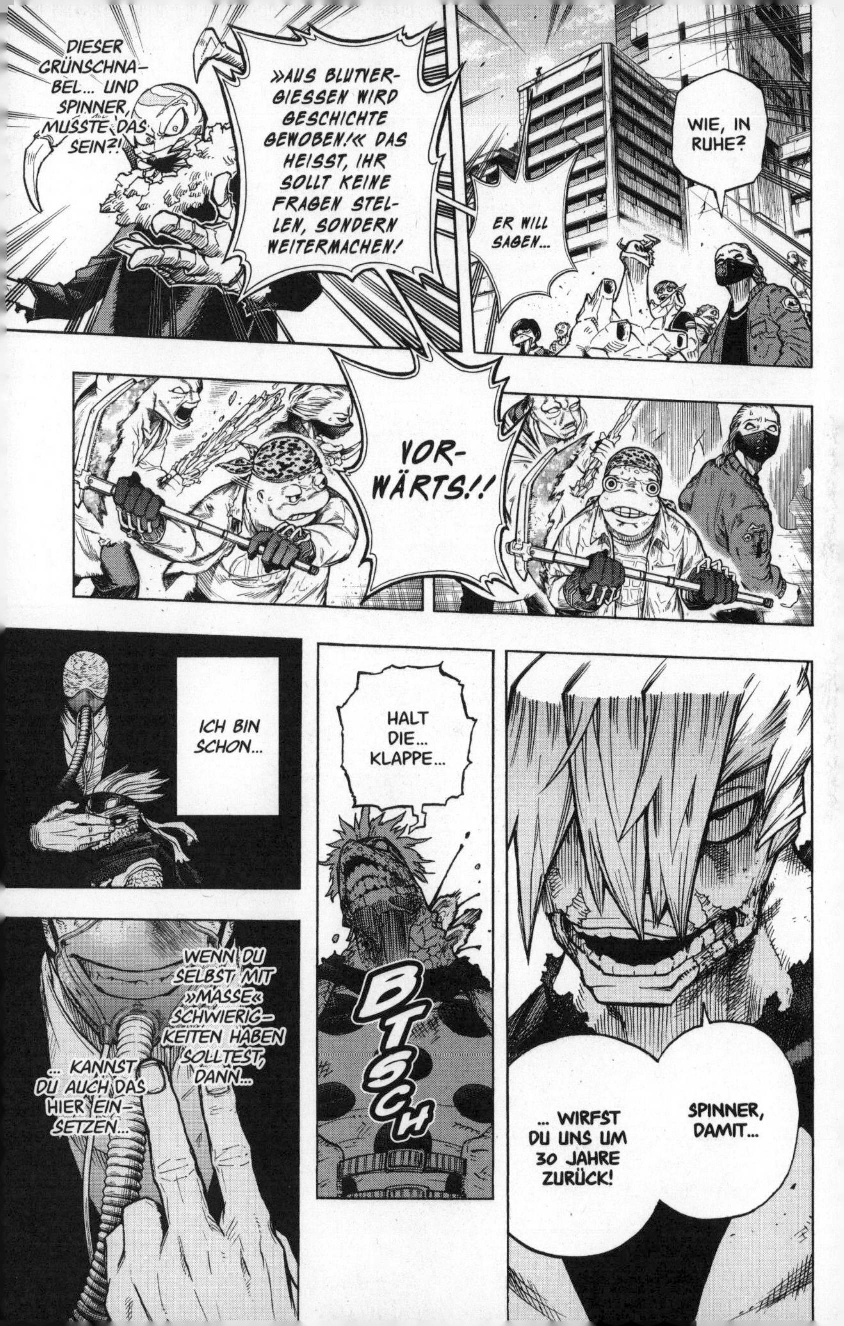

WIE, IN RUHE?
ER WILL SAGEN...
»AUS BLUTVER-GIESSEN WIRD GESCHICHTE GEWOBEN!« DAS HEISST, IHR SOLLT KEINE FRAGEN STEL-LEN, SONDERN WEITERMACHEN!
DIESER GRÜNSCHNA-BEL... UND SPINNER, MUSSTE DAS SEIN?!
VOR-WÄRTS!!
SPINNER, DAMIT...
... WIRFST DU UNS UM 30 JAHRE ZURÜCK!
HALT DIE... KLAPPE...
BTSCH
ICH BIN SCHON...
WENN DU SELBST MIT »MASSE« SCHWIERIG-KEITEN HABEN SOLLTEST, DANN...
... KANNST DU AUCH DAS HIER EIN-SETZEN...

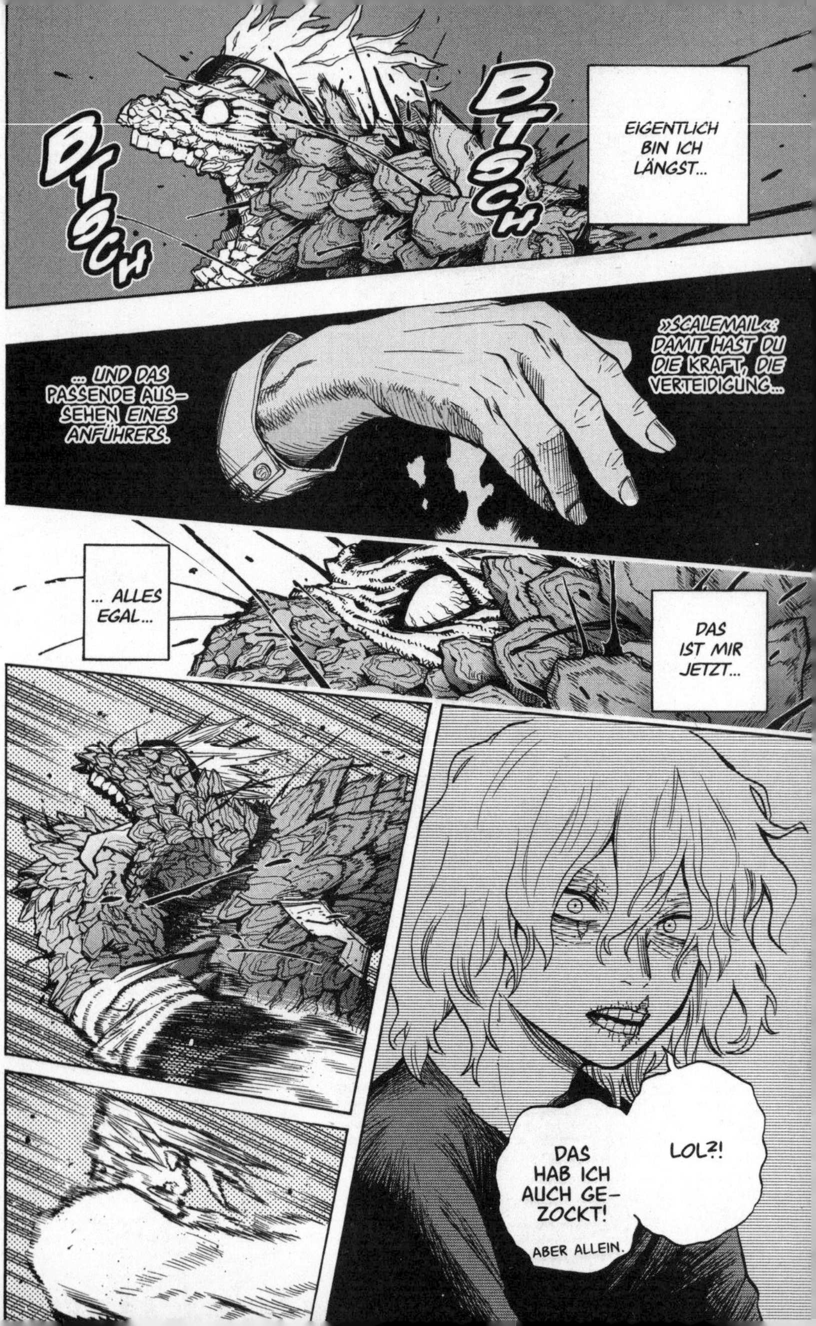

EIGENTLICH BIN ICH LÄNGST…
DTSCH
DTSCH
»SCALEMAIL«: DAMIT HAST DU DIE KRAFT, DIE VERTEIDIGUNG…
… UND DAS PASSENDE AUSSEHEN EINES ANFÜHRERS.
DAS IST MIR JETZT…
… ALLES EGAL…
LOL?!
DAS HAB ICH AUCH GEZOCKT!
ABER ALLEIN.

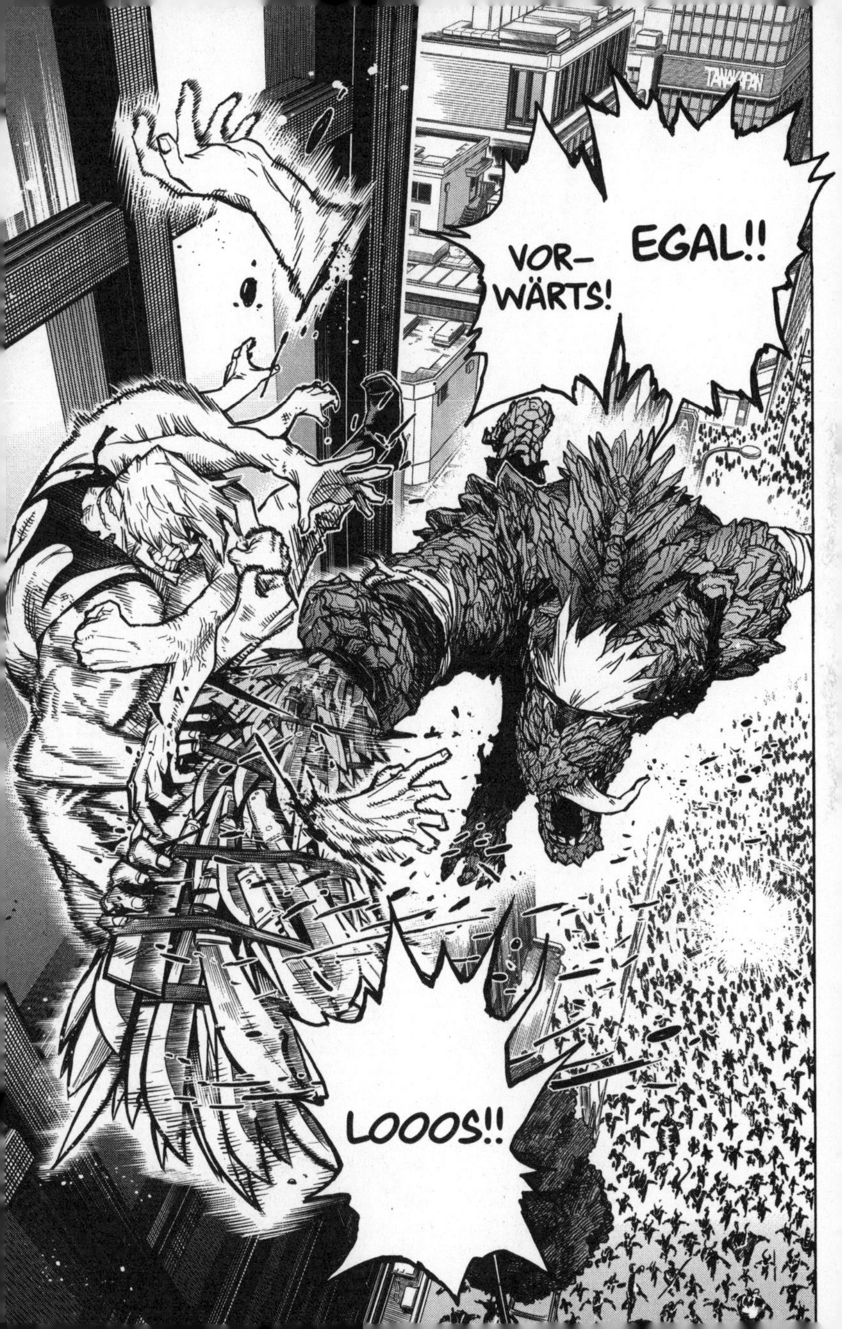
TANAKAPAN
EGAL!!
VOR-
WÄRTS!
LOOOS!!

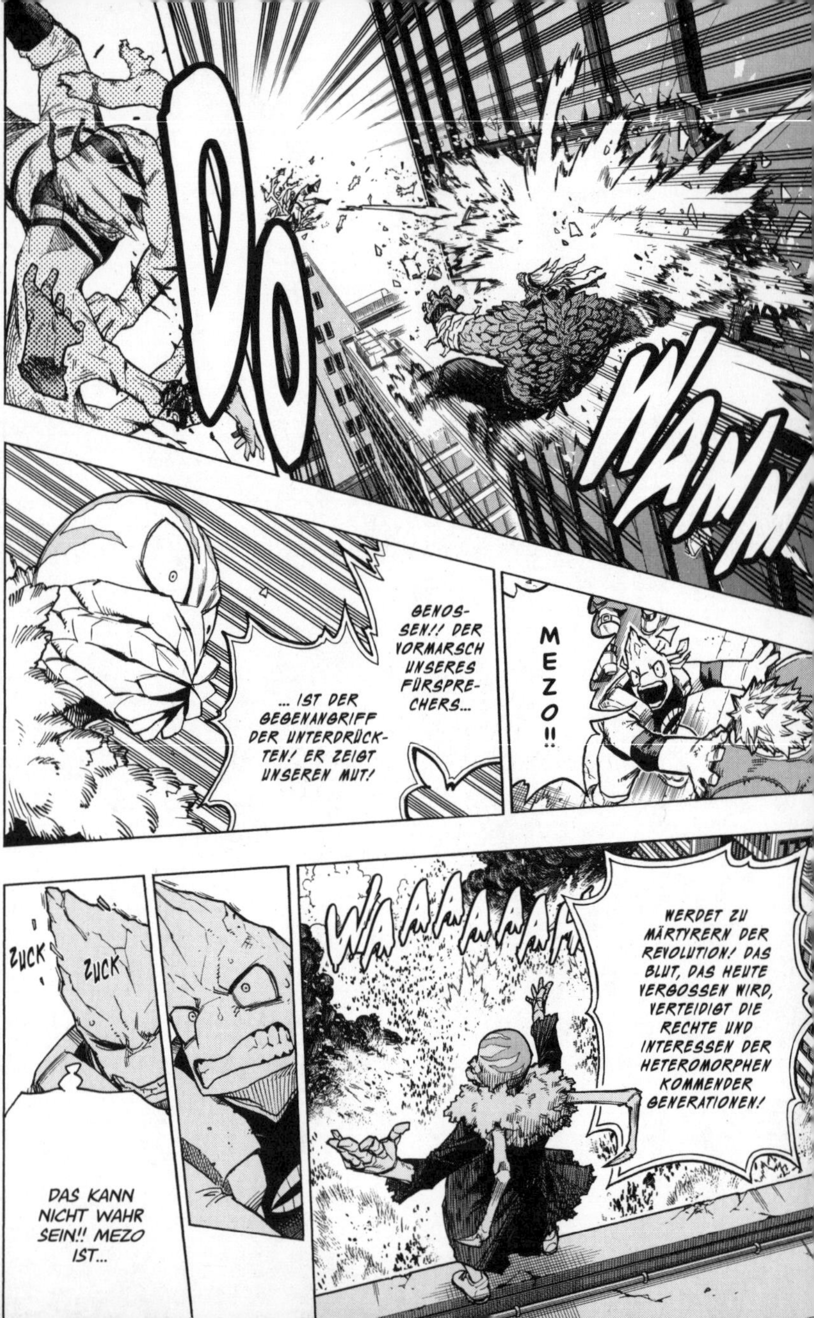
WAMM
DO
MEZO!!
GENOSSEN!! DER VORMARSCH UNSERES FÜRSPRECHERS...
... IST DER GEGENANGRIFF DER UNTERDRÜCKTEN! ER ZEIGT UNSEREN MUT!
WERDET ZU MÄRTYRERN DER REVOLUTION! DAS BLUT, DAS HEUTE VERGOSSEN WIRD, VERTEIDIGT DIE RECHTE UND INTERESSEN DER HETEROMORPHEN KOMMENDER GENERATIONEN!
WAAAAAAAA
ZUCK
ZUCK
DAS KANN NICHT WAHR SEIN!! MEZO IST...

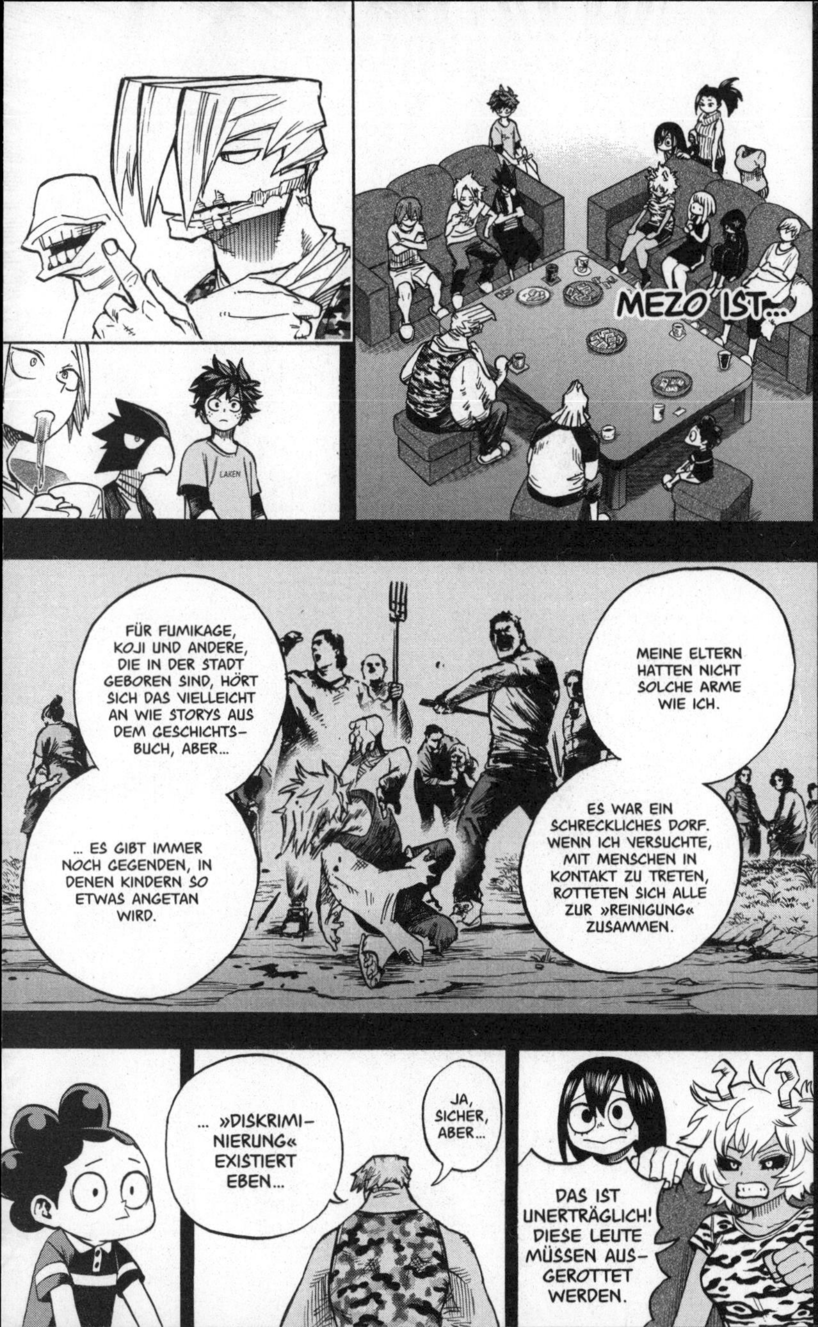
MEZO IST...
LAKEN
MEINE ELTERN HATTEN NICHT SOLCHE ARME WIE ICH.
ES WAR EIN SCHRECKLICHES DORF. WENN ICH VERSUCHTE, MIT MENSCHEN IN KONTAKT ZU TRETEN, ROTTETEN SICH ALLE ZUR »REINIGUNG« ZUSAMMEN.
FÜR FUMIKAGE, KOJI UND ANDERE, DIE IN DER STADT GEBOREN SIND, HÖRT SICH DAS VIELLEICHT AN WIE STORYS AUS DEM GESCHICHTS-BUCH, ABER...
... ES GIBT IMMER NOCH GEGENDEN, IN DENEN KINDERN SO ETWAS ANGETAN WIRD.
DAS IST UNERTRÄGLICH! DIESE LEUTE MÜSSEN AUS-GEROTTET WERDEN.
JA, SICHER, ABER...
... »DISKRIMI-NIERUNG« EXISTIERT EBEN...

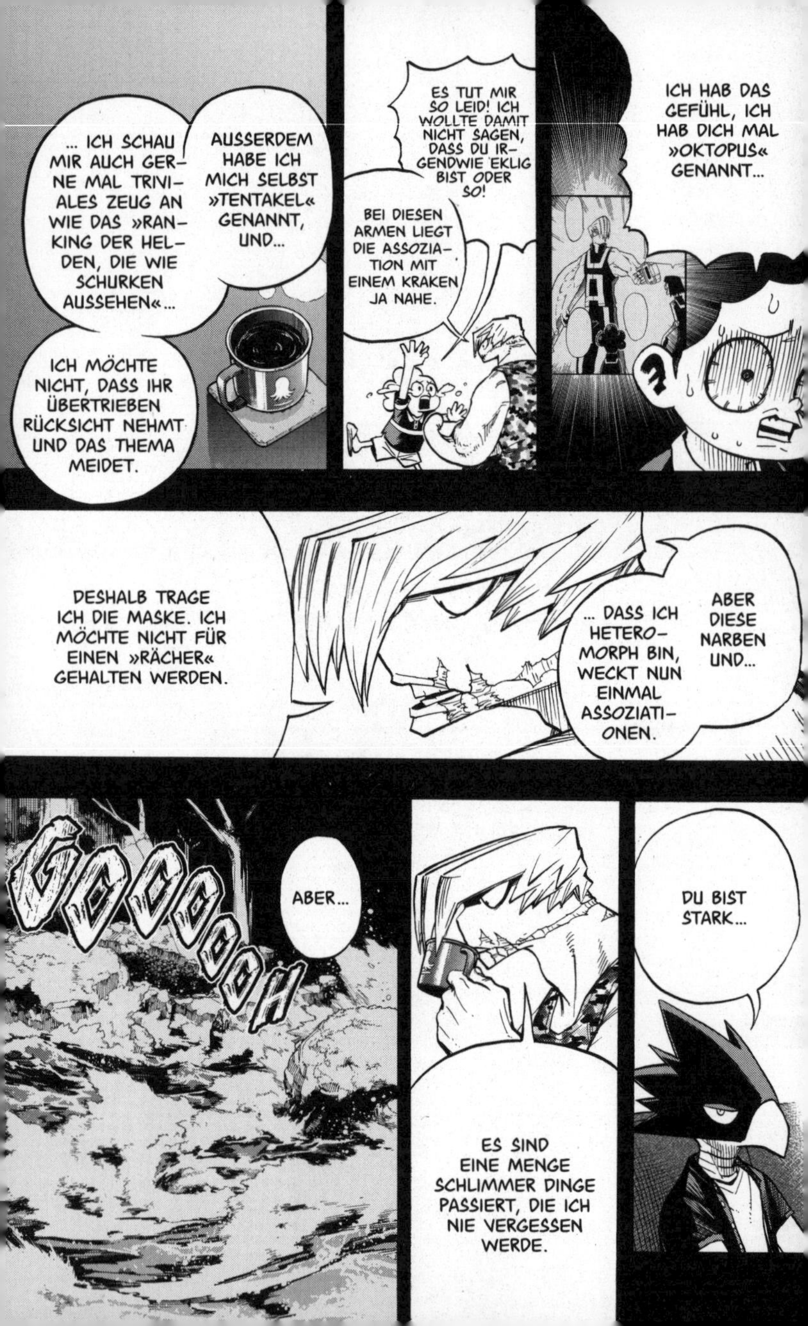
ICH HAB DAS GEFÜHL, ICH HAB DICH MAL »OKTOPUS« GENANNT...
ES TUT MIR SO LEID! ICH WOLLTE DAMIT NICHT SAGEN, DASS DU IRGENDWIE EKLIG BIST ODER SO!
BEI DIESEN ARMEN LIEGT DIE ASSOZIATION MIT EINEM KRAKEN JA NAHE.
AUSSERDEM HABE ICH MICH SELBST »TENTAKEL« GENANNT, UND...
... ICH SCHAU MIR AUCH GERNE MAL TRIVIALES ZEUG AN WIE DAS »RANKING DER HELDEN, DIE WIE SCHURKEN AUSSEHEN«...
ICH MÖCHTE NICHT, DASS IHR ÜBERTRIEBEN RÜCKSICHT NEHMT UND DAS THEMA MEIDET.
ABER DIESE NARBEN UND...
... DASS ICH HETEROMORPH BIN, WECKT NUN EINMAL ASSOZIATIONEN.
DESHALB TRAGE ICH DIE MASKE. ICH MÖCHTE NICHT FÜR EINEN »RÄCHER« GEHALTEN WERDEN.
DU BIST STARK...
ES SIND EINE MENGE SCHLIMMER DINGE PASSIERT, DIE ICH NIE VERGESSEN WERDE.
ABER...
GOOOOOOH

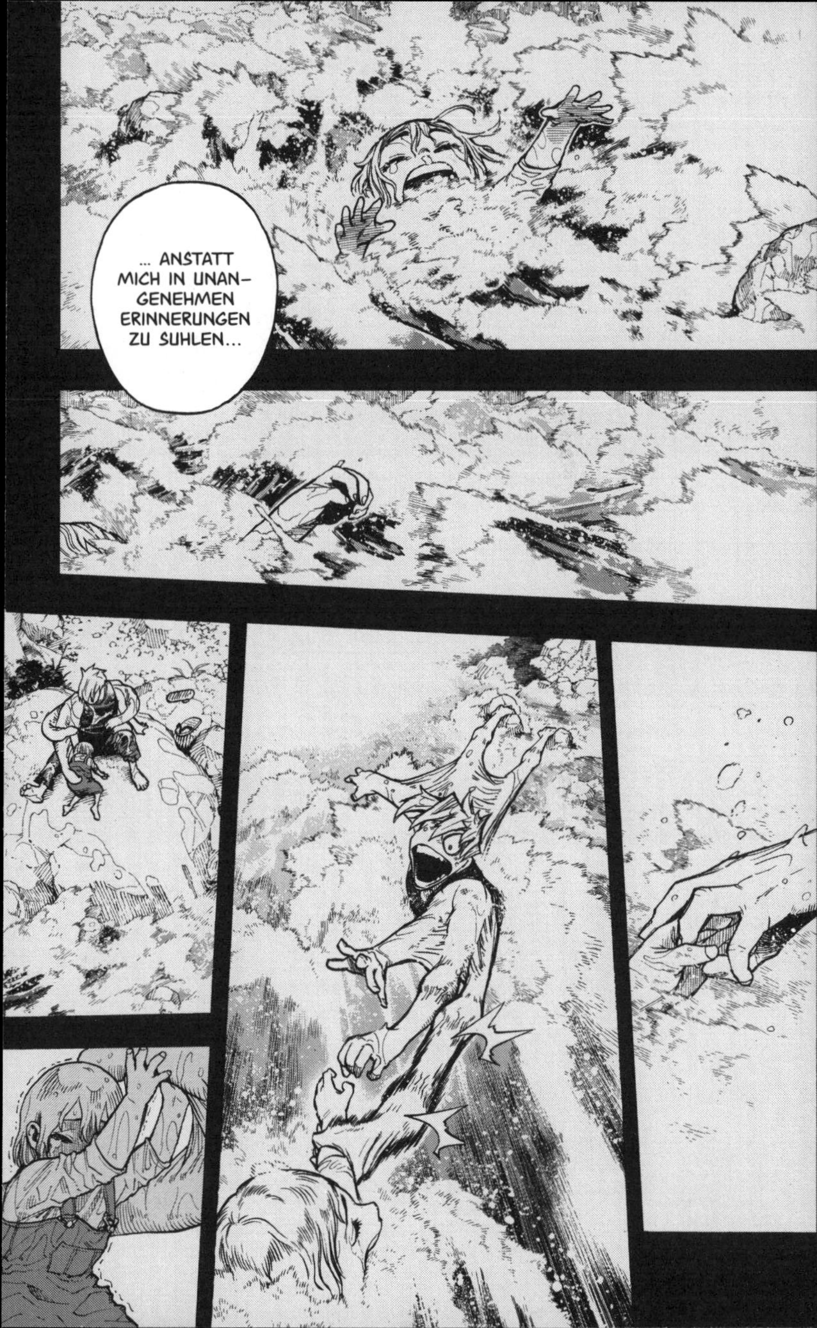
... ANSTATT MICH IN UNAN- GENEHMEN ERINNERUNGEN ZU SUHLEN...

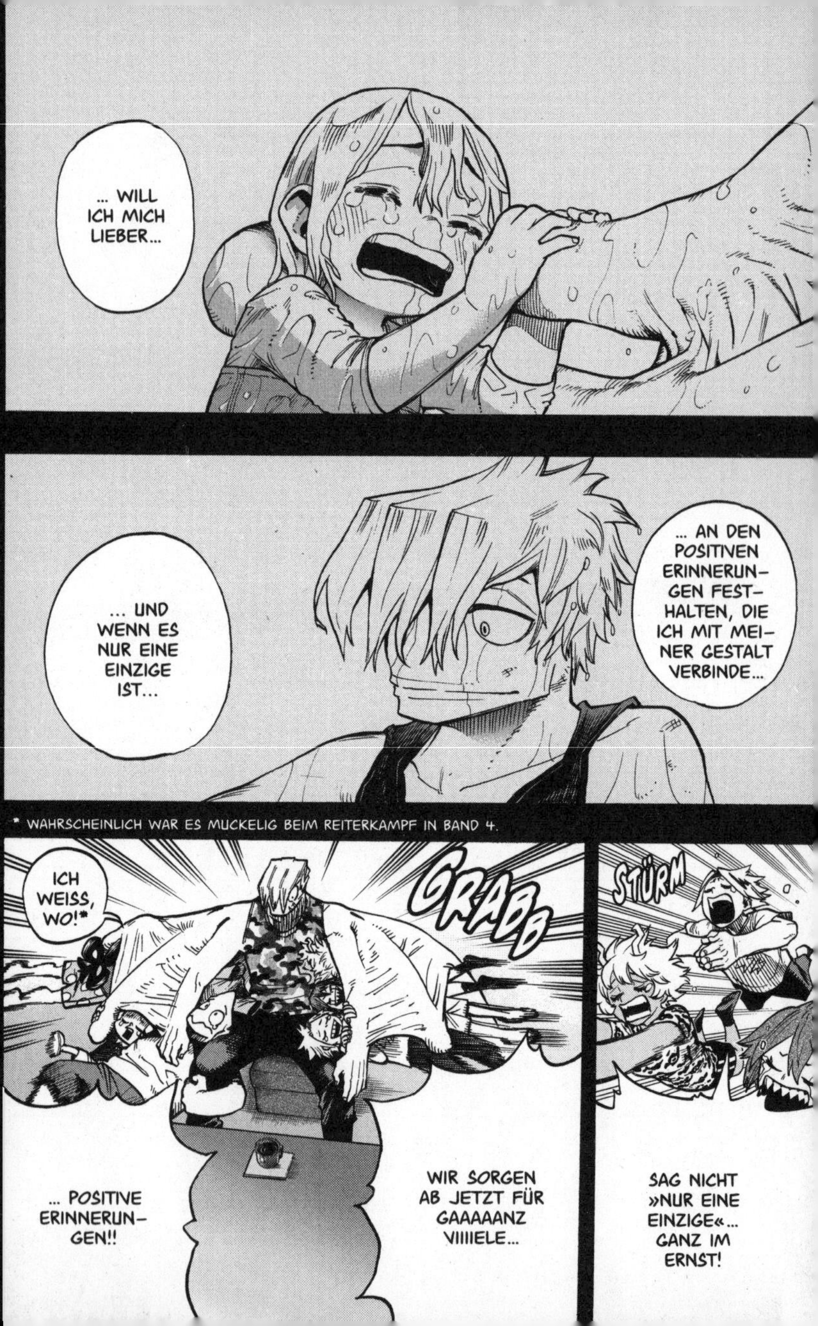
... WILL ICH MICH LIEBER...
... AN DEN POSITIVEN ERINNERUNGEN FESTHALTEN, DIE ICH MIT MEINER GESTALT VERBINDE...
... UND WENN ES NUR EINE EINZIGE IST...
STÜRM
SAG NICHT »NUR EINE EINZIGE«... GANZ IM ERNST!
GRABB
ICH WEISS, WO!*
WIR SORGEN AB JETZT FÜR GAAAAANZ VIIIIELE...
... POSITIVE ERINNERUNGEN!!
* WAHRSCHEINLICH WAR ES MUCKELIG BEIM REITERKAMPF IN BAND 4.

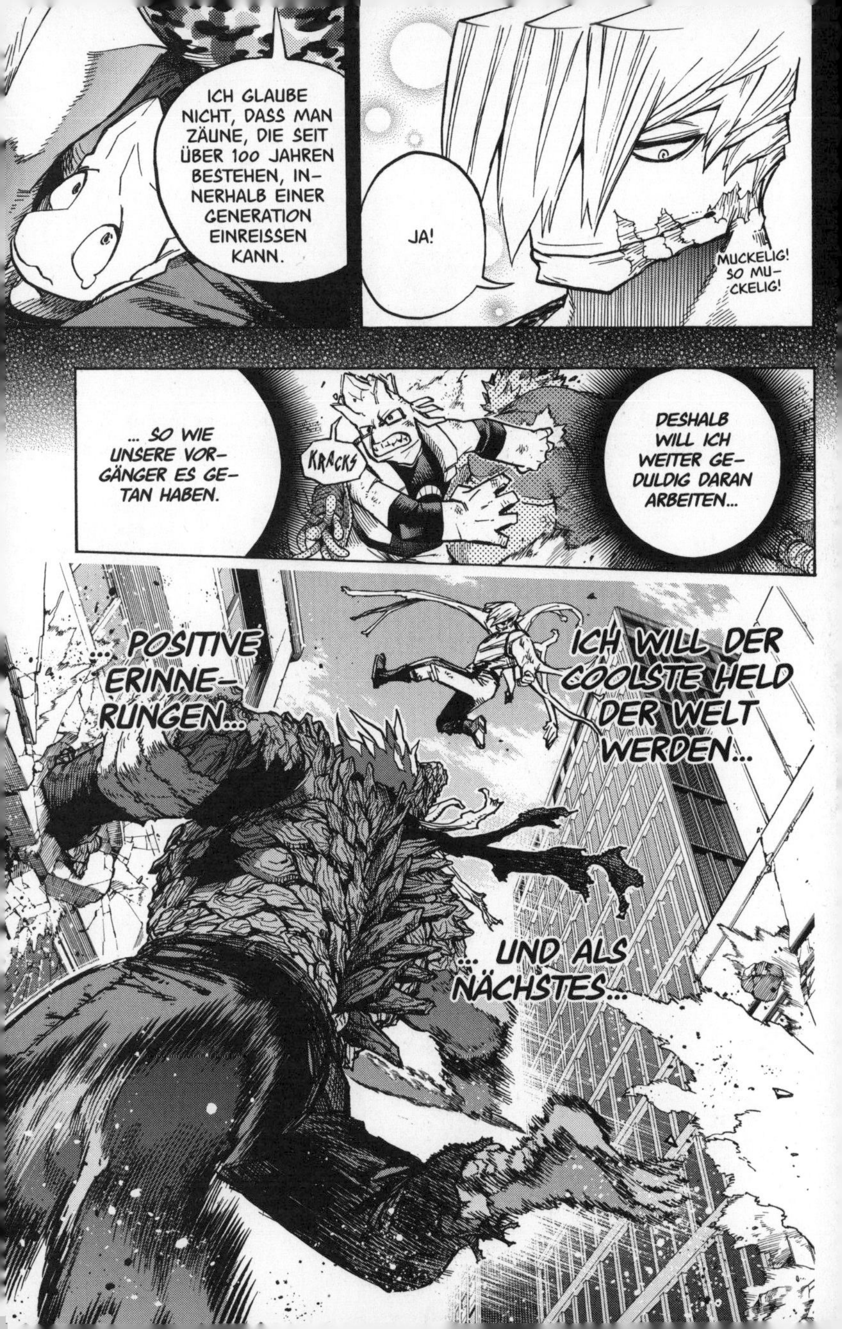
JA!
MUCKELIG! SO MU-CKELIG!
ICH GLAUBE NICHT, DASS MAN ZÄUNE, DIE SEIT ÜBER 100 JAHREN BESTEHEN, IN-NERHALB EINER GENERATION EINREISSEN KANN.
DESHALB WILL ICH WEITER GE-DULDIG DARAN ARBEITEN...
KRACKS
... SO WIE UNSERE VOR-GÄNGER ES GE-TAN HABEN.
ICH WILL DER COOLSTE HELD DER WELT WERDEN...
... POSITIVE ERINNE-RUNGEN...
... UND ALS NÄCHSTES...

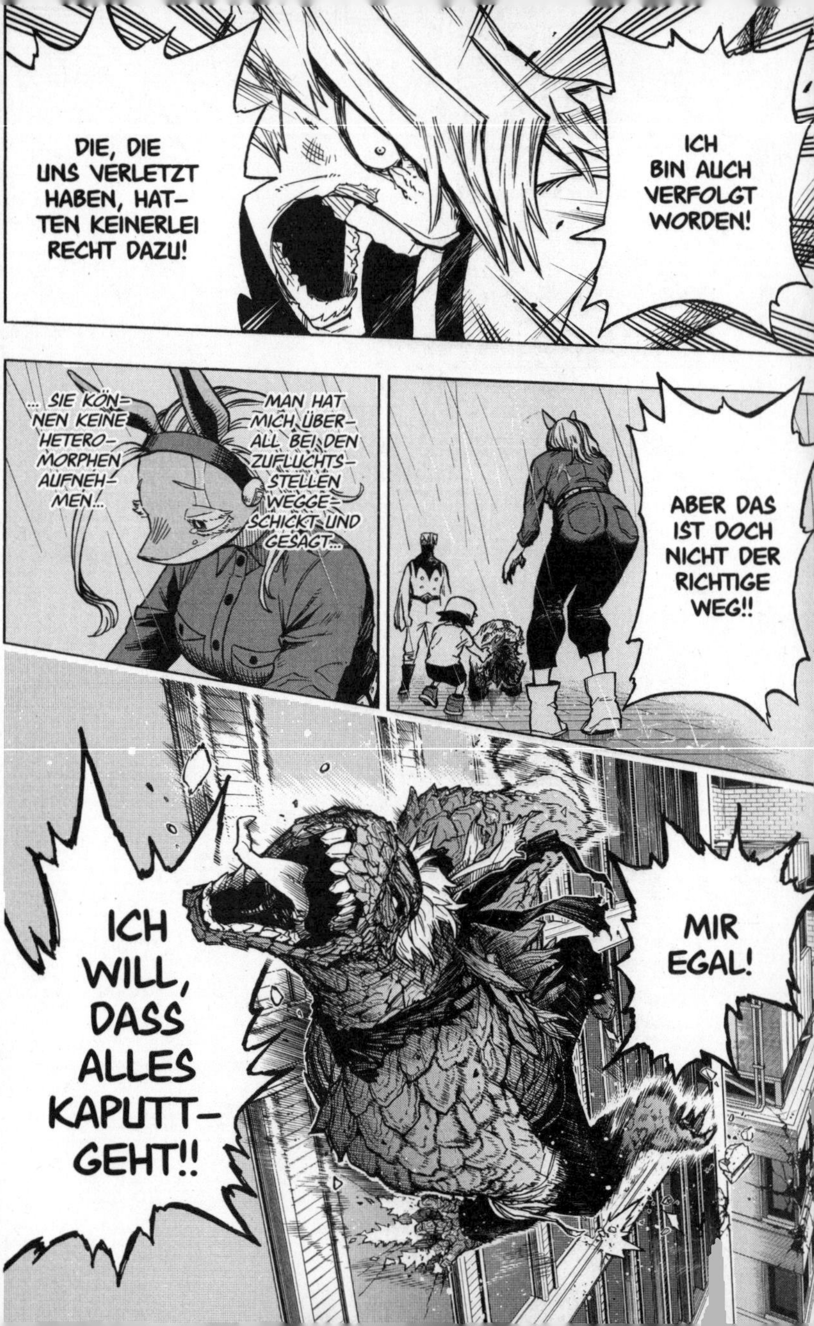
ICH BIN AUCH VERFOLGT WORDEN!
DIE, DIE UNS VERLETZT HABEN, HATTEN KEINERLEI RECHT DAZU!
ABER DAS IST DOCH NICHT DER RICHTIGE WEG!!
MAN HAT MICH ÜBERALL BEI DEN ZUFLUCHTSSTELLEN WEGGESCHICKT UND GESAGT…
… SIE KÖNNEN KEINE HETEROMORPHEN AUFNEHMEN…
MIR EGAL!
ICH WILL, DASS ALLES KAPUTTGEHT!!

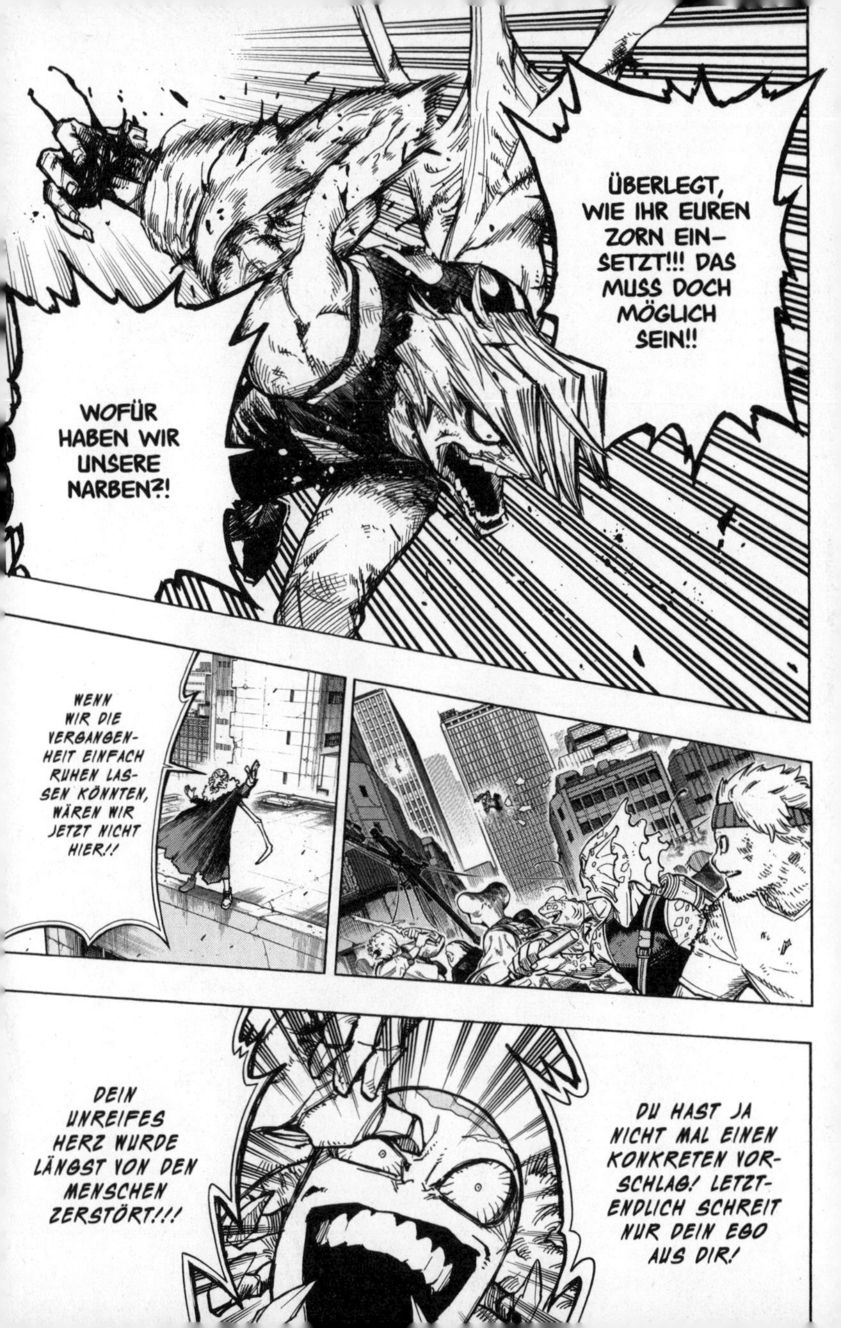
ÜBERLEGT, WIE IHR EUREN ZORN EIN-SETZT!!! DAS MUSS DOCH MÖGLICH SEIN!!
WOFÜR HABEN WIR UNSERE NARBEN?!
WENN WIR DIE VERGANGEN-HEIT EINFACH RUHEN LAS-SEN KÖNNTEN, WÄREN WIR JETZT NICHT HIER!!
DU HAST JA NICHT MAL EINEN KONKRETEN VOR-SCHLAG! LETZT-ENDLICH SCHREIT NUR DEIN EGO AUS DIR!
DEIN UNREIFES HERZ WURDE LÄNGST VON DEN MENSCHEN ZERSTÖRT!!!

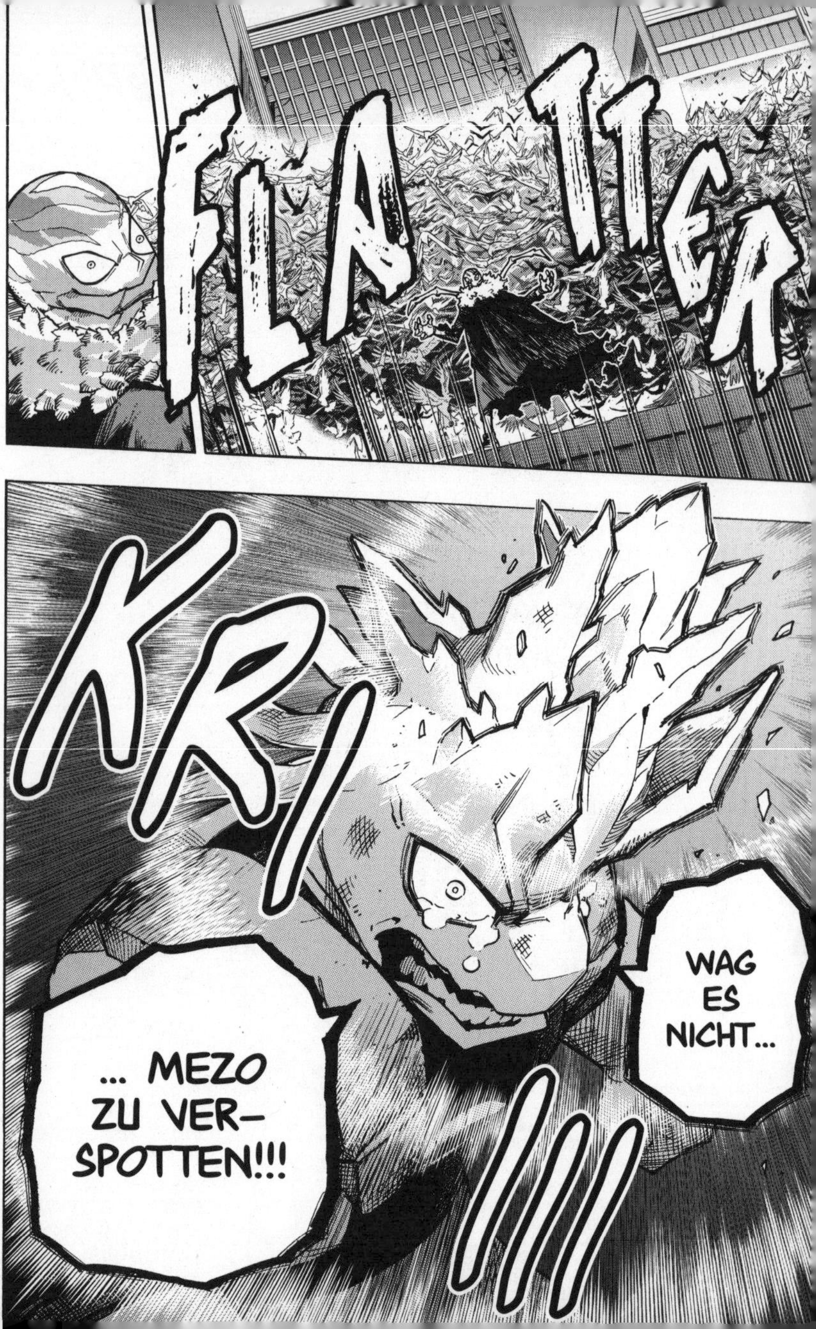
FLATTER
KR
WAG ES NICHT...
... MEZO ZU VER-SPOTTEN!!!

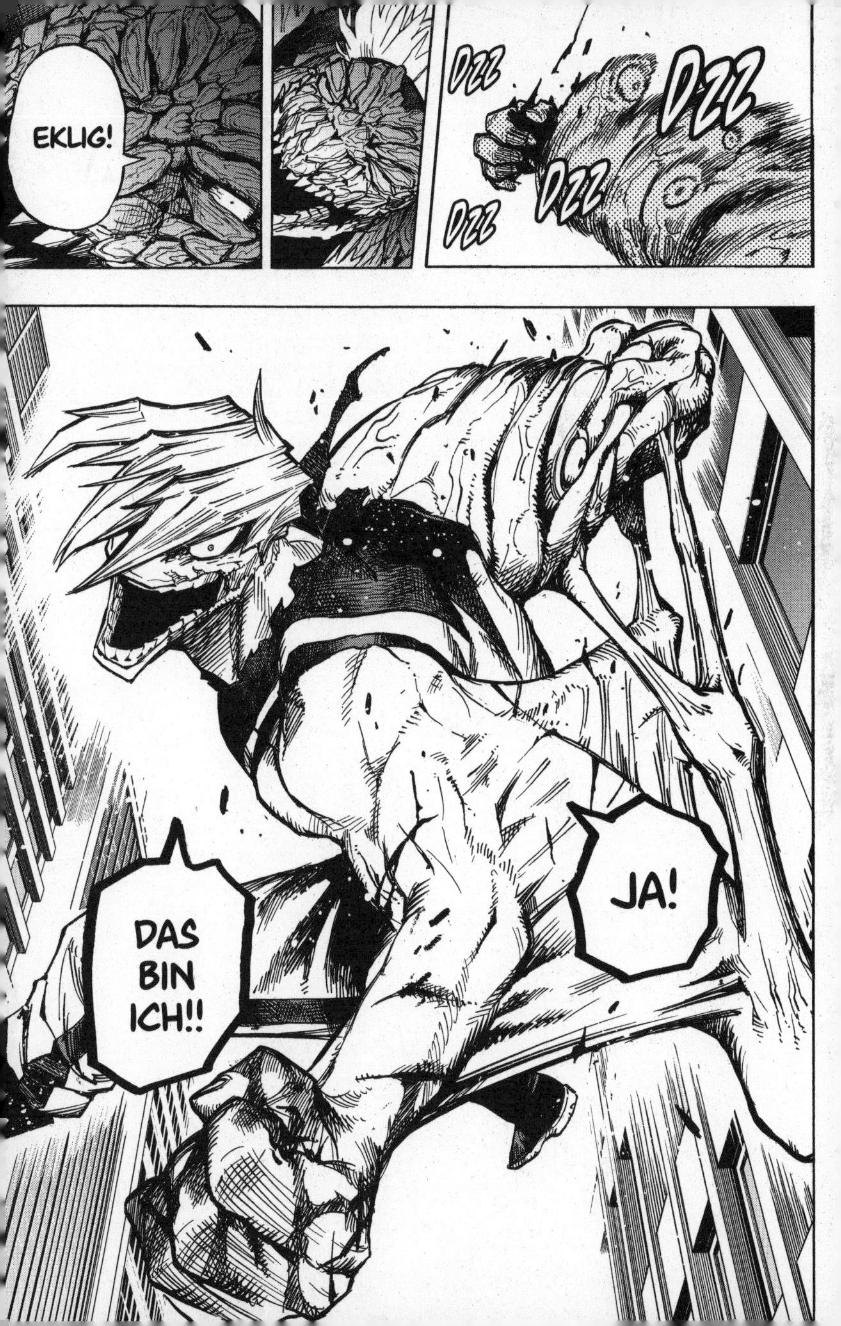
DZZ
DZZ
DZZ
DZZ
EKLIG!
JA!
DAS BIN ICH!!

»MIT SHOJI ZUSAMMEN.«

Diesen Untertitel habe ich vor ein paar Jahren bei einer Werbekritzelei verwendet, die ich auf Twitter gepostet habe. Das war zu der Zeit, als gerade der zweite Anime rauskam. Manchmal überlege ich mir Untertitel sehr sorgfältig, manchmal denke ich aber auch gar nicht groß darüber nach und schreibe mehr oder weniger unüberlegt irgendwas hin. Doch diese Phrase wollte ich irgendwann gerne mal einsetzen, deshalb bin ich froh, dass es jetzt geklappt hat. Sie hat mir irgendwie gefallen. Das war's für heute von eurem Horikoshi, der diese leere Seite offensichtlich als Notizzettel für seine Gedanken benutzt.

Mezo hat sich im Ranking der Schüler und Schülerinnen aus der 1-A, denen traditionell japanische Kleidung gut stehen würde, mit großem Abstand Platz eins geholt.
Sein tiefsinniger Kommentar: »Ich möchte mir nichts darauf einbilden und mich der japanischen Kleidung würdig erweisen.«
Damit zeigte er sich nonchalant und zugänglich zugleich.

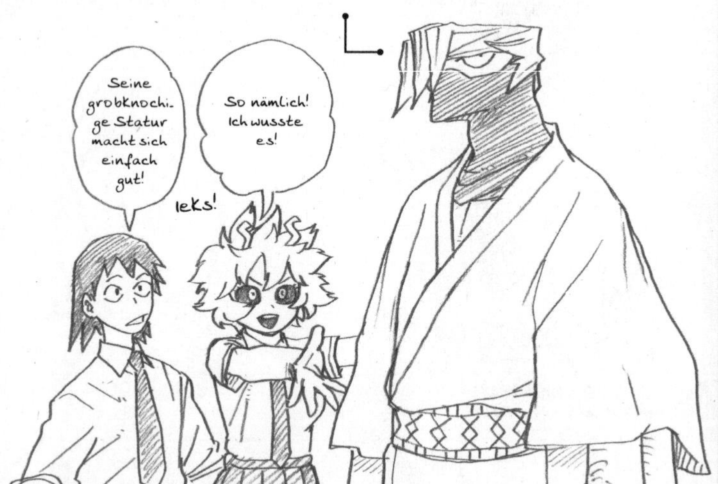

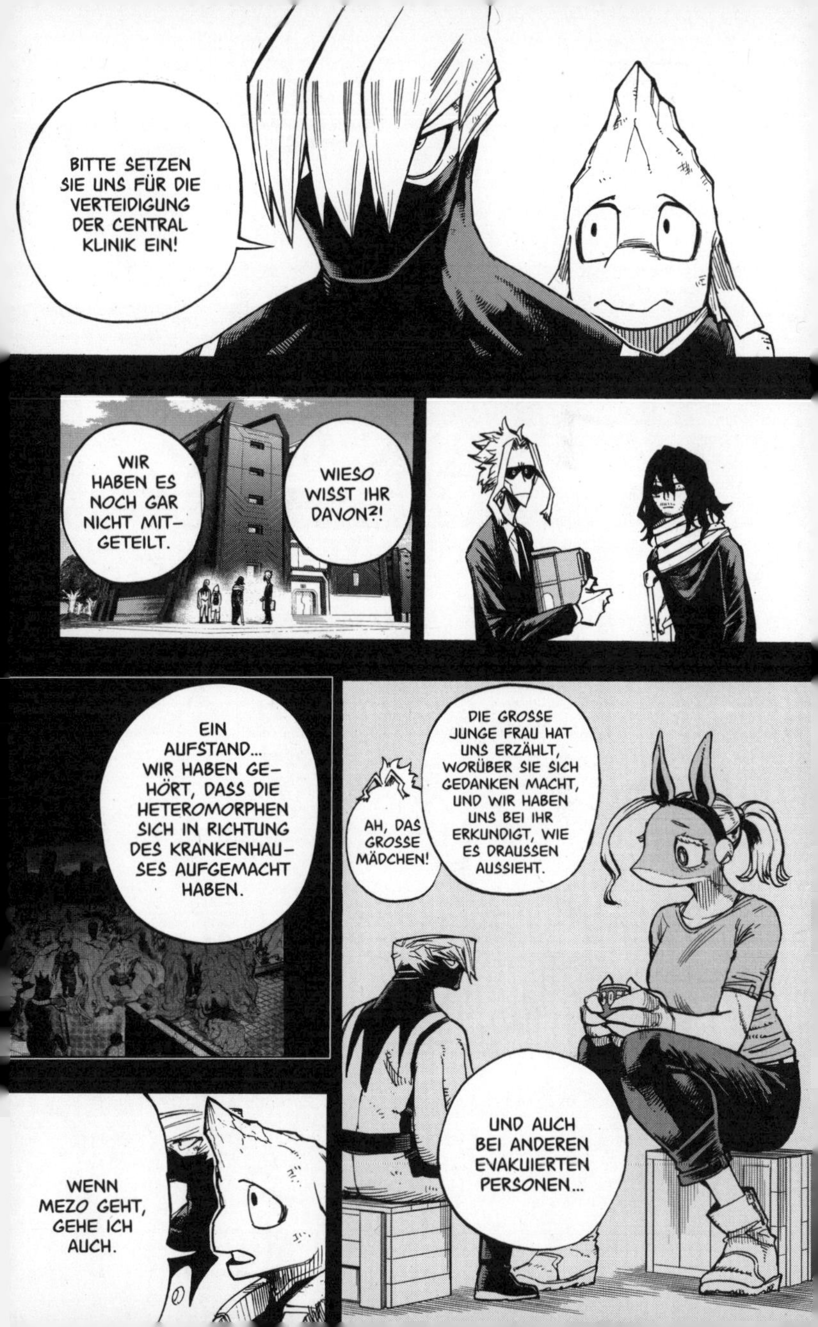
BITTE SETZEN SIE UNS FÜR DIE VERTEIDIGUNG DER CENTRAL KLINIK EIN!
WIESO WISST IHR DAVON?!
WIR HABEN ES NOCH GAR NICHT MIT-GETEILT.
DIE GROSSE JUNGE FRAU HAT UNS ERZÄHLT, WORÜBER SIE SICH GEDANKEN MACHT, UND WIR HABEN UNS BEI IHR ERKUNDIGT, WIE ES DRAUSSEN AUSSIEHT.
AH, DAS GROSSE MÄDCHEN!
EIN AUFSTAND... WIR HABEN GE-HÖRT, DASS DIE HETEROMORPHEN SICH IN RICHTUNG DES KRANKENHAU-SES AUFGEMACHT HABEN.
UND AUCH BEI ANDEREN EVAKUIERTEN PERSONEN...
WENN MEZO GEHT, GEHE ICH AUCH.

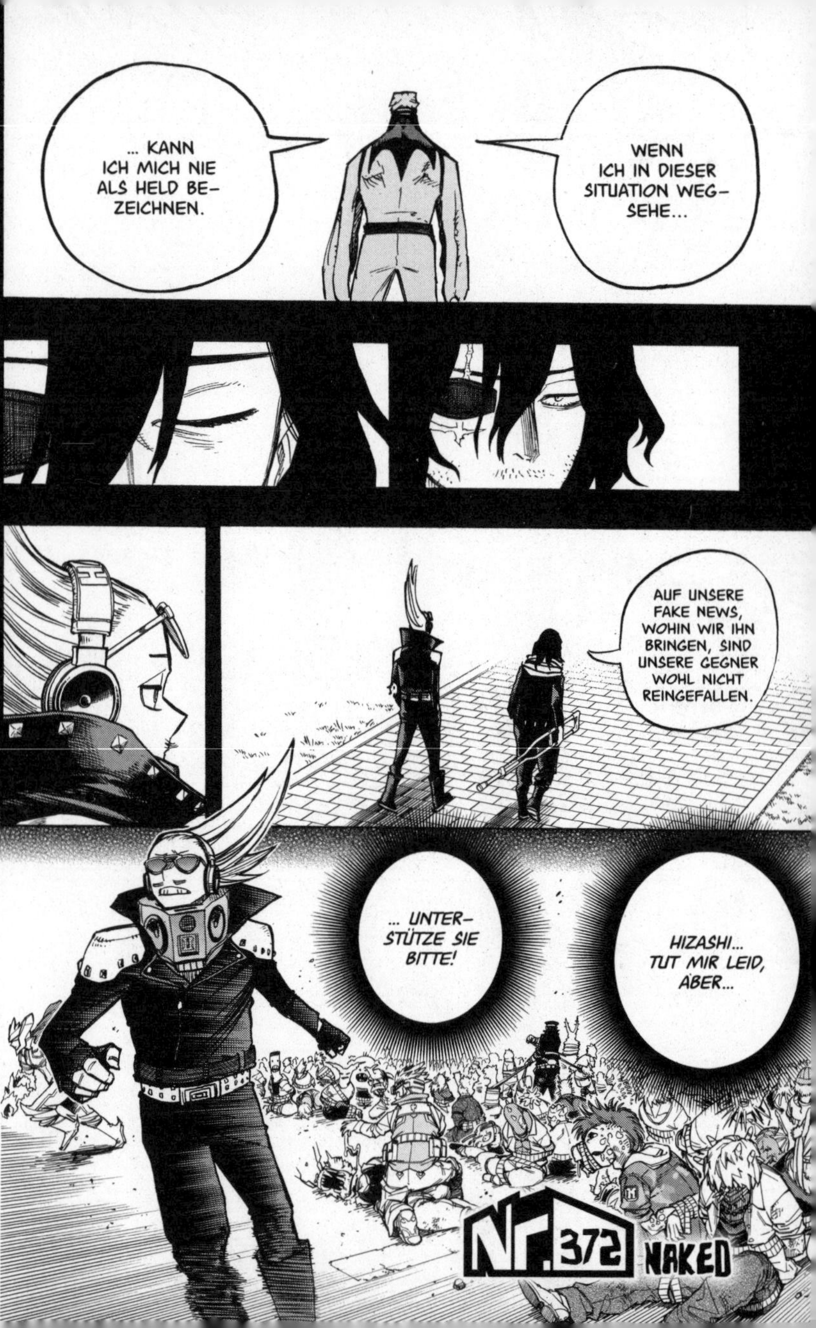
WENN ICH IN DIESER SITUATION WEG-SEHE...
... KANN ICH MICH NIE ALS HELD BE-ZEICHNEN.
AUF UNSERE FAKE NEWS, WOHIN WIR IHN BRINGEN, SIND UNSERE GEGNER WOHL NICHT REINGEFALLEN.
HIZASHI... TUT MIR LEID, ABER...
... UNTER-STÜTZE SIE BITTE!
NR. 372 NAKED

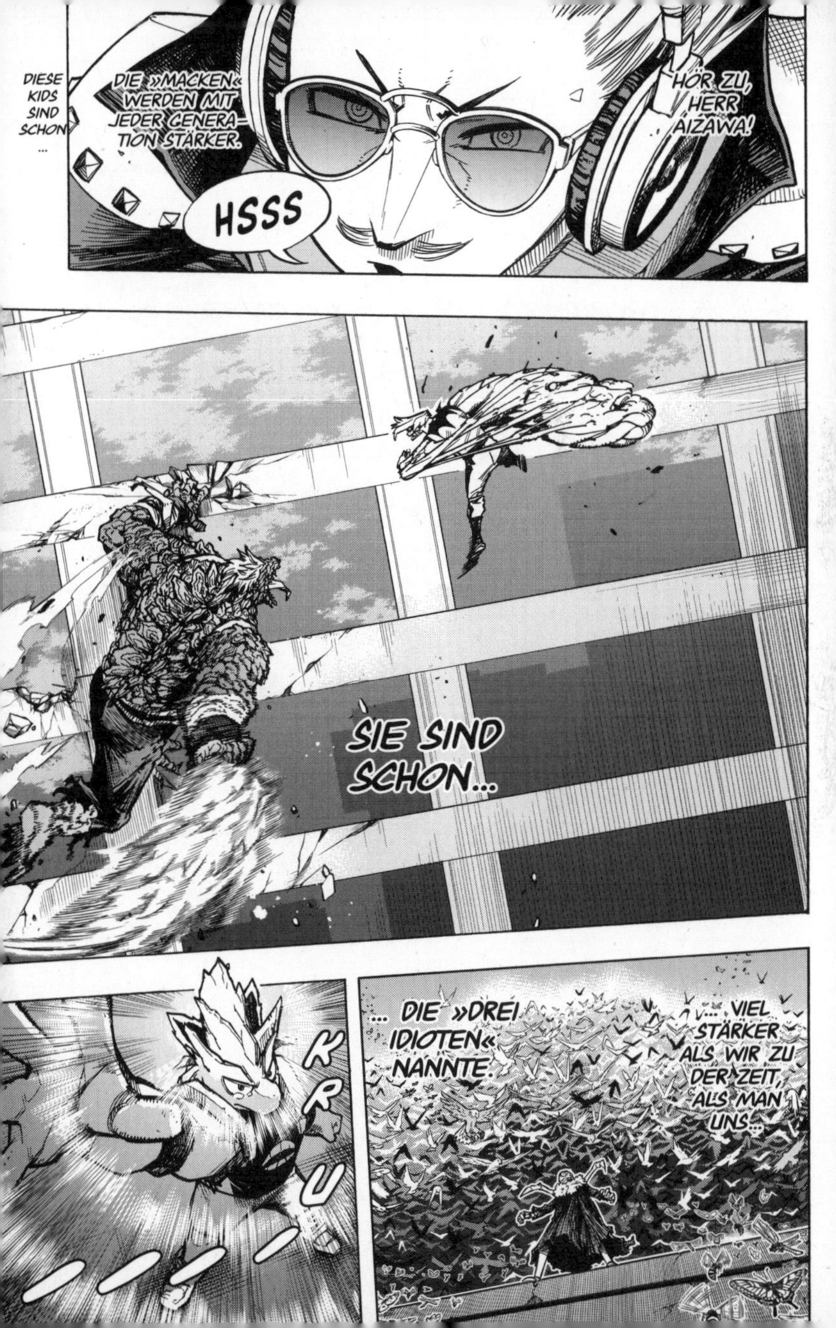
HÖR ZU, HERR AIZAWA!
DIE »MACKEN« WERDEN MIT JEDER GENERATION STÄRKER.
HSSS
DIESE KIDS SIND SCHON ...
SIE SIND SCHON...
... VIEL STÄRKER ALS WIR ZU DER ZEIT, ALS MAN UNS ...
... DIE »DREI IDIOTEN« NANNTE.
KRU

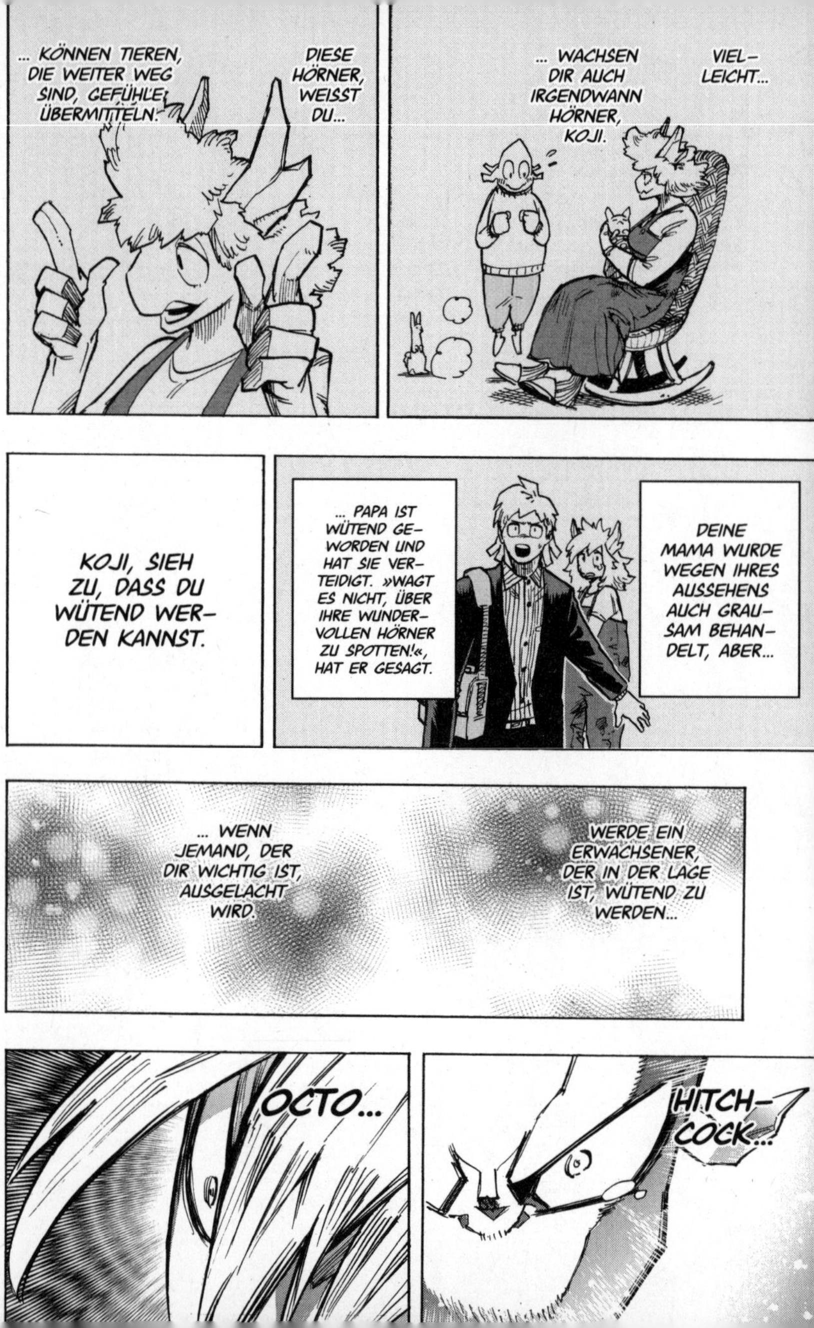
VIELLEICHT...
... WACHSEN DIR AUCH IRGENDWANN HÖRNER, KOJI.
DIESE HÖRNER, WEISST DU...
... KÖNNEN TIEREN, DIE WEITER WEG SIND, GEFÜHLE ÜBERMITTELN.
DEINE MAMA WURDE WEGEN IHRES AUSSEHENS AUCH GRAUSAM BEHANDELT, ABER...
... PAPA IST WÜTEND GEWORDEN UND HAT SIE VERTEIDIGT. »WAGT ES NICHT, ÜBER IHRE WUNDERVOLLEN HÖRNER ZU SPOTTEN!«, HAT ER GESAGT.
KOJI, SIEH ZU, DASS DU WÜTEND WERDEN KANNST.
WERDE EIN ERWACHSENER, DER IN DER LAGE IST, WÜTEND ZU WERDEN...
... WENN JEMAND, DER DIR WICHTIG IST, AUSGELACHT WIRD.
HITCHCOCK...
OCTO...

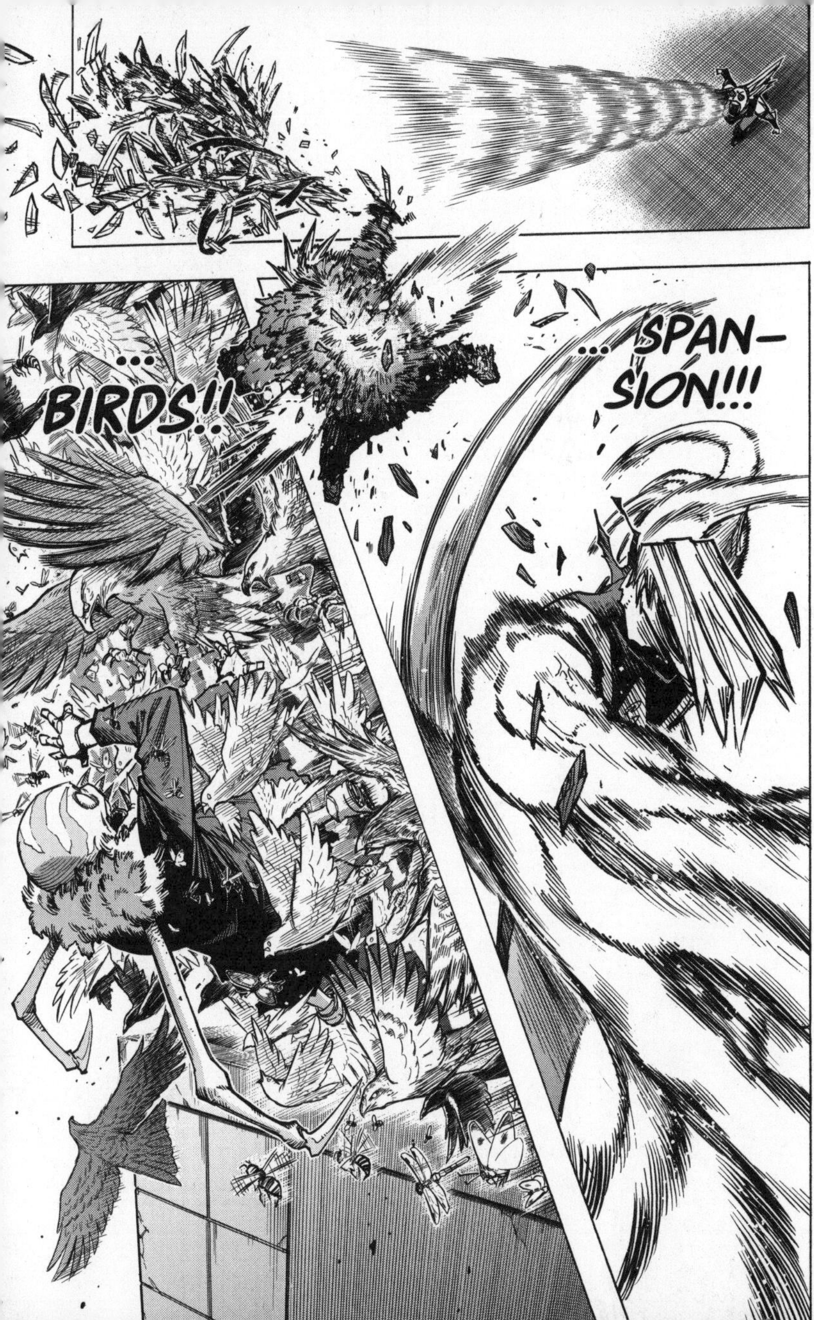
...SPAN-
SION!!!
...BIRDS!!

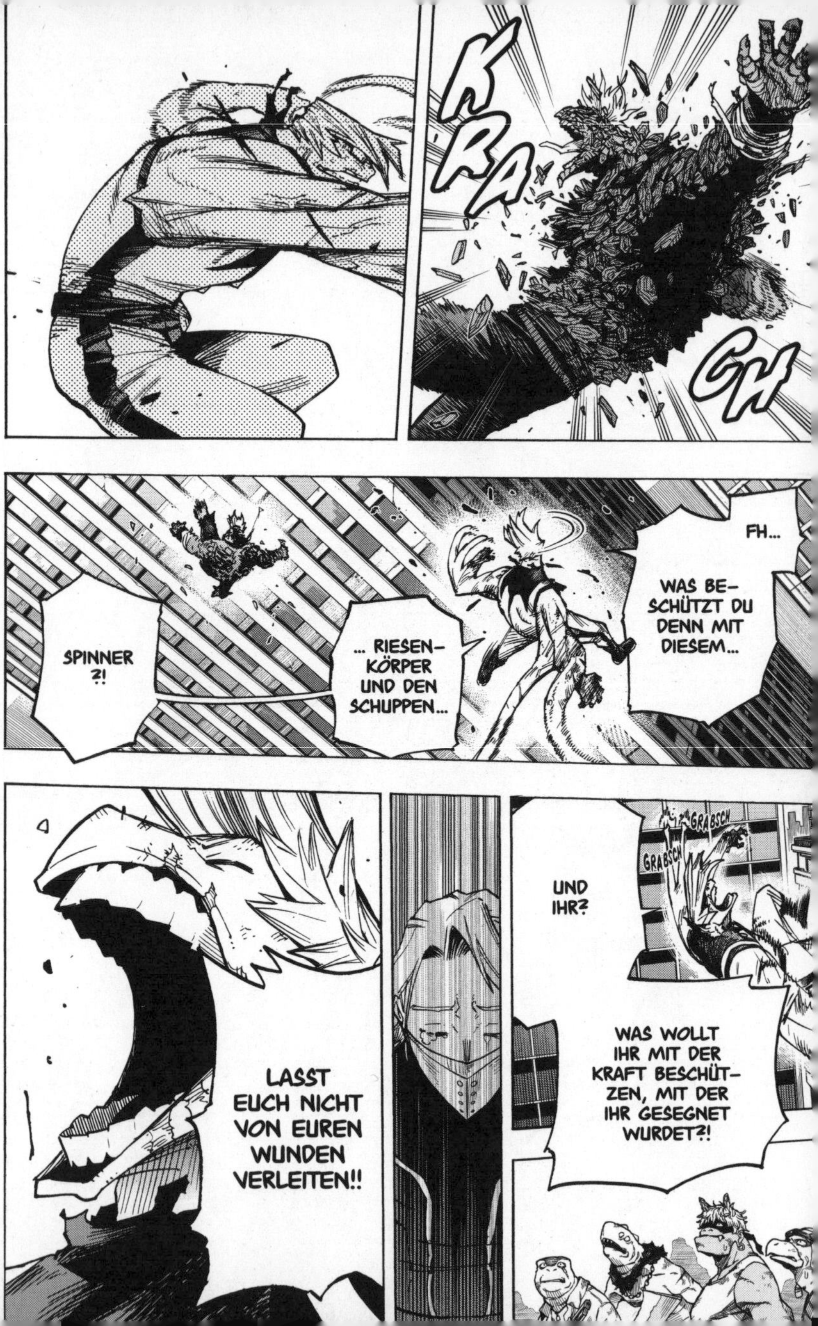
KRACH
FH...
WAS BESCHÜTZT DU DENN MIT DIESEM...
... RIESENKÖRPER UND DEN SCHUPPEN...
SPINNER?!
UND IHR?
GRABSCH
GRABSCH
WAS WOLLT IHR MIT DER KRAFT BESCHÜTZEN, MIT DER IHR GESEGNET WURDET?!
LASST EUCH NICHT VON EUREN WUNDEN VERLEITEN!!

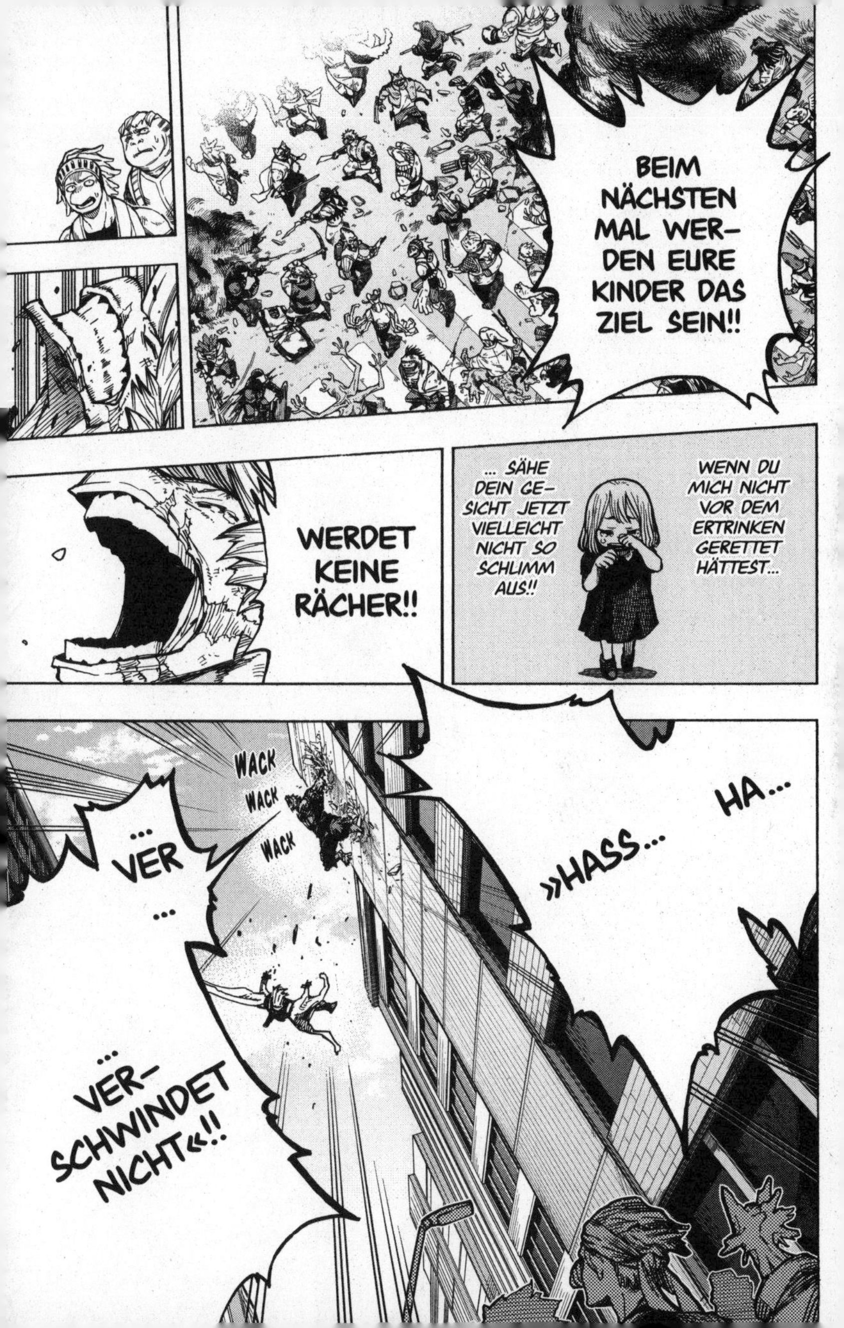

BEIM NÄCHSTEN MAL WER-DEN EURE KINDER DAS ZIEL SEIN!!
WENN DU MICH NICHT VOR DEM ERTRINKEN GERETTET HÄTTEST...
... SÄHE DEIN GE-SICHT JETZT VIELLEICHT NICHT SO SCHLIMM AUS!!
WERDET KEINE RÄCHER!!
HA...
»HASS...
WACK
WACK
WACK
... VER ...
... VER-SCHWINDET NICHT«!!

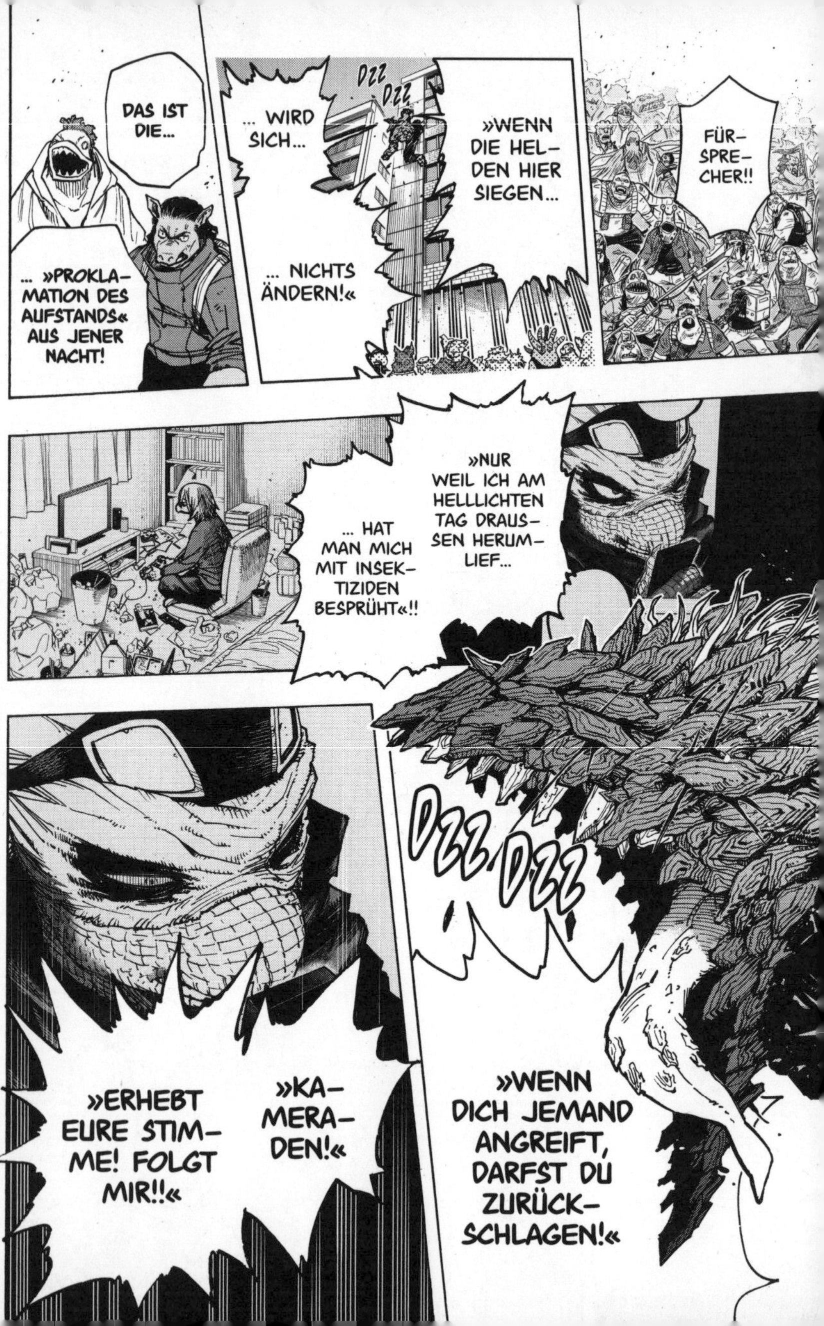
FÜR-SPRE-CHER!!
»WENN DIE HEL-DEN HIER SIEGEN...
DZZ DZZ
... WIRD SICH...
... NICHTS ÄNDERN!«
DAS IST DIE...
... »PROKLA-MATION DES AUFSTANDS« AUS JENER NACHT!
»NUR WEIL ICH AM HELLLICHTEN TAG DRAUS-SEN HERUM-LIEF...
... HAT MAN MICH MIT INSEK-TIZIDEN BESPRÜHT«!!
DZZ DZZ
»WENN DICH JEMAND ANGREIFT, DARFST DU ZURÜCK-SCHLAGEN!«
»KA-MERA-DEN!«
»ERHEBT EURE STIM-ME! FOLGT MIR!!«

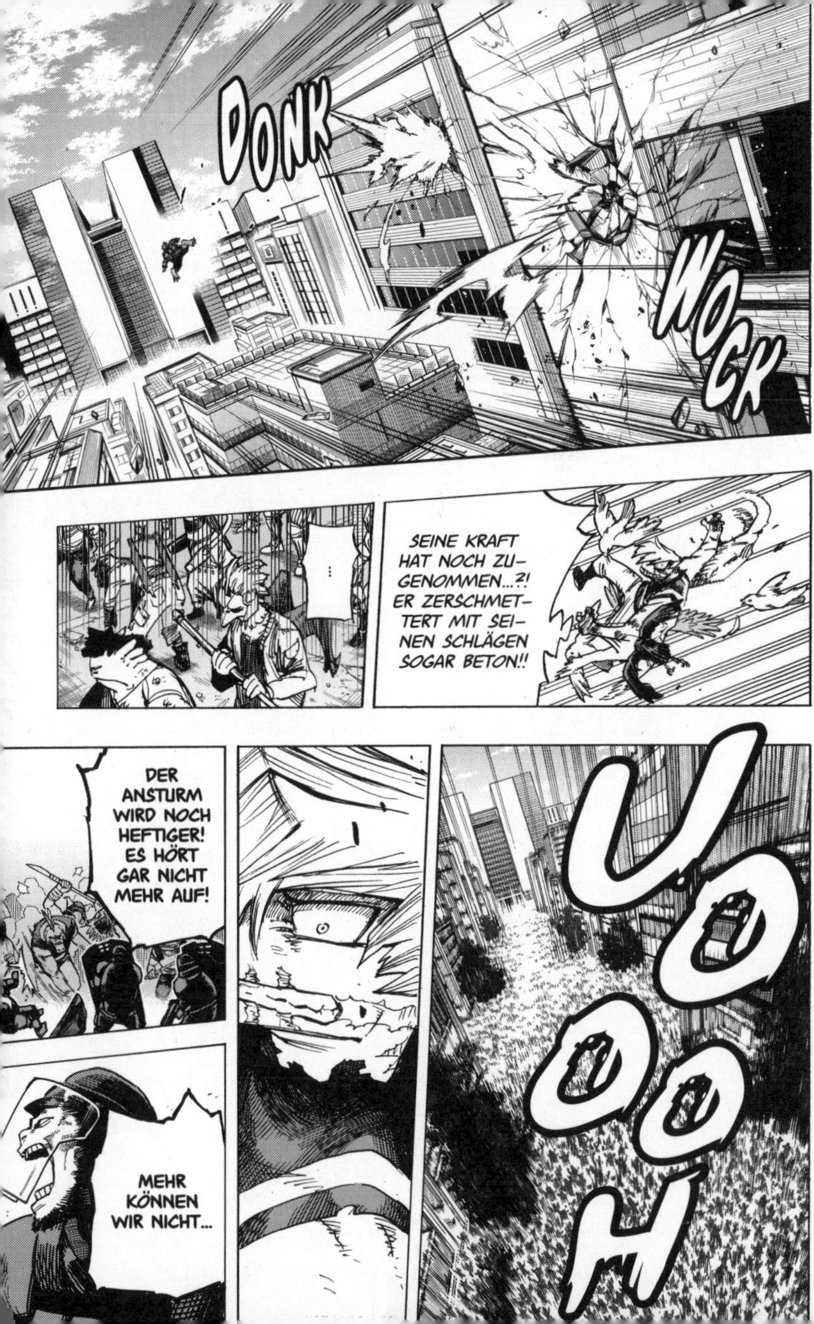
DONK
WOCK
SEINE KRAFT HAT NOCH ZU-GENOMMEN...?! ER ZERSCHMET-TERT MIT SEI-NEN SCHLÄGEN SOGAR BETON!!
DER ANSTURM WIRD NOCH HEFTIGER! ES HÖRT GAR NICHT MEHR AUF!
MEHR KÖNNEN WIR NICHT...
UOOOOH

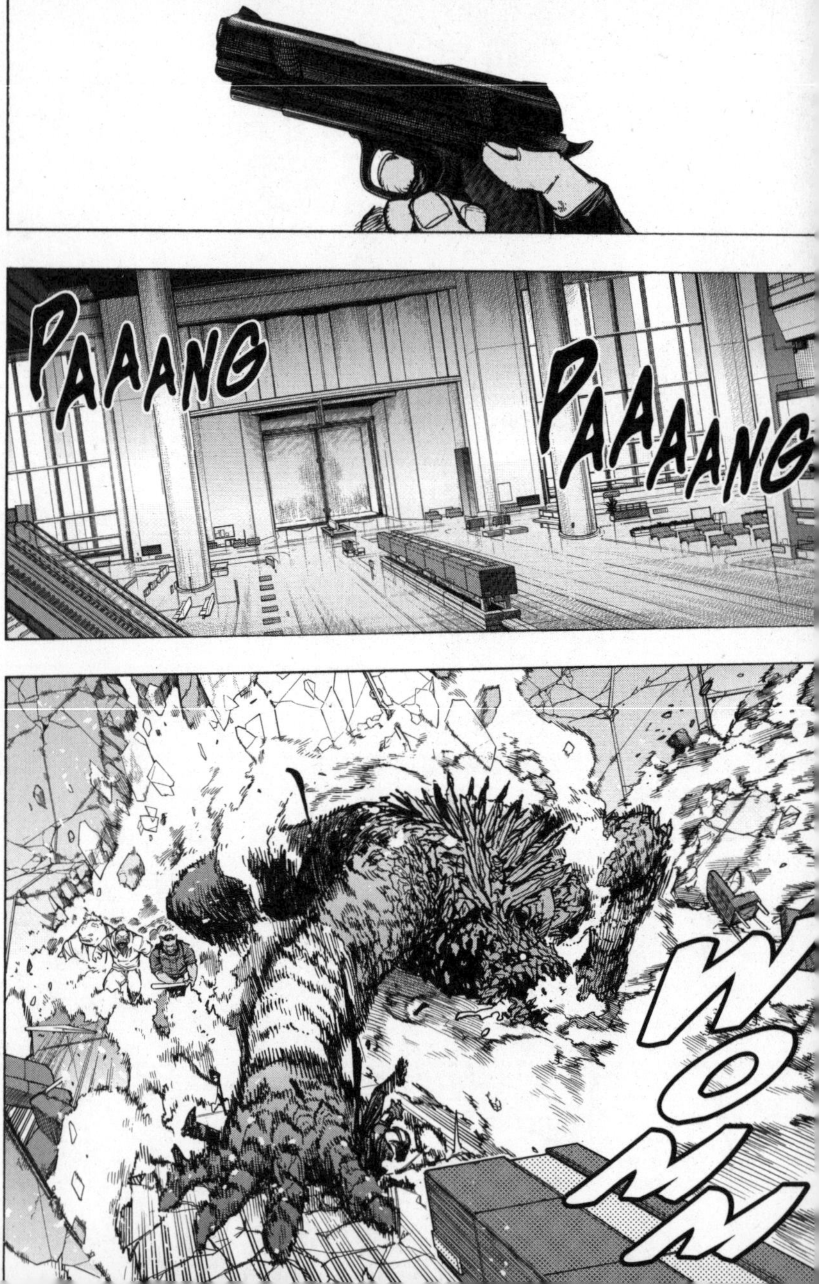
PAAAANG
PAAANG
WOMM

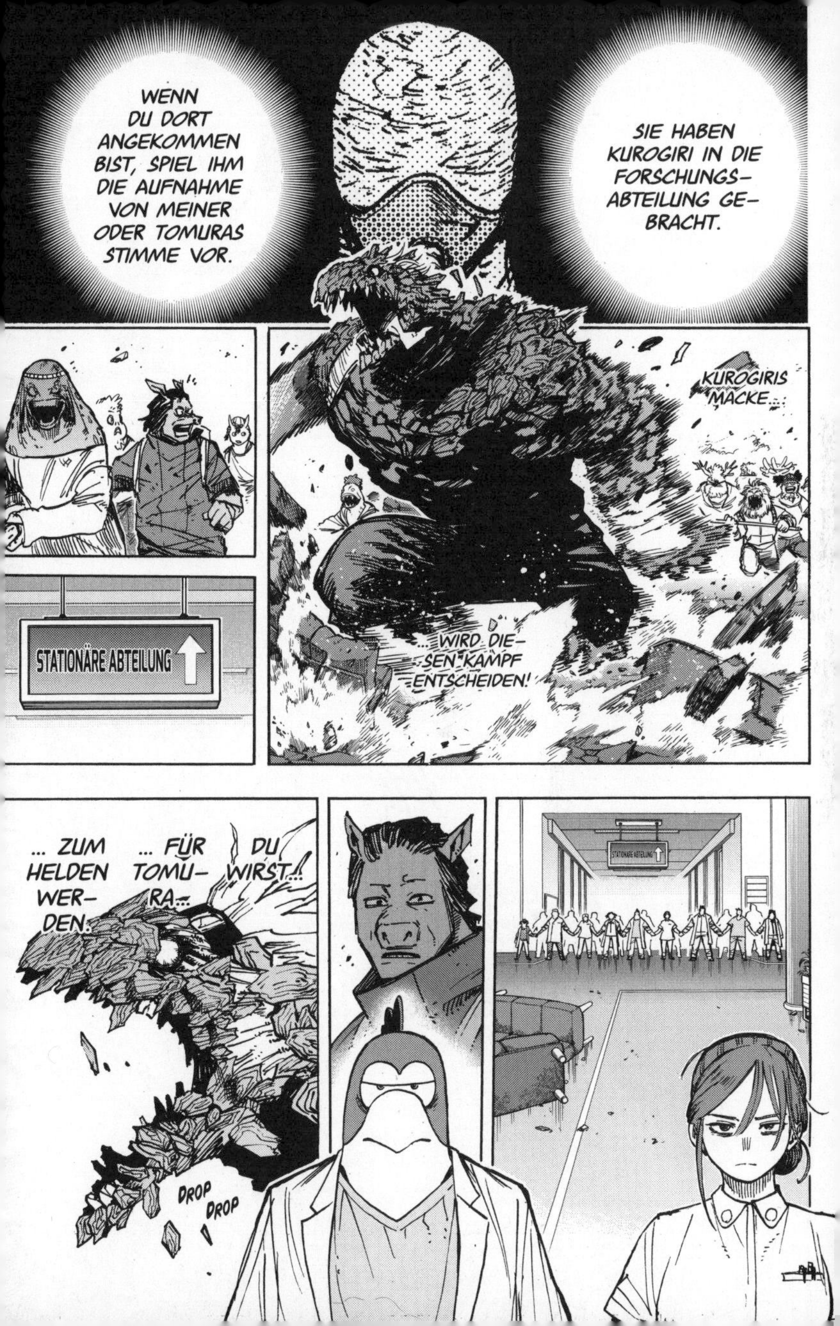
SIE HABEN KUROGIRI IN DIE FORSCHUNGS-ABTEILUNG GE-BRACHT.
WENN DU DORT ANGEKOMMEN BIST, SPIEL IHM DIE AUFNAHME VON MEINER ODER TOMURAS STIMME VOR.
KUROGIRIS MACKE ...
... WIRD DIE-SEN KAMPF ENTSCHEIDEN!
STATIONÄRE ABTEILUNG
DU WIRST ...
... FÜR TOMU-RA ...
... ZUM HELDEN WER-DEN.
DROP
DROP
STATIONÄRE ABTEILUNG

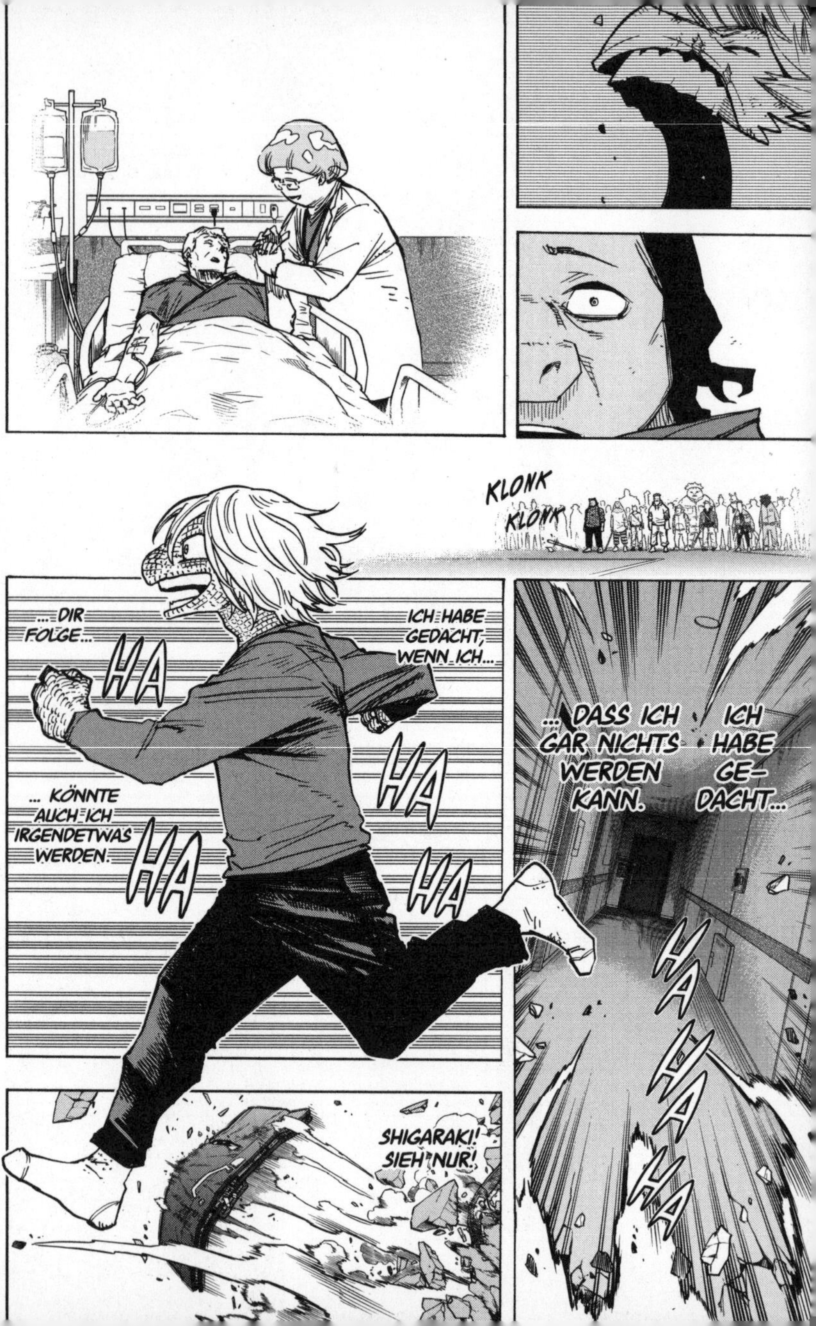
KLONK
KLONK
ICH HABE GEDACHT...
...DASS ICH GAR NICHTS WERDEN KANN.
HA HA HA HA
ICH HABE GEDACHT, WENN ICH...
...DIR FOLGE...
...KÖNNTE AUCH ICH IRGENDETWAS WERDEN.
HA
HA
HA
HA
SHIGARAKI! SIEH NUR!

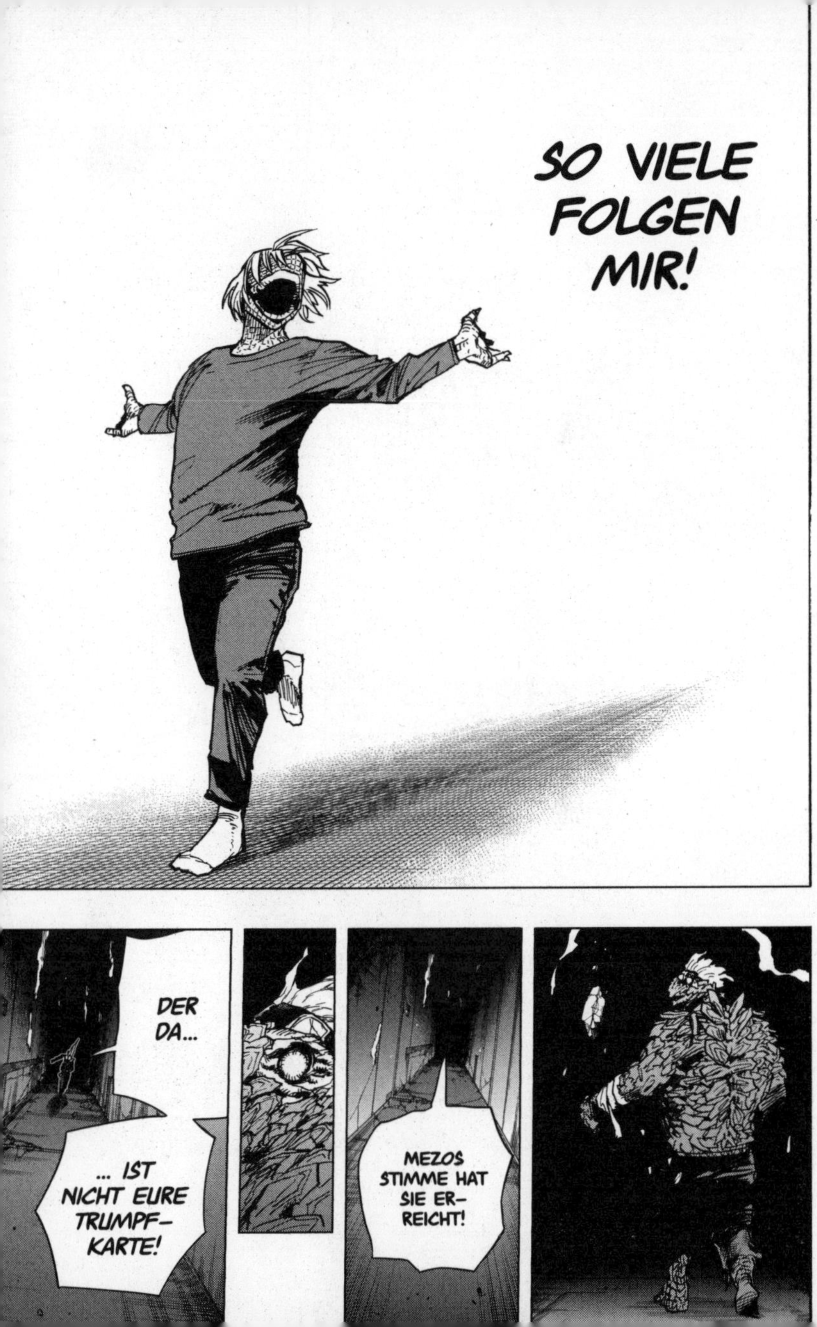
SO VIELE FOLGEN MIR!
MEZOS STIMME HAT SIE ER-REICHT!
DER DA...
... IST NICHT EURE TRUMPF-KARTE!

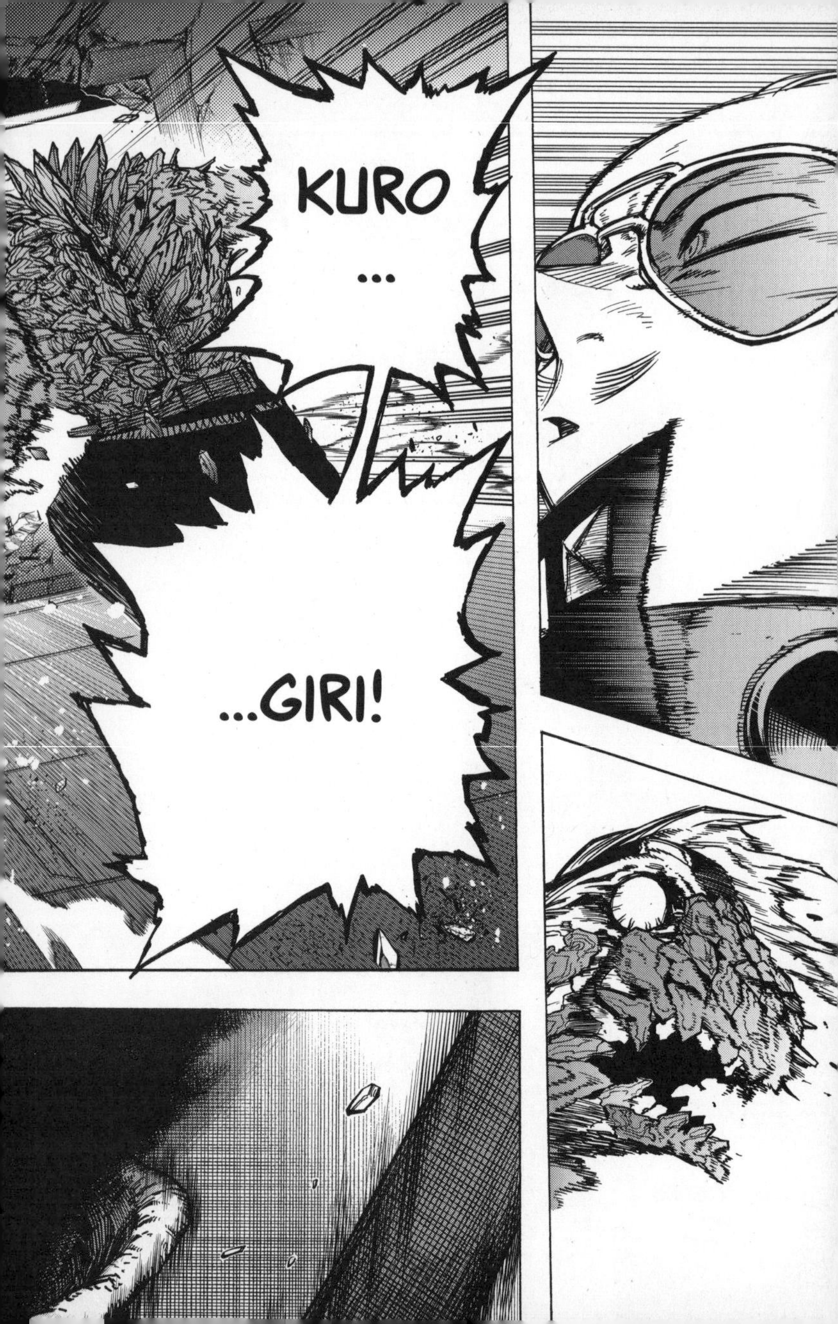
KURO
...
...GIRI!

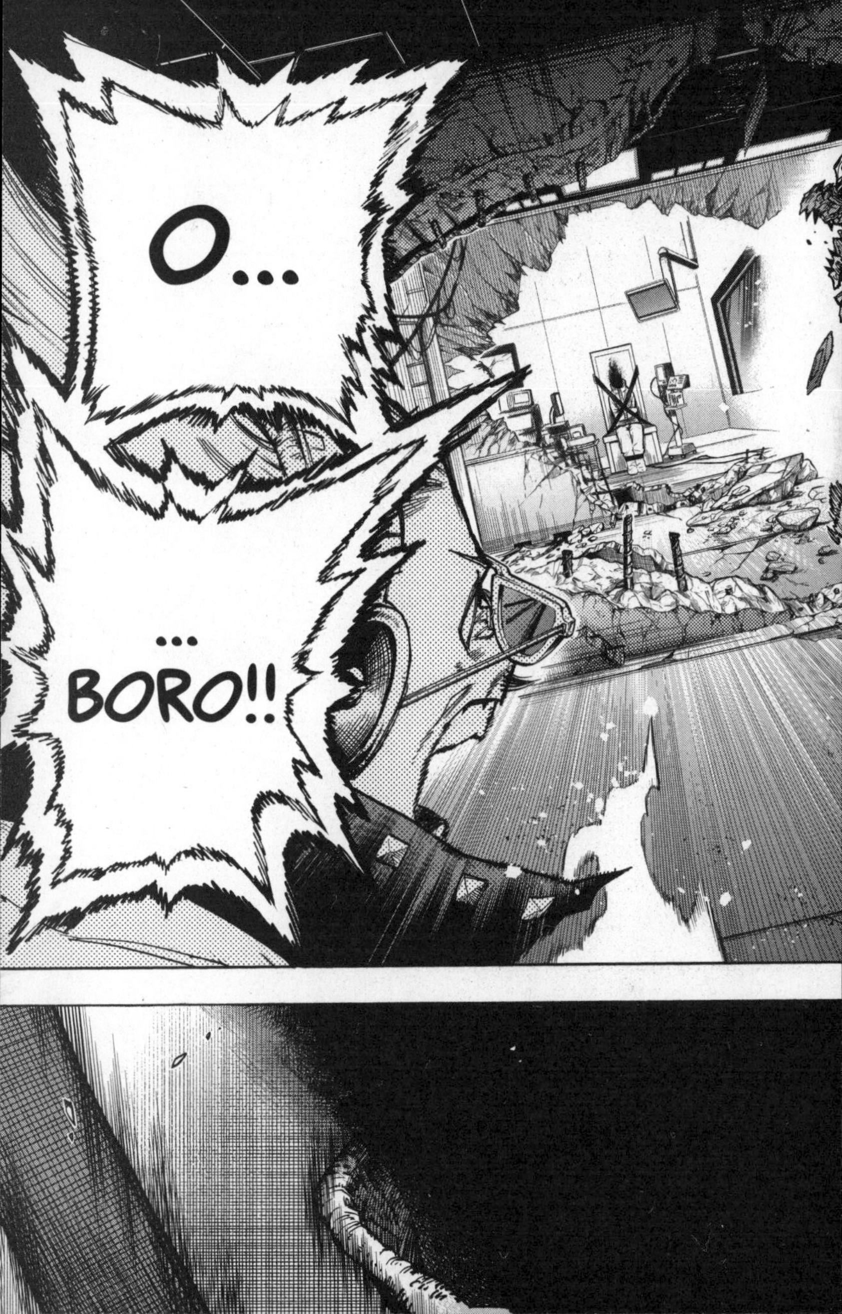
O...
... BORO!!

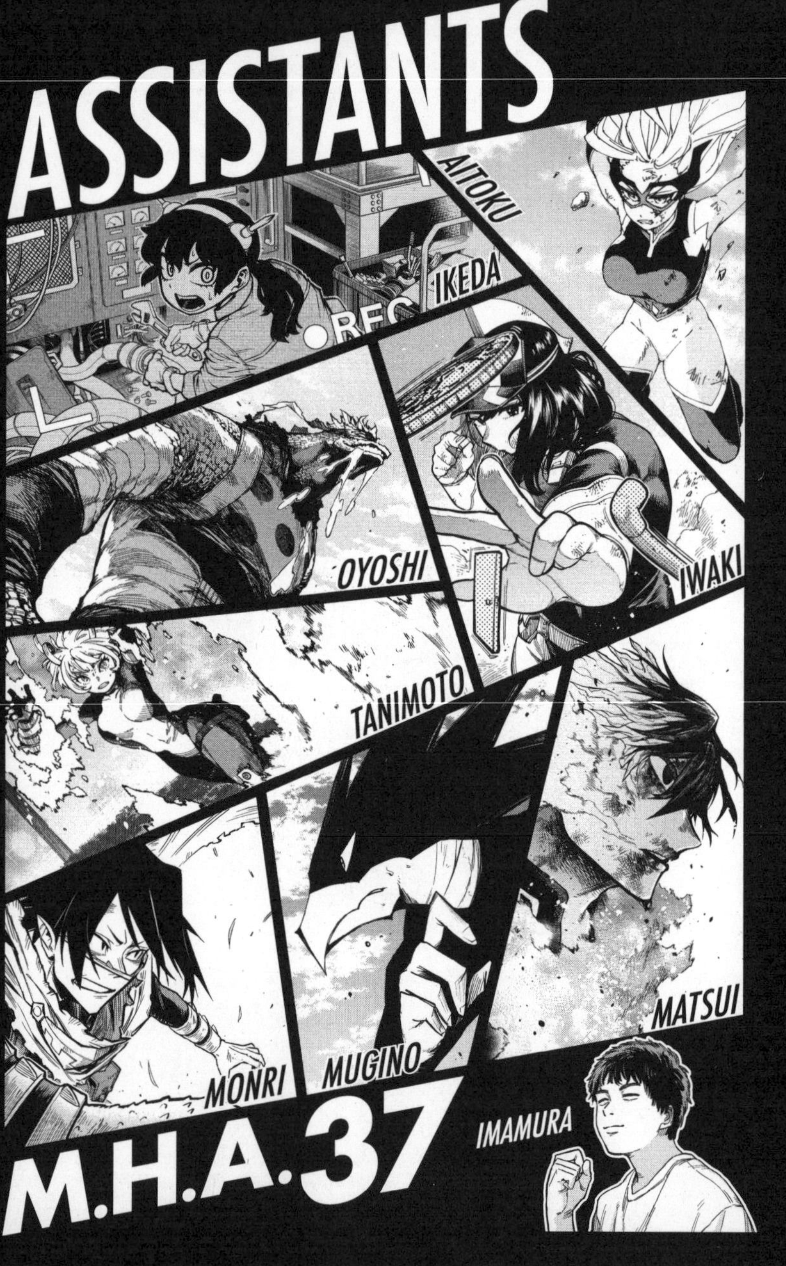
ASSISTANTS
AITOKU
IKEDA
OYOSHI
IWAKI
TANIMOTO
MATSUI
MONRI
MUGINO
IMAMURA
M.H.A.37

Nr. 373 FRIENDS

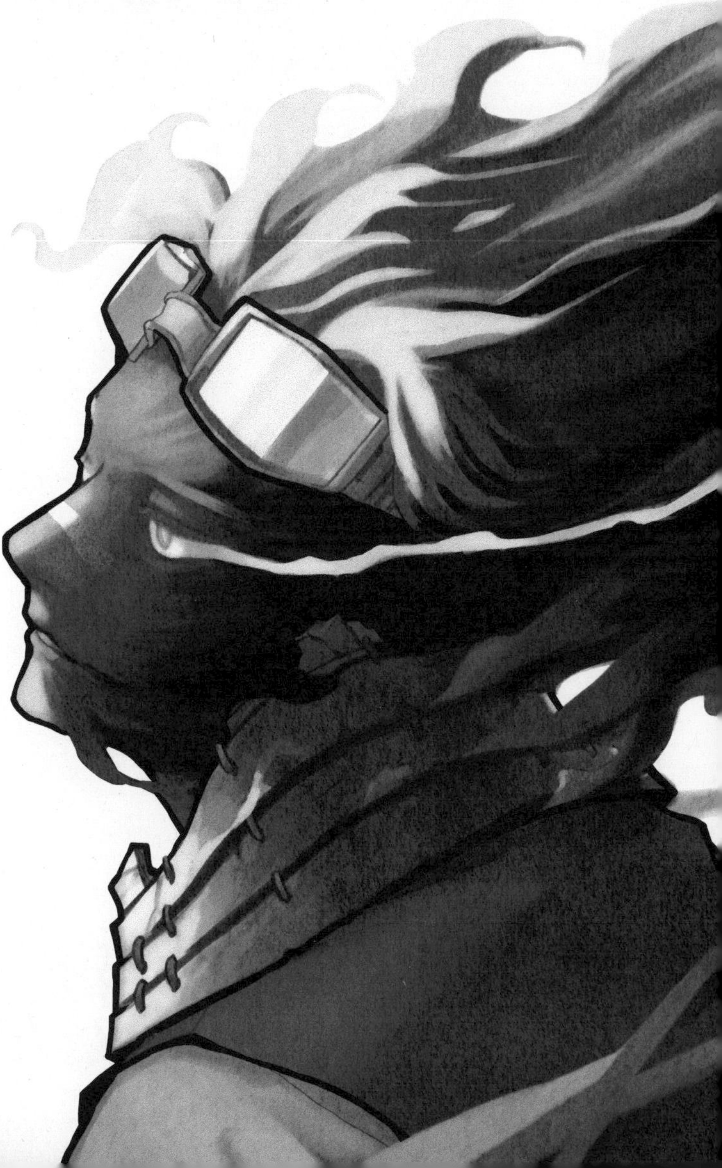

MY HERO ACADEMIA

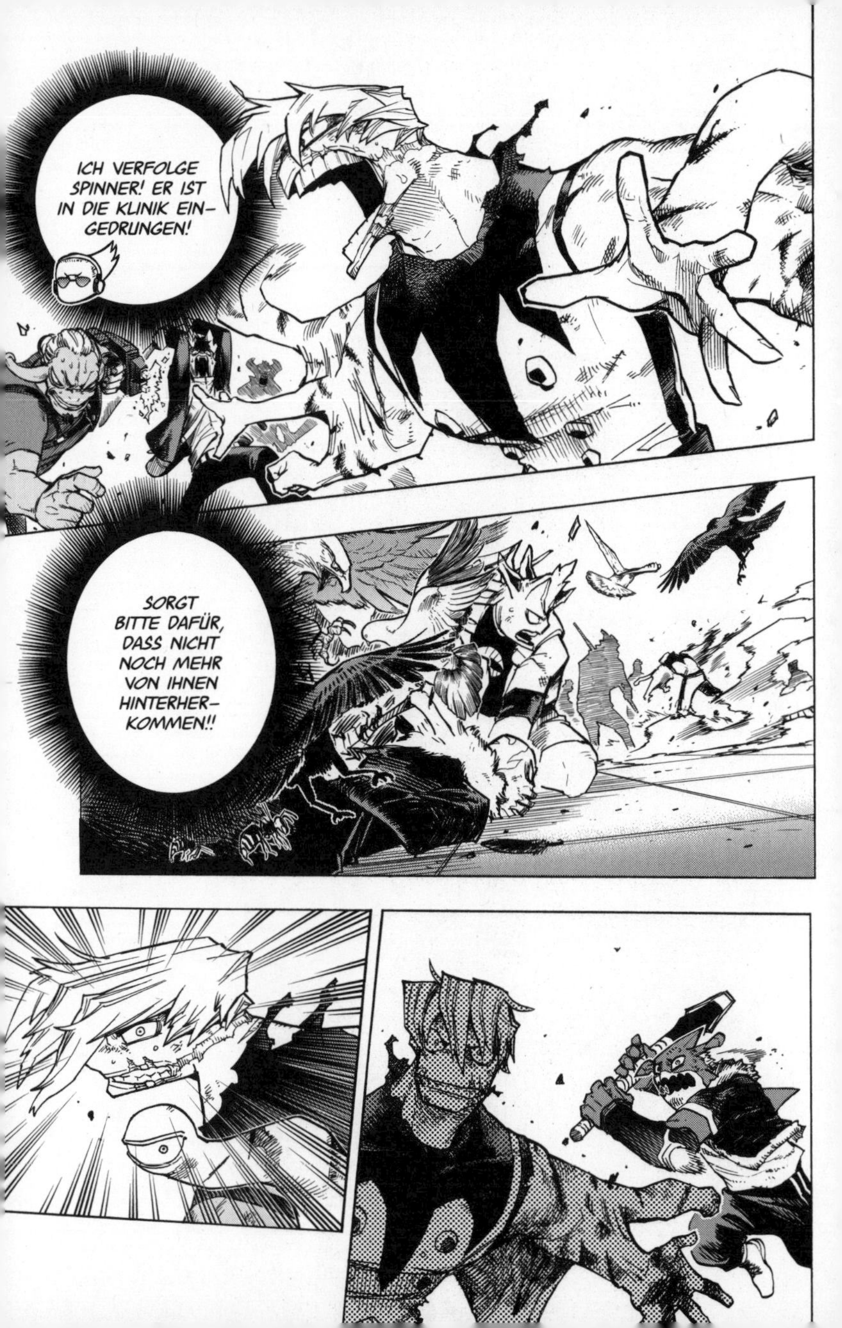
ICH VERFOLGE SPINNER! ER IST IN DIE KLINIK EIN-GEDRUNGEN!
SORGT BITTE DAFÜR, DASS NICHT NOCH MEHR VON IHNEN HINTERHER-KOMMEN!!

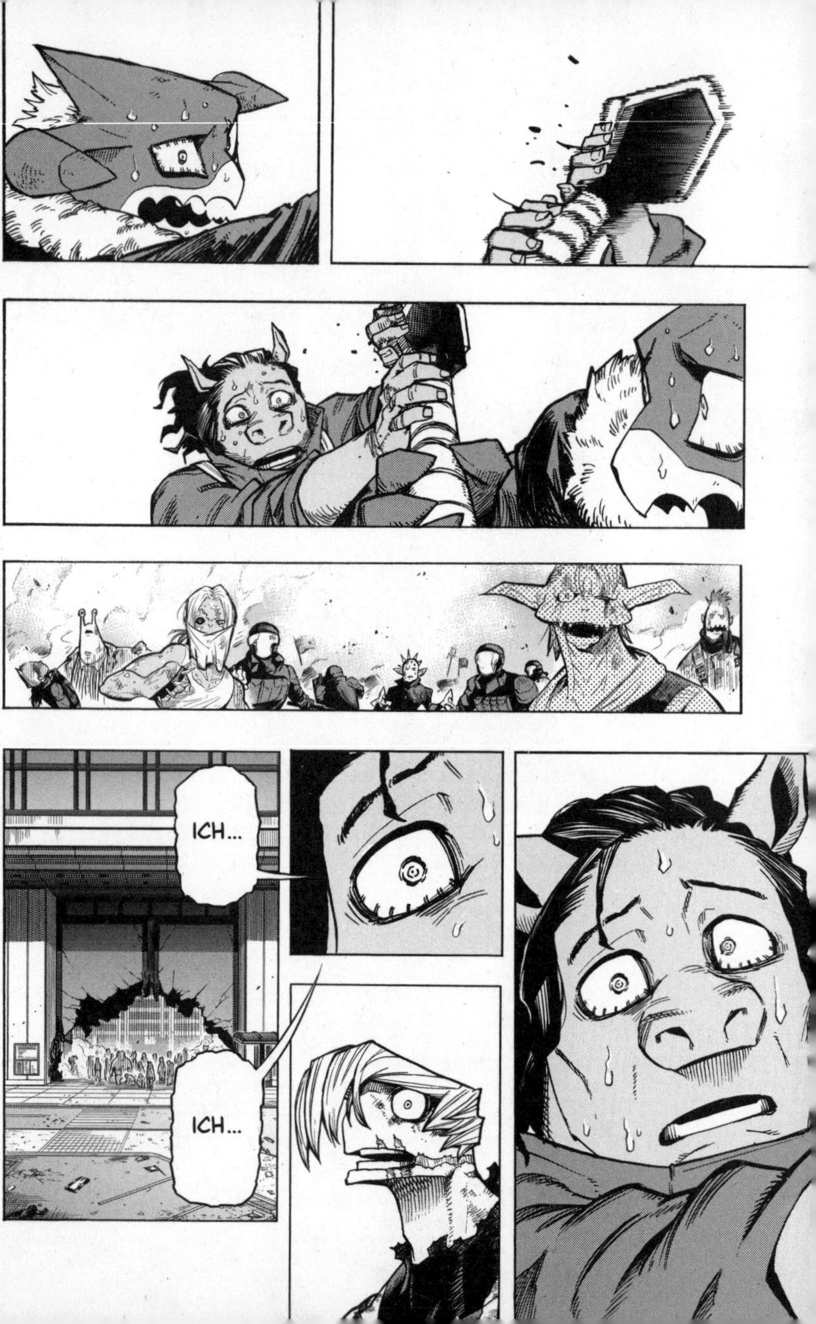
ICH...
ICH...

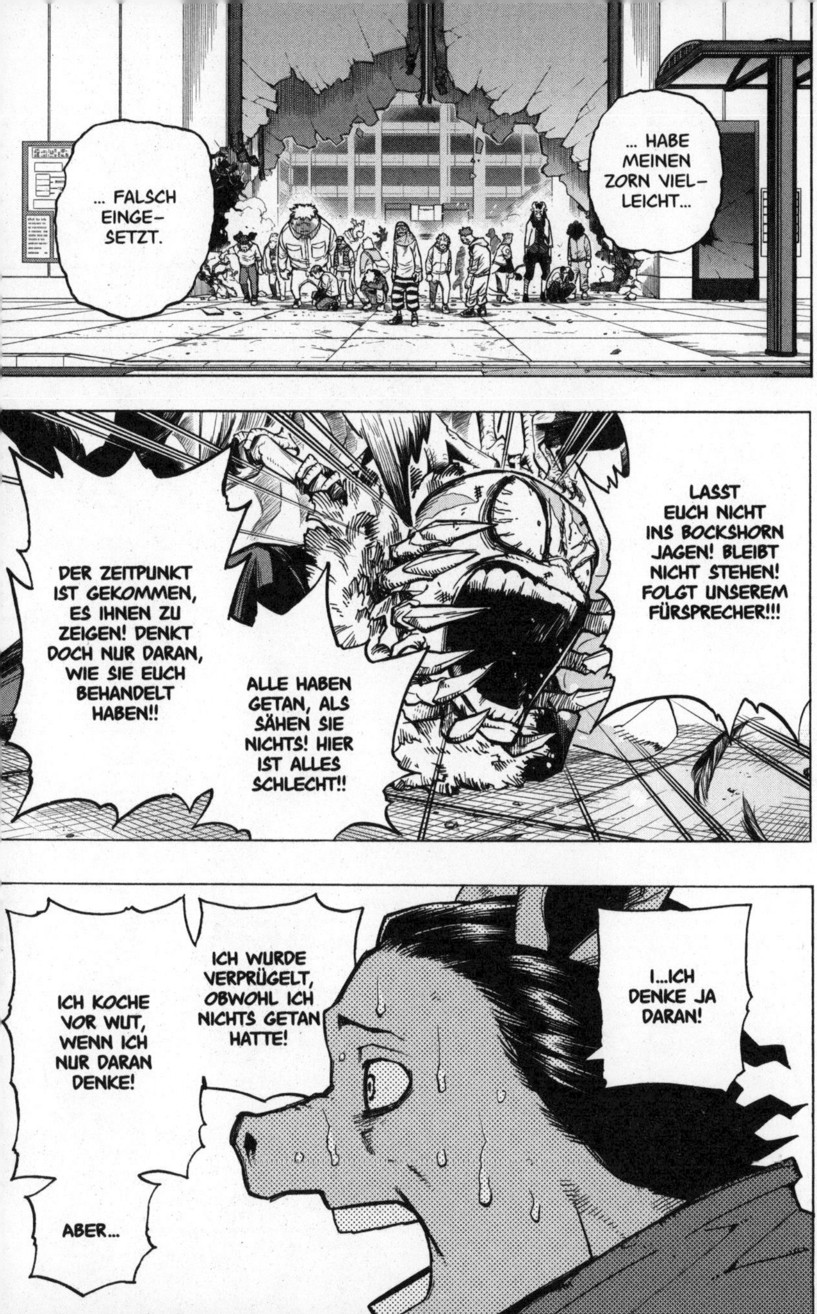
... HABE MEINEN ZORN VIEL- LEICHT...
... FALSCH EINGE- SETZT.
LASST EUCH NICHT INS BOCKSHORN JAGEN! BLEIBT NICHT STEHEN! FOLGT UNSEREM FÜRSPRECHER!!!
ALLE HABEN GETAN, ALS SÄHEN SIE NICHTS! HIER IST ALLES SCHLECHT!!
DER ZEITPUNKT IST GEKOMMEN, ES IHNEN ZU ZEIGEN! DENKT DOCH NUR DARAN, WIE SIE EUCH BEHANDELT HABEN!!
I...ICH DENKE JA DARAN!
ICH WURDE VERPRÜGELT, OBWOHL ICH NICHTS GETAN HATTE!
ICH KOCHE VOR WUT, WENN ICH NUR DARAN DENKE!
ABER...

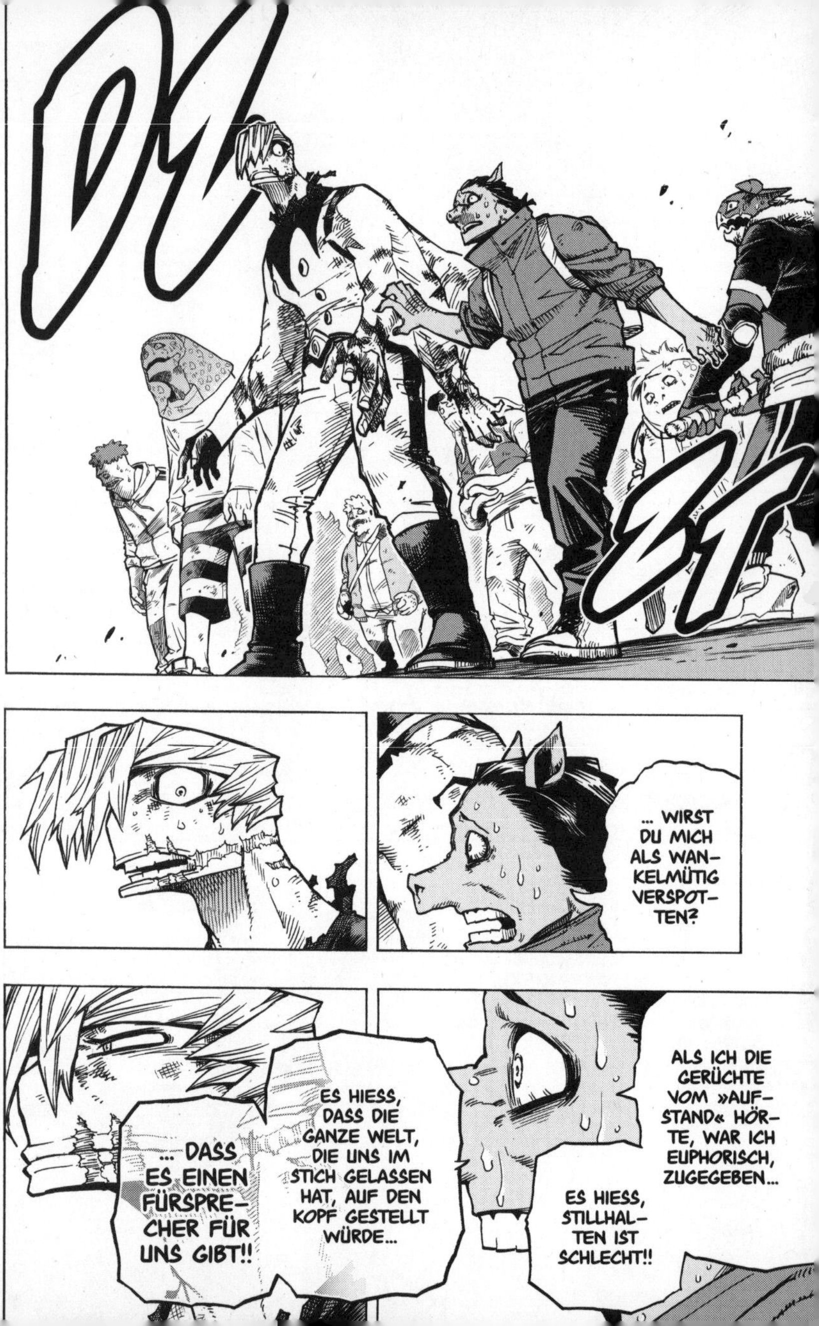
... WIRST DU MICH ALS WANKELMÜTIG VERSPOTTEN?
ALS ICH DIE GERÜCHTE VOM »AUFSTAND« HÖRTE, WAR ICH EUPHORISCH, ZUGEGEBEN...
ES HIESS, STILLHALTEN IST SCHLECHT!!
ES HIESS, DASS DIE GANZE WELT, DIE UNS IM STICH GELASSEN HAT, AUF DEN KOPF GESTELLT WÜRDE...
... DASS ES EINEN FÜRSPRECHER FÜR UNS GIBT!!

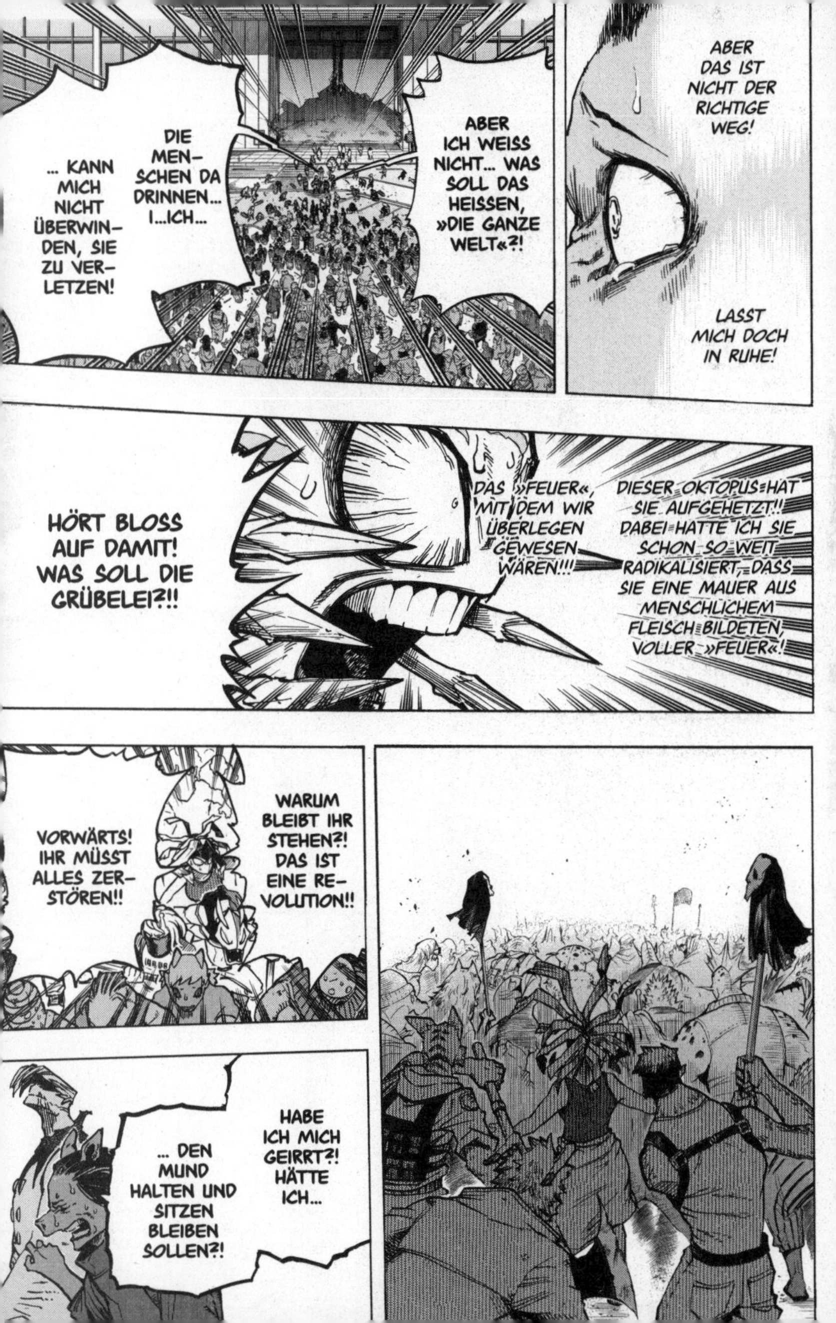

ABER DAS IST NICHT DER RICHTIGE WEG!
LASST MICH DOCH IN RUHE!
ABER ICH WEISS NICHT… WAS SOLL DAS HEISSEN, »DIE GANZE WELT«?!
DIE MEN-SCHEN DA DRINNEN… I…ICH…
… KANN MICH NICHT ÜBERWIN-DEN, SIE ZU VER-LETZEN!
DIESER OKTOPUS HAT SIE AUFGEHETZT!! DABEI HATTE ICH SIE SCHON SO WEIT RADIKALISIERT, DASS SIE EINE MAUER AUS MENSCHLICHEM FLEISCH BILDETEN, VOLLER »FEUER«!
DAS »FEUER«, MIT DEM WIR ÜBERLEGEN GEWESEN WÄREN!!!
HÖRT BLOSS AUF DAMIT! WAS SOLL DIE GRÜBELEI?!!
WARUM BLEIBT IHR STEHEN?! DAS IST EINE RE-VOLUTION!!
VORWÄRTS! IHR MÜSST ALLES ZER-STÖREN!!
HABE ICH MICH GEIRRT?! HÄTTE ICH…
… DEN MUND HALTEN UND SITZEN BLEIBEN SOLLEN?!

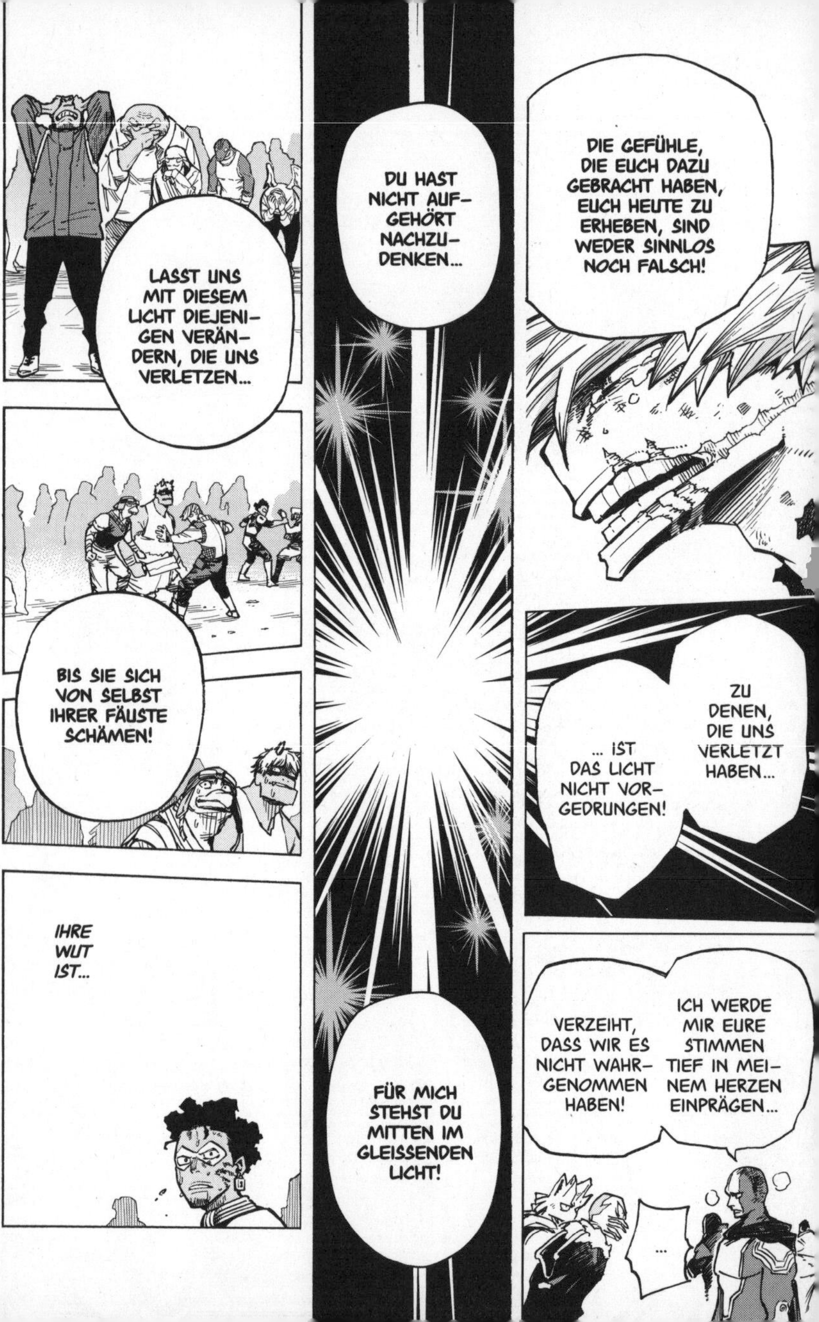
DIE GEFÜHLE, DIE EUCH DAZU GEBRACHT HABEN, EUCH HEUTE ZU ERHEBEN, SIND WEDER SINNLOS NOCH FALSCH!
ZU DENEN, DIE UNS VERLETZT HABEN...
... IST DAS LICHT NICHT VORGEDRUNGEN!
ICH WERDE MIR EURE STIMMEN TIEF IN MEINEM HERZEN EINPRÄGEN...
VERZEIHT, DASS WIR ES NICHT WAHRGENOMMEN HABEN!
...
DU HAST NICHT AUFGEHÖRT NACHZUDENKEN...
FÜR MICH STEHST DU MITTEN IM GLEISSENDEN LICHT!
LASST UNS MIT DIESEM LICHT DIEJENIGEN VERÄNDERN, DIE UNS VERLETZEN...
BIS SIE SICH VON SELBST IHRER FÄUSTE SCHÄMEN!
IHRE WUT IST...

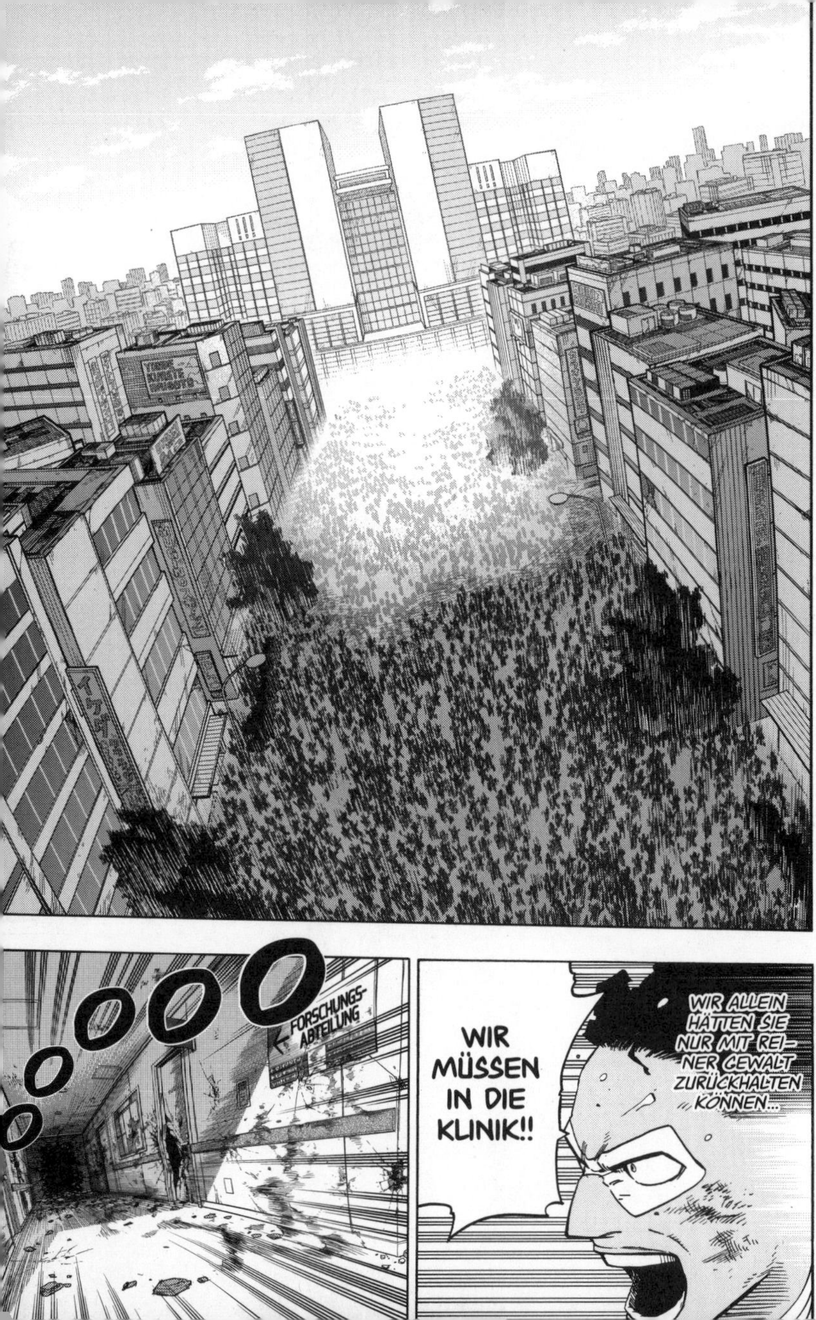
WIR ALLEIN HÄTTEN SIE NUR MIT REI-NER GEWALT ZURÜCKHALTEN KÖNNEN...
WIR MÜSSEN IN DIE KLINIK!!
FORSCHUNGS-ABTEILUNG

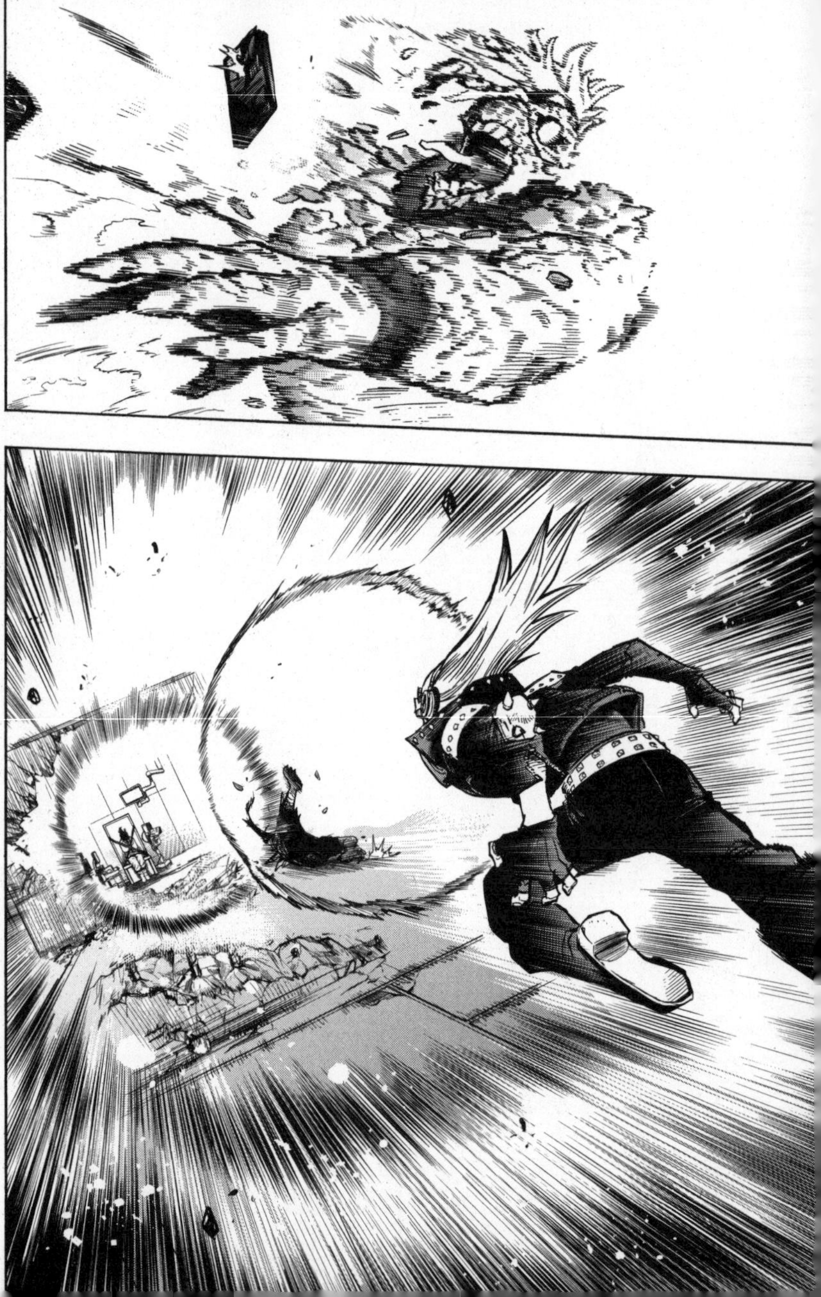

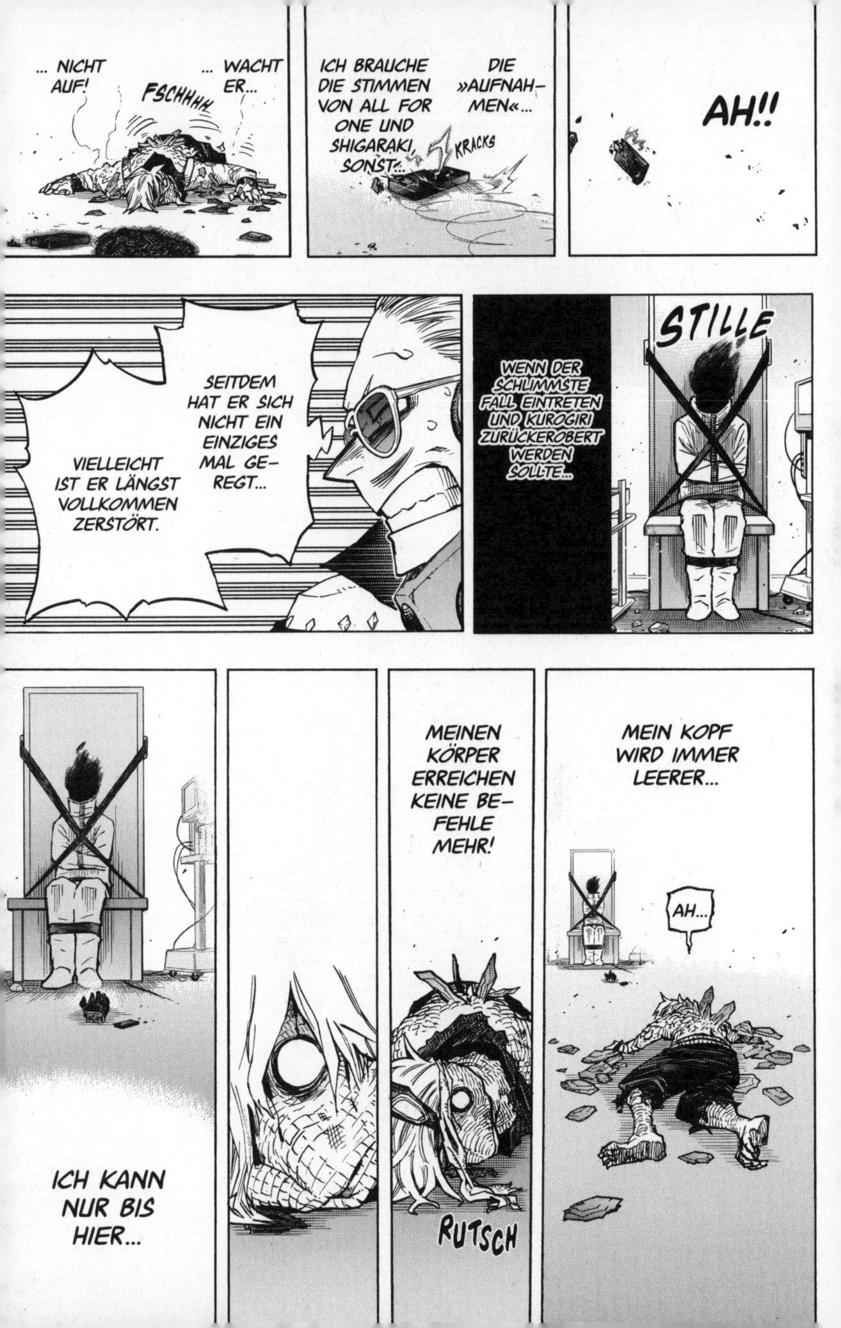
AH!!
DIE »AUFNAHMEN«...
ICH BRAUCHE DIE STIMMEN VON ALL FOR ONE UND SHIGARAKI, SONST...
KRACKS
... WACHT ER...
... NICHT AUF!
FSCHHHH
STILLE
WENN DER SCHLIMMSTE FALL EINTRETEN UND KUROGIRI ZURÜCKEROBERT WERDEN SOLLTE...
SEITDEM HAT ER SICH NICHT EIN EINZIGES MAL GEREGT...
VIELLEICHT IST ER LÄNGST VOLLKOMMEN ZERSTÖRT.
MEIN KOPF WIRD IMMER LEERER...
AH...
MEINEN KÖRPER ERREICHEN KEINE BEFEHLE MEHR!
RUTSCH
ICH KANN NUR BIS HIER...

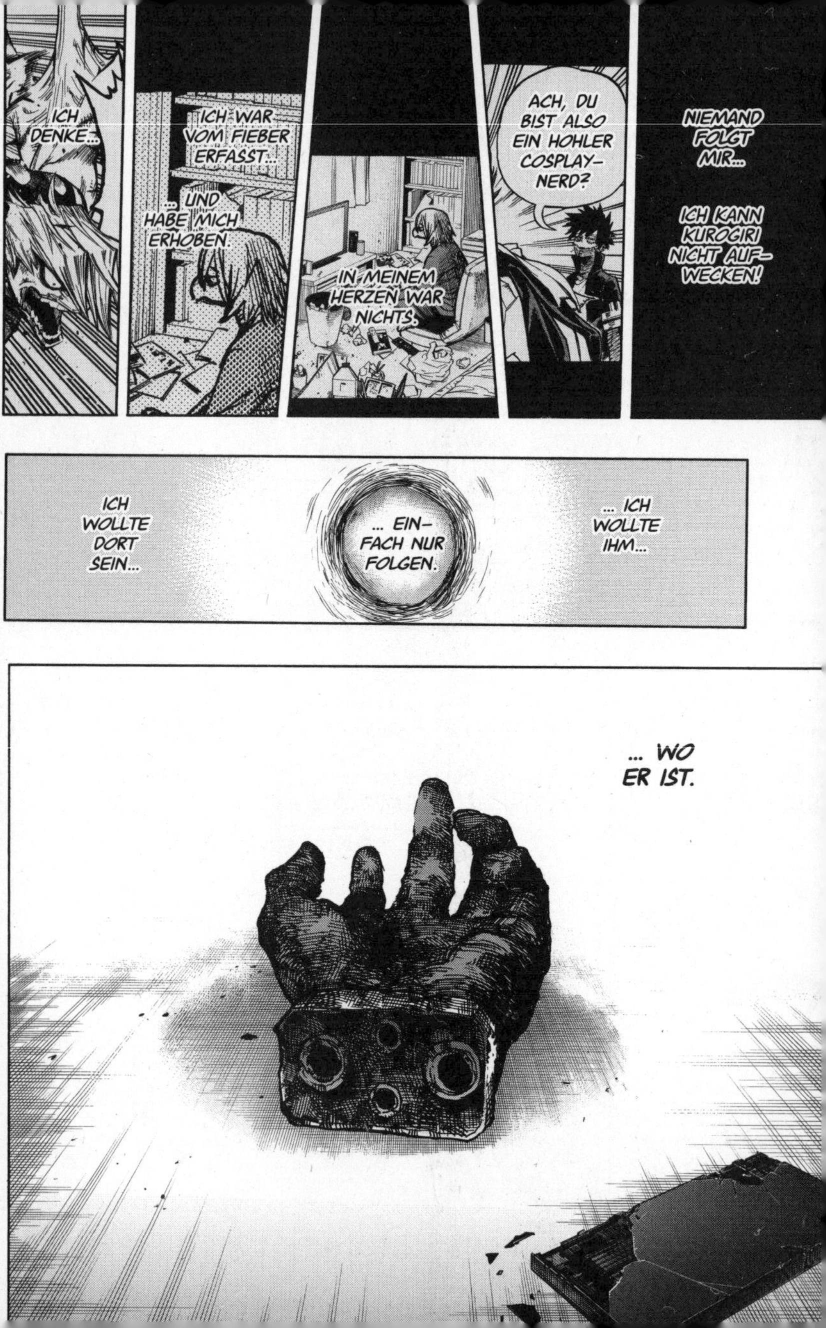
NIEMAND FOLGT MIR...
ICH KANN KUROGIRI NICHT AUF-WECKEN!
ACH, DU BIST ALSO EIN HOHLER COSPLAY-NERD?
IN MEINEM HERZEN WAR NICHTS.
ICH WAR VOM FIEBER ERFASST...
... UND HABE MICH ERHOBEN.
ICH DENKE...
... ICH WOLLTE IHM...
... EIN-FACH NUR FOLGEN.
ICH WOLLTE DORT SEIN...
... WO ER IST.

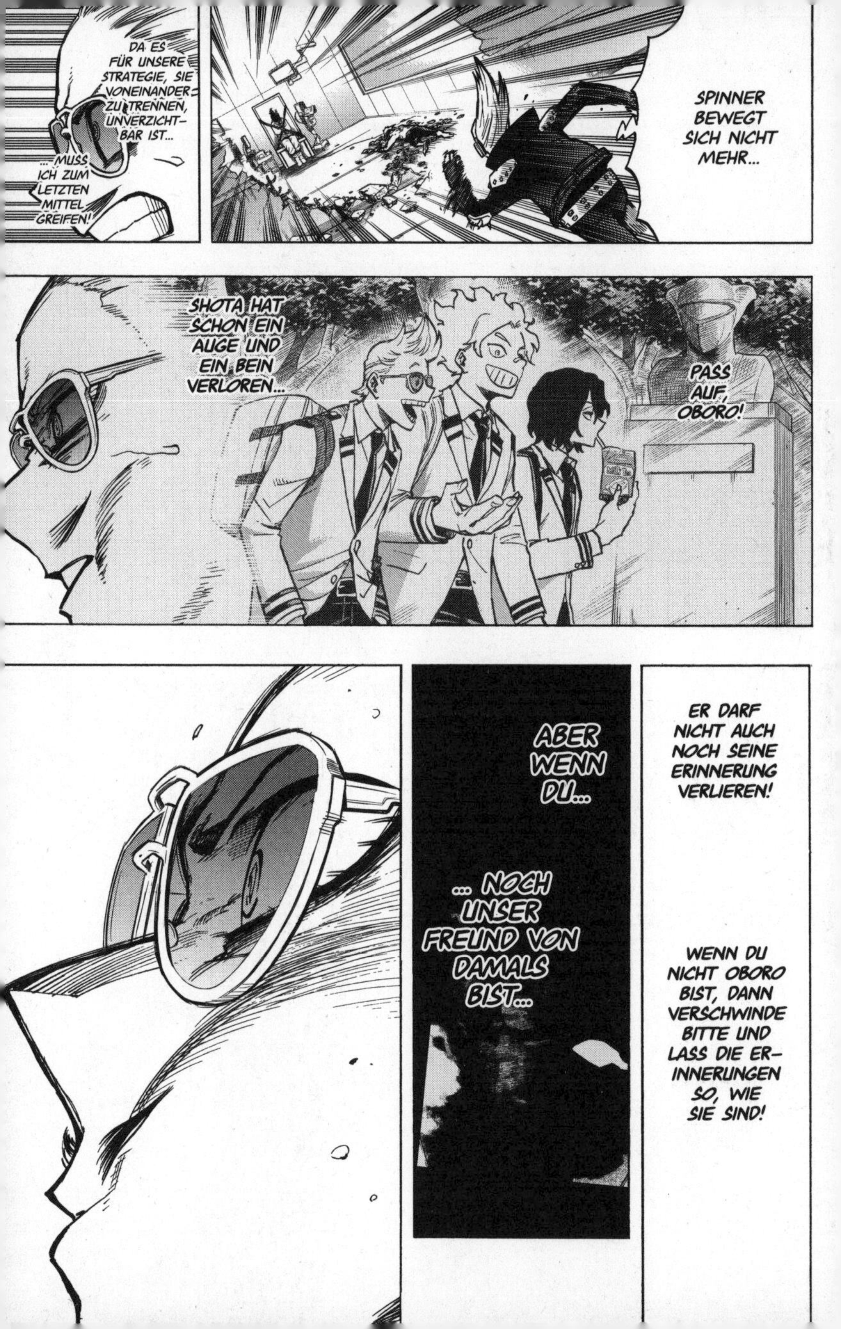

SPINNER BEWEGT SICH NICHT MEHR...
DA ES FÜR UNSERE STRATEGIE, SIE VONEINANDER ZU TRENNEN, UNVERZICHTBAR IST...
... MUSS ICH ZUM LETZTEN MITTEL GREIFEN!
PASS AUF, OBORO!
SHOTA HAT SCHON EIN AUGE UND EIN BEIN VERLOREN...
ER DARF NICHT AUCH NOCH SEINE ERINNERUNG VERLIEREN!
WENN DU NICHT OBORO BIST, DANN VERSCHWINDE BITTE UND LASS DIE ERINNERUNGEN SO, WIE SIE SIND!
ABER WENN DU...
... NOCH UNSER FREUND VON DAMALS BIST...

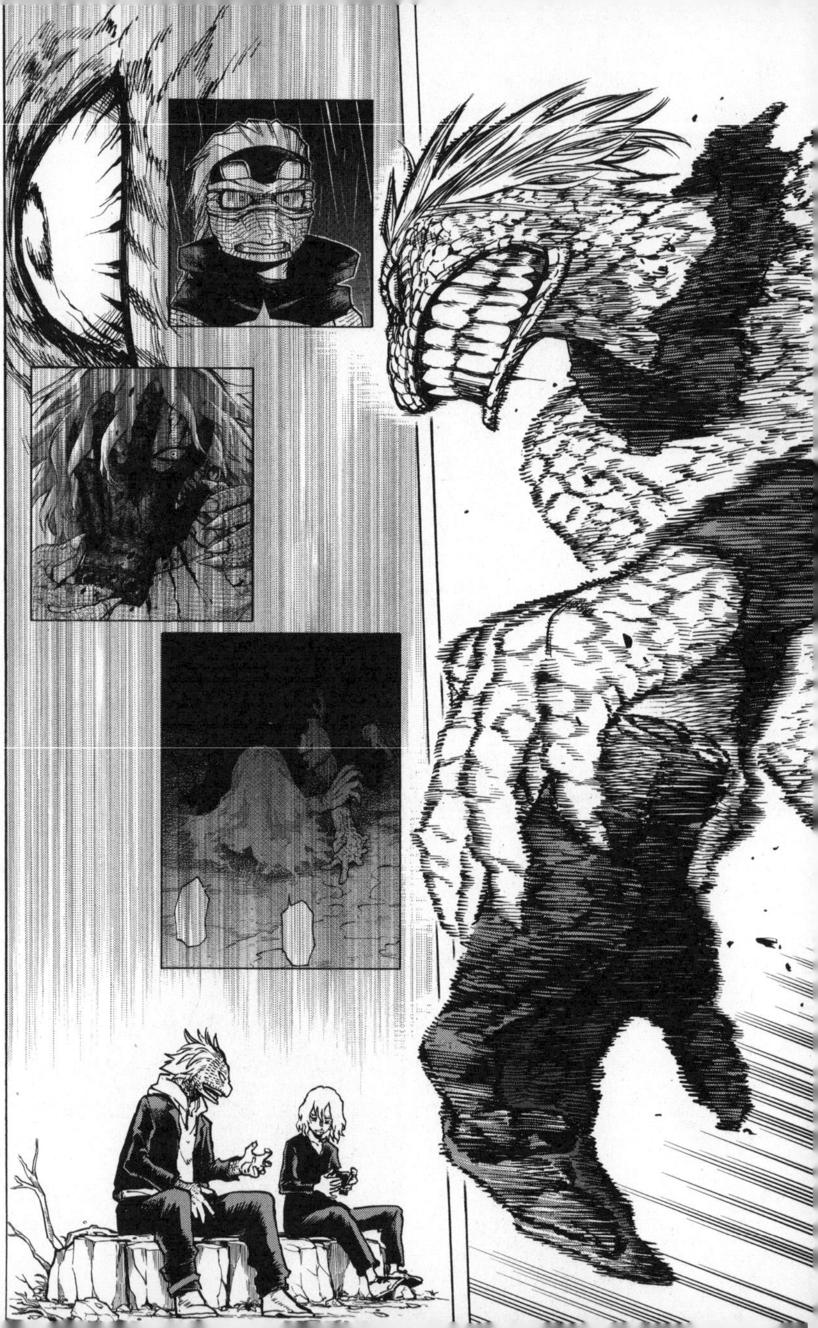

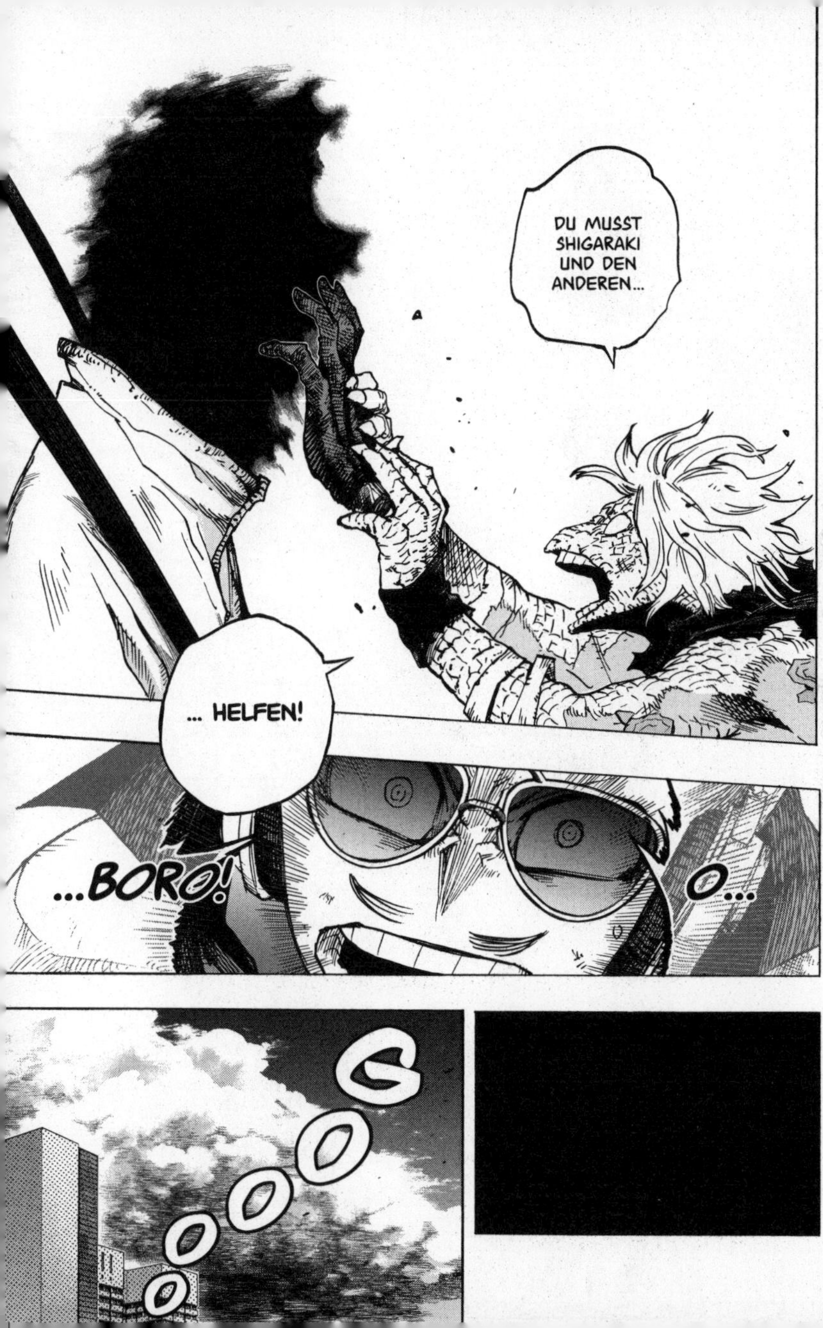
DU MUSST SHIGARAKI UND DEN ANDEREN...
... HELFEN!
O...
...BORO!
GOOOOOO

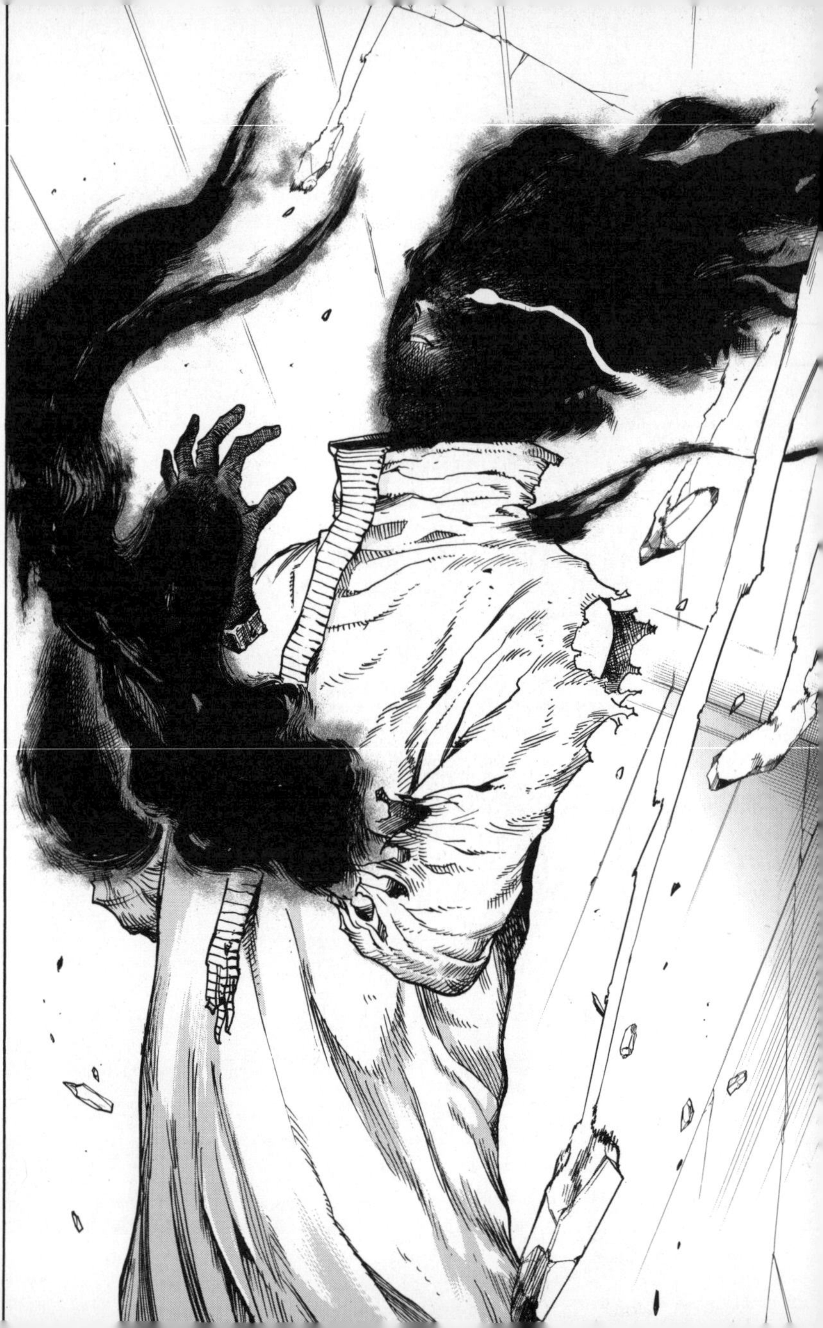

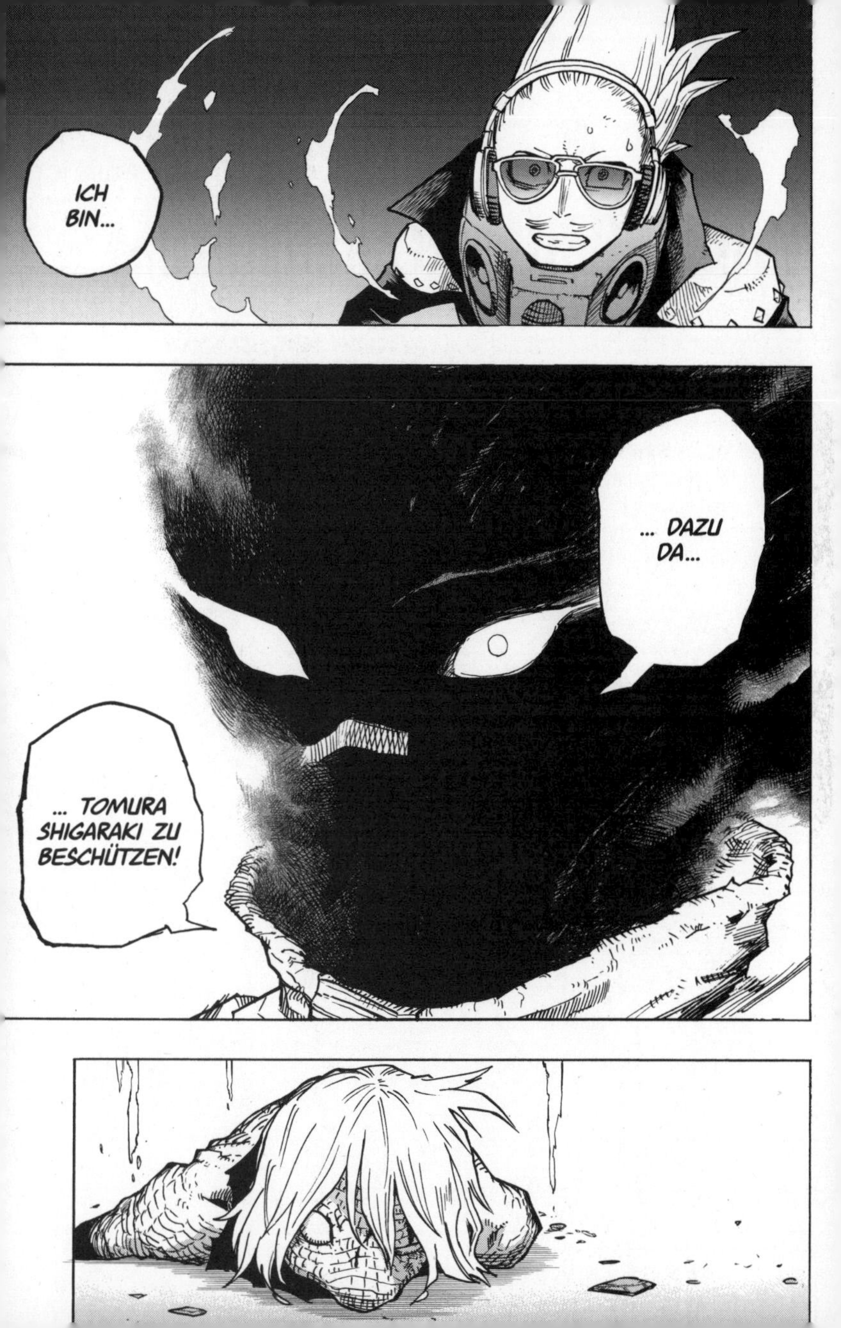
ICH BIN...
... DAZU DA...
... TOMURA SHIGARAKI ZU BESCHÜTZEN!

THE POPULARITÄTSVOTUM

Der für beide Lager brutale, traurige Kampf geht noch weiter, aber da die Ergebnisse des achten Popularitätsvotums vorliegen, möchte ich das an dieser Stelle ankündigen. Sie werden am Ende dieses Bandes veröffentlicht.
Ich bedanke mich von Herzen für die vielen Einsendungen und eure Unterstützung! Ich vermute, das wird das letzte Votum gewesen sein. Dieses Event einmal im Jahr hat mir wirklich viel Spaß gemacht! In diesem Sinne möchte ich mich auch noch einmal bedanken! Vielen Dank für euren Support!!

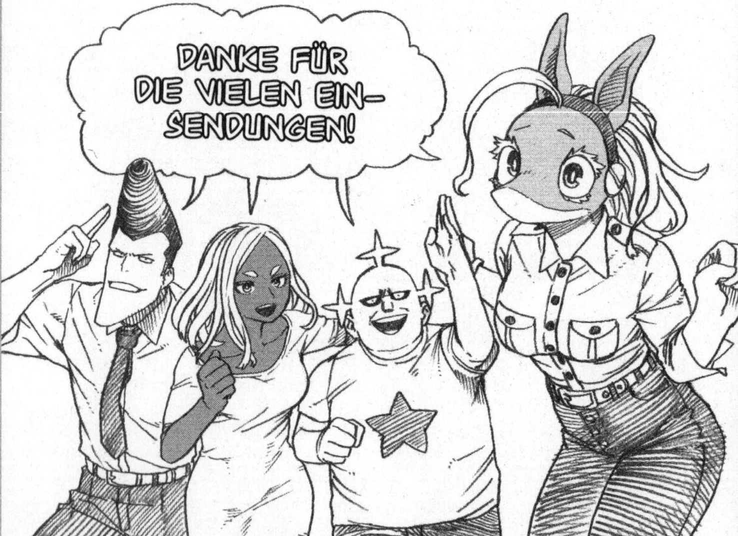

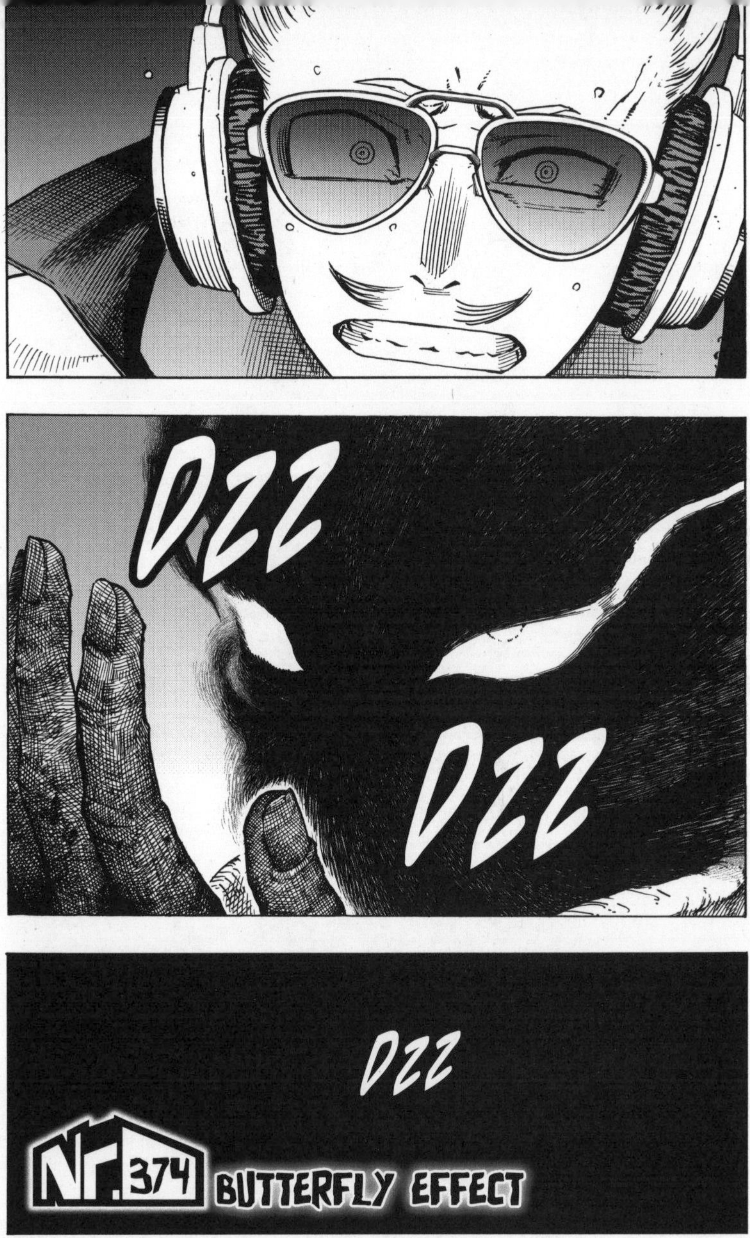
DZZ
DZZ
DZZ
Nr. 374 BUTTERFLY EFFECT

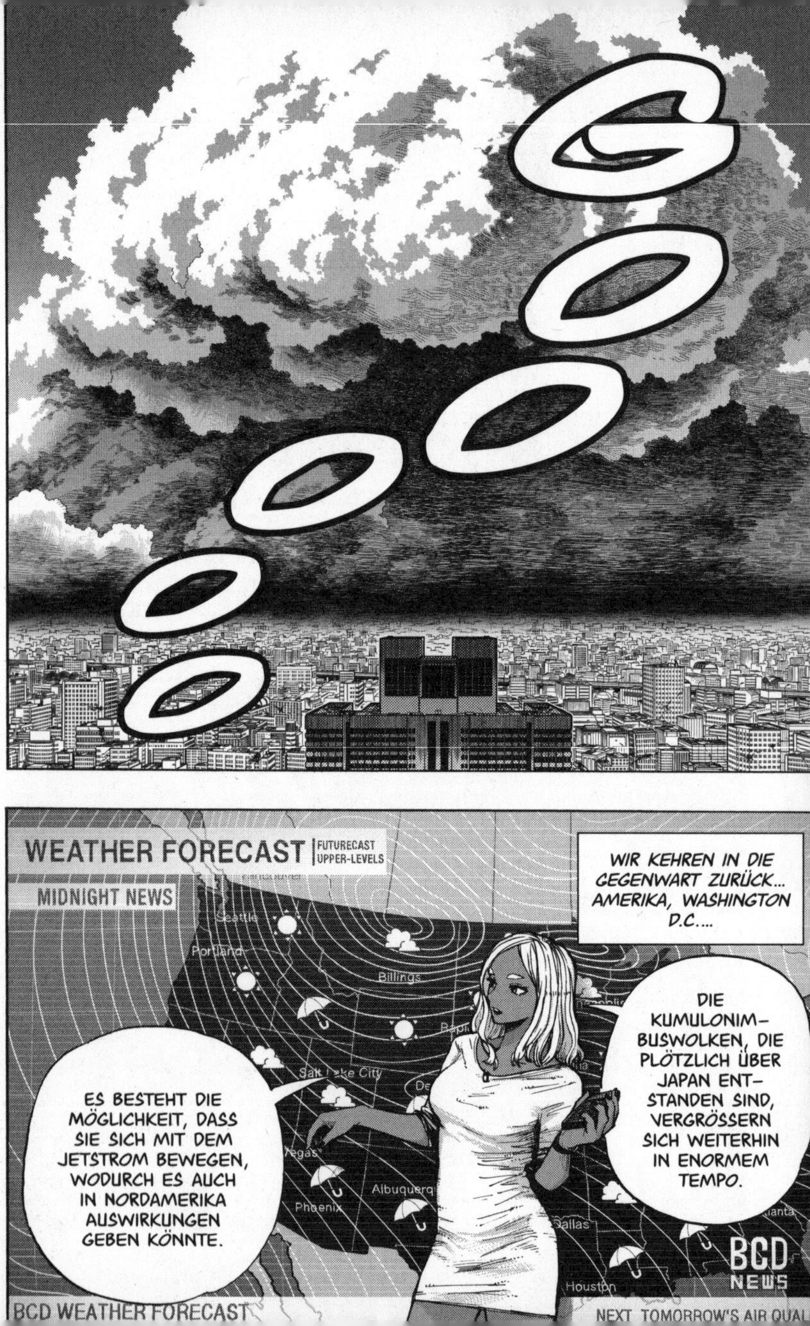
GOOOOO
WEATHER FORECAST
FUTURECAST UPPER-LEVELS
MIDNIGHT NEWS
WIR KEHREN IN DIE GEGENWART ZURÜCK... AMERIKA, WASHINGTON D.C....
DIE KUMULONIM-BUSWOLKEN, DIE PLÖTZLICH ÜBER JAPAN ENT-STANDEN SIND, VERGRÖSSERN SICH WEITERHIN IN ENORMEM TEMPO.
ES BESTEHT DIE MÖGLICHKEIT, DASS SIE SICH MIT DEM JETSTROM BEWEGEN, WODURCH ES AUCH IN NORDAMERIKA AUSWIRKUNGEN GEBEN KÖNNTE.
Seattle
Portland
Billings
Phoenix
Dallas
Houston
BCD NEWS
BCD WEATHER FORECAST
NEXT TOMORROW'S AIR QUAL

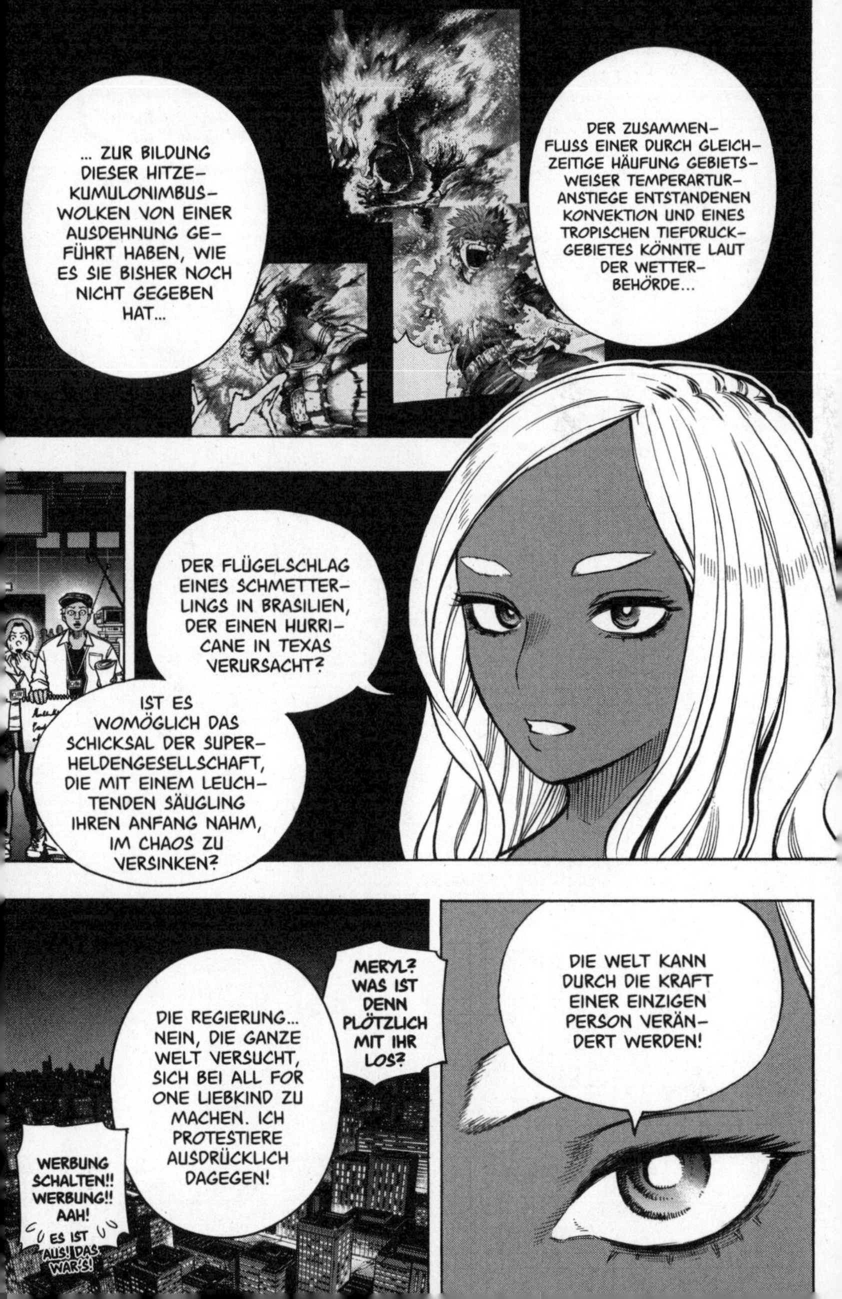
DER ZUSAMMEN-FLUSS EINER DURCH GLEICH-ZEITIGE HÄUFUNG GEBIETS-WEISER TEMPERARTUR-ANSTIEGE ENTSTANDENEN KONVEKTION UND EINES TROPISCHEN TIEFDRUCK-GEBIETES KÖNNTE LAUT DER WETTER-BEHÖRDE...
... ZUR BILDUNG DIESER HITZE-KUMULONIMBUS-WOLKEN VON EINER AUSDEHNUNG GE-FÜHRT HABEN, WIE ES SIE BISHER NOCH NICHT GEGEBEN HAT...
DER FLÜGELSCHLAG EINES SCHMETTER-LINGS IN BRASILIEN, DER EINEN HURRI-CANE IN TEXAS VERURSACHT?
IST ES WOMÖGLICH DAS SCHICKSAL DER SUPER-HELDENGESELLSCHAFT, DIE MIT EINEM LEUCH-TENDEN SÄUGLING IHREN ANFANG NAHM, IM CHAOS ZU VERSINKEN?
DIE WELT KANN DURCH DIE KRAFT EINER EINZIGEN PERSON VERÄN-DERT WERDEN!
MERYL? WAS IST DENN PLÖTZLICH MIT IHR LOS?
DIE REGIERUNG... NEIN, DIE GANZE WELT VERSUCHT, SICH BEI ALL FOR ONE LIEBKIND ZU MACHEN. ICH PROTESTIERE AUSDRÜCKLICH DAGEGEN!
WERBUNG SCHALTEN!! WERBUNG!! AAH!
ES IST AUS! DAS WAR'S!

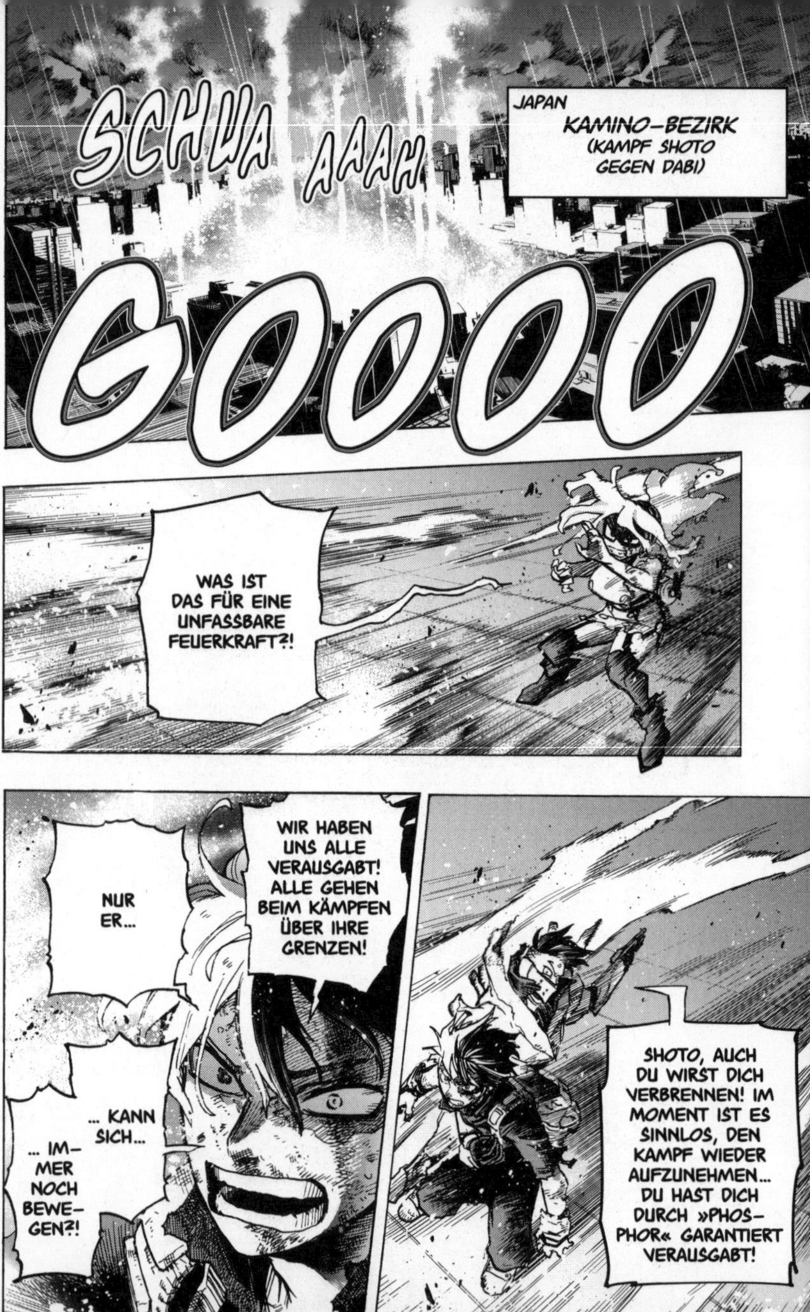
JAPAN
KAMINO-BEZIRK
(KAMPF SHOTO GEGEN DABI)
SCHUA
AAAH
GOOOO
WAS IST DAS FÜR EINE UNFASSBARE FEUERKRAFT?!
SHOTO, AUCH DU WIRST DICH VERBRENNEN! IM MOMENT IST ES SINNLOS, DEN KAMPF WIEDER AUFZUNEHMEN... DU HAST DICH DURCH »PHOSPHOR« GARANTIERT VERAUSGABT!
WIR HABEN UNS ALLE VERAUSGABT! ALLE GEHEN BEIM KÄMPFEN ÜBER IHRE GRENZEN!
NUR ER...
... KANN SICH...
... IMMER NOCH BEWEGEN?!

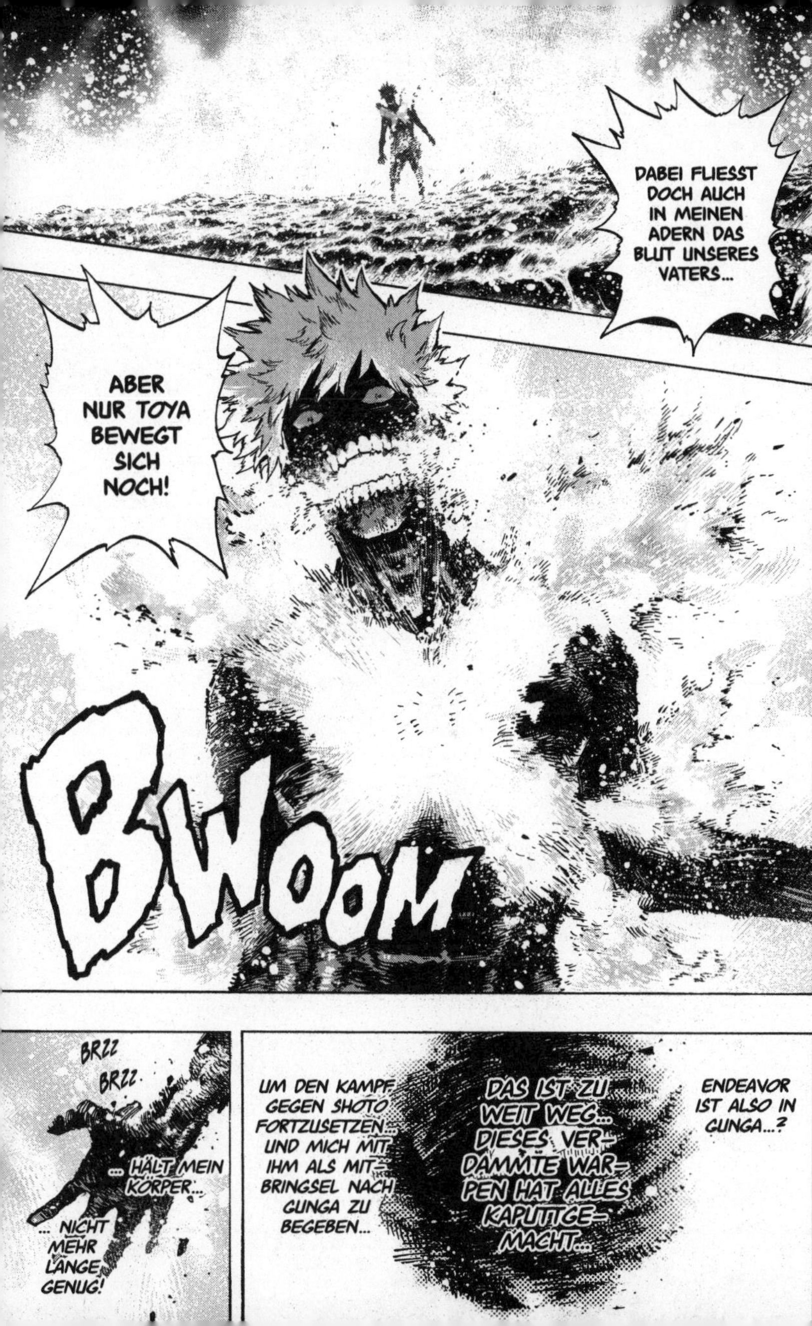
DABEI FLIESST DOCH AUCH IN MEINEN ADERN DAS BLUT UNSERES VATERS...
ABER NUR TOYA BEWEGT SICH NOCH!
BWOOM
BRZZ
BRZZ
... HÄLT MEIN KÖRPER...
... NICHT MEHR LANGE GENUG!
ENDEAVOR IST ALSO IN GUNGA...?
DAS IST ZU WEIT WEG... DIESES VER-DAMMTE WAR-PEN HAT ALLES KAPUTTGE-MACHT...
UM DEN KAMPF GEGEN SHOTO FORTZUSETZEN... UND MICH MIT IHM ALS MIT-BRINGSEL NACH GUNGA ZU BEGEBEN...

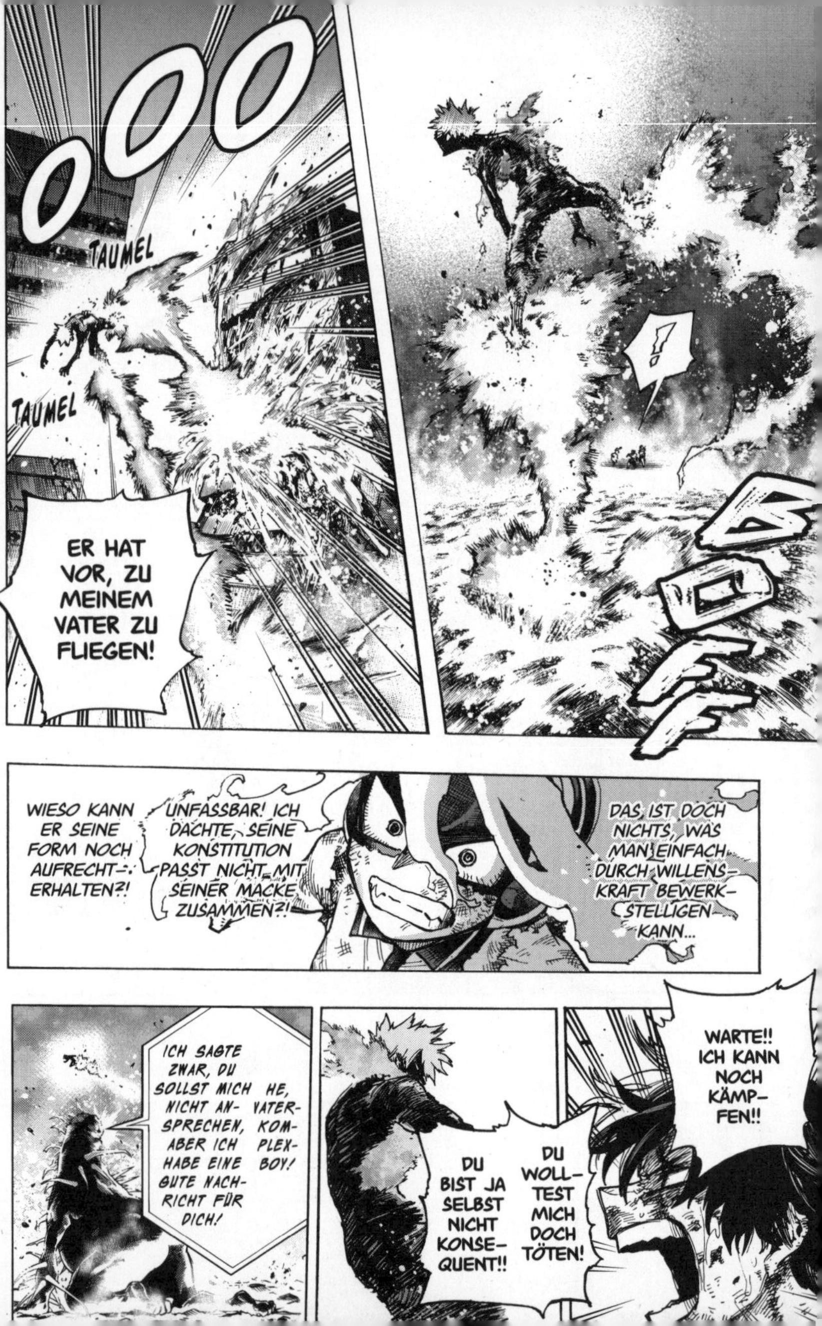

!?
BOFF
OOOO
TAUMEL
TAUMEL
ER HAT VOR, ZU MEINEM VATER ZU FLIEGEN!
DAS IST DOCH NICHTS, WAS MAN EINFACH DURCH WILLENSKRAFT BEWERKSTELLIGEN KANN...
UNFASSBAR! ICH DACHTE, SEINE KONSTITUTION PASST NICHT MIT SEINER MACKE ZUSAMMEN?!
WIESO KANN ER SEINE FORM NOCH AUFRECHTERHALTEN?!
WARTE!! ICH KANN NOCH KÄMPFEN!!
DU WOLLTEST MICH DOCH TÖTEN!
DU BIST JA SELBST NICHT KONSEQUENT!!
HE, VATERKOMPLEXBOY!
ICH SAGTE ZWAR, DU SOLLST MICH NICHT ANSPRECHEN, ABER ICH HABE EINE GUTE NACHRICHT FÜR DICH!

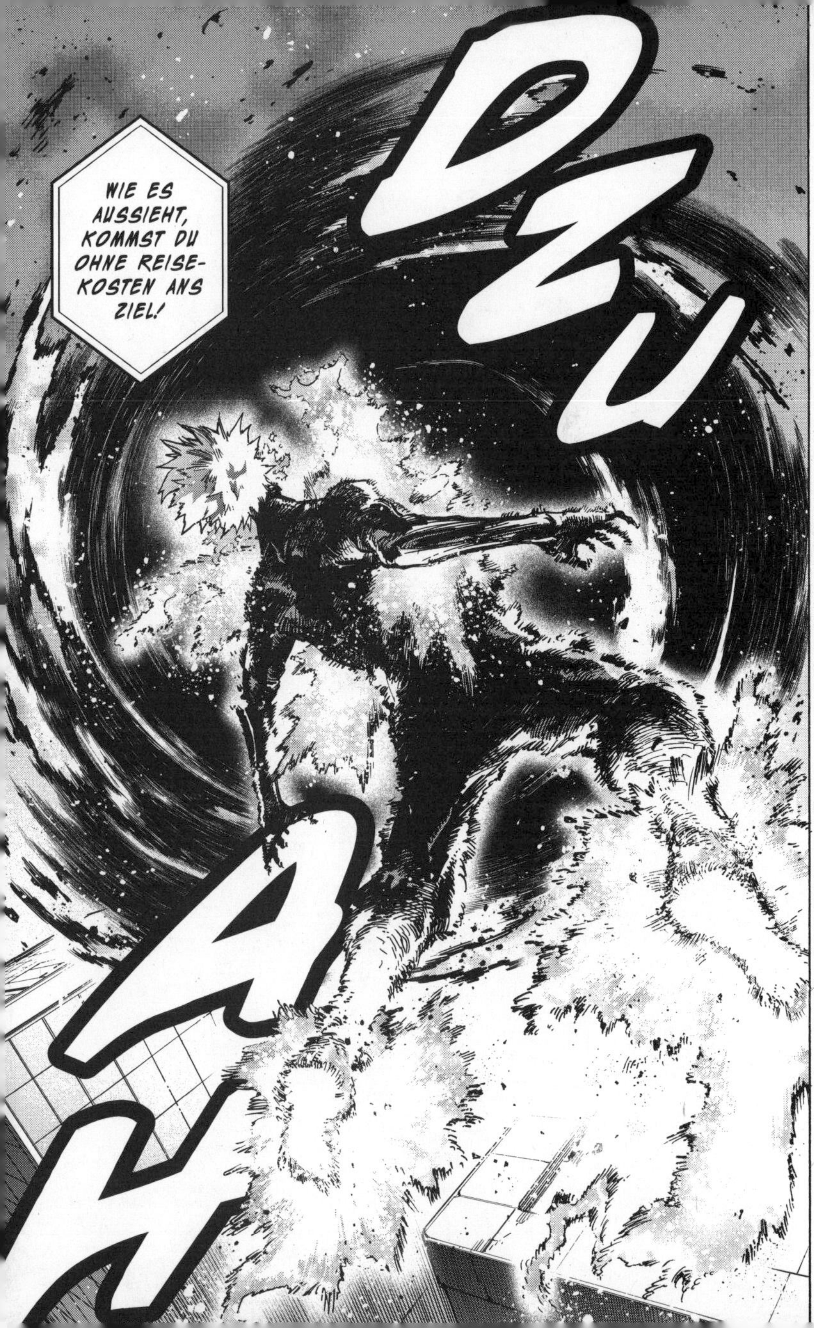
WIE ES AUSSIEHT, KOMMST DU OHNE REISE-KOSTEN ANS ZIEL!

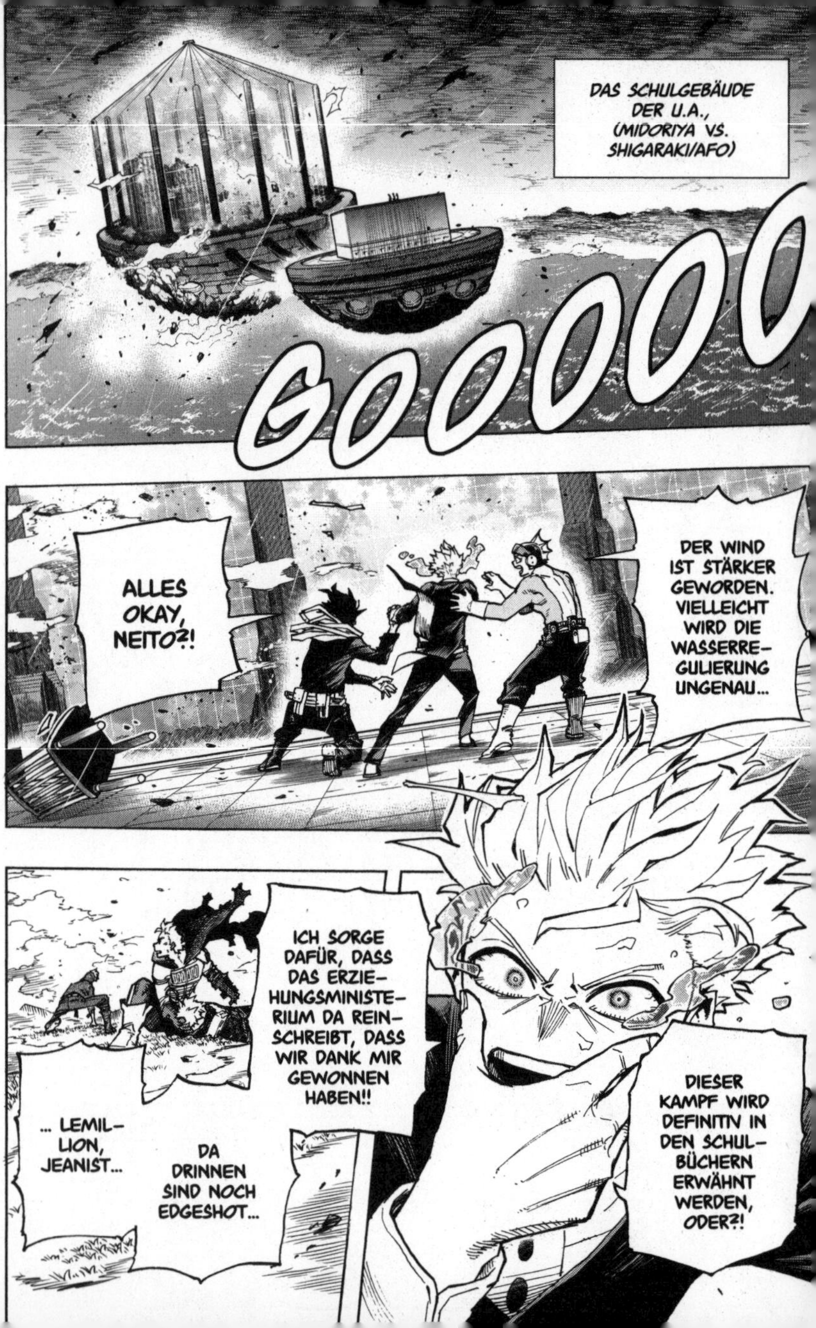
DAS SCHULGEBÄUDE DER U.A., (MIDORIYA VS. SHIGARAKI/AFO)
GOOOOOO
DER WIND IST STÄRKER GEWORDEN. VIELLEICHT WIRD DIE WASSERREGULIERUNG UNGENAU...
ALLES OKAY, NEITO?!
DIESER KAMPF WIRD DEFINITIV IN DEN SCHULBÜCHERN ERWÄHNT WERDEN, ODER?!
ICH SORGE DAFÜR, DASS DAS ERZIEHUNGSMINISTERIUM DA REINSCHREIBT, DASS WIR DANK MIR GEWONNEN HABEN!!
DA DRINNEN SIND NOCH EDGESHOT...
... LEMILLION, JEANIST...

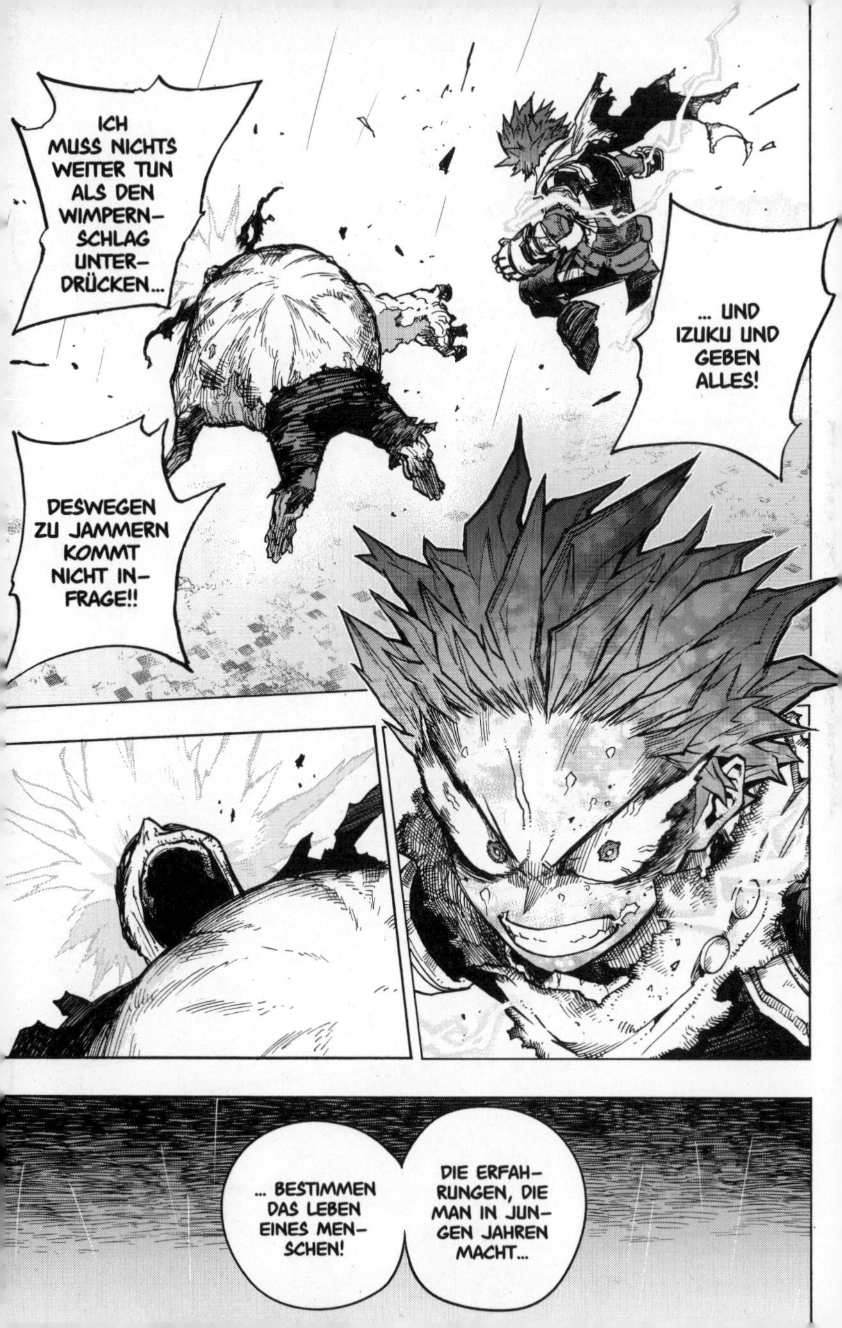
... UND IZUKU UND GEBEN ALLES!
ICH MUSS NICHTS WEITER TUN ALS DEN WIMPERN-SCHLAG UNTER-DRÜCKEN...
DESWEGEN ZU JAMMERN KOMMT NICHT IN-FRAGE!!
DIE ERFAH-RUNGEN, DIE MAN IN JUN-GEN JAHREN MACHT...
... BESTIMMEN DAS LEBEN EINES MEN-SCHEN!

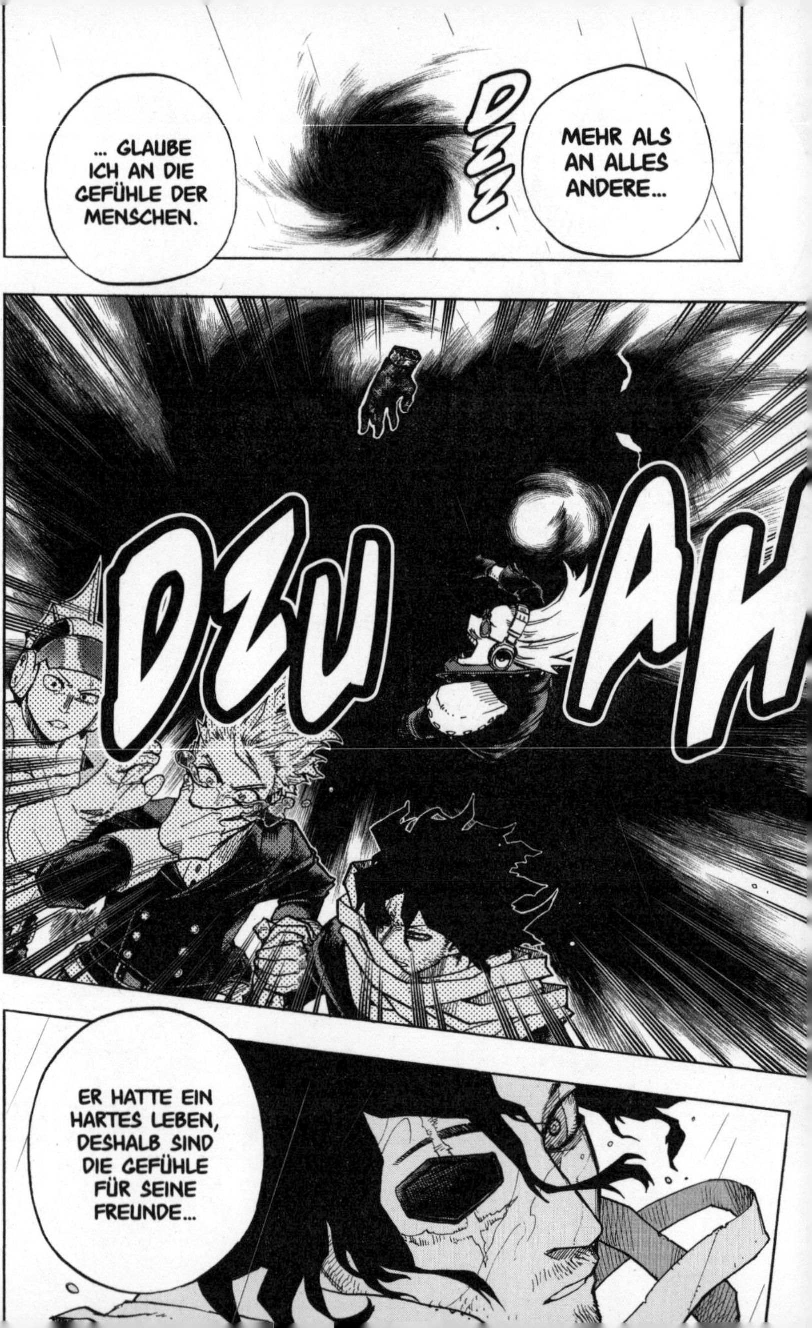

MEHR ALS AN ALLES ANDERE...
DZZZ
... GLAUBE ICH AN DIE GEFÜHLE DER MENSCHEN.
DZU ÀAH
ER HATTE EIN HARTES LEBEN, DESHALB SIND DIE GEFÜHLE FÜR SEINE FREUNDE...

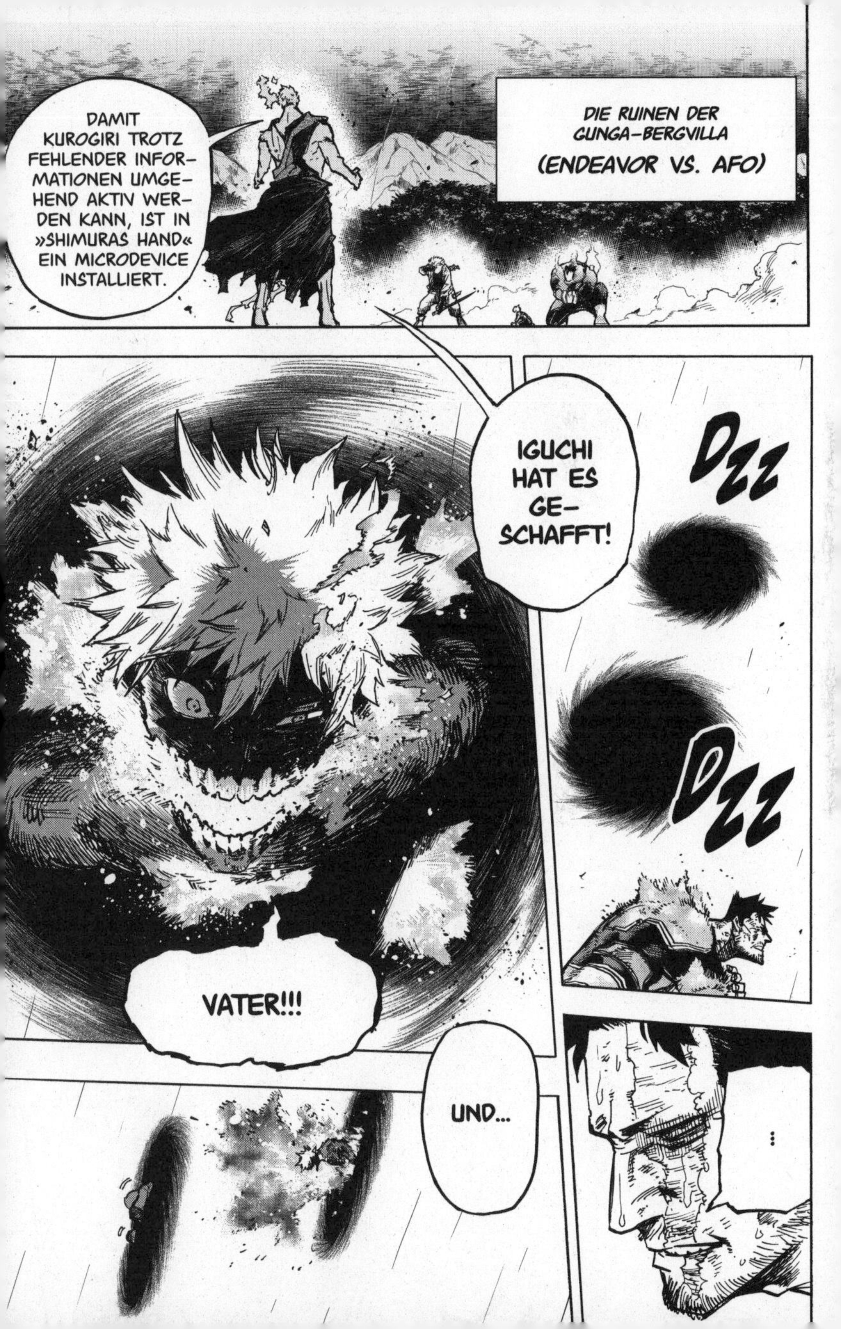
DIE RUINEN DER GUNGA-BERGVILLA
(ENDEAVOR VS. AFO)
DAMIT KUROGIRI TROTZ FEHLENDER INFORMATIONEN UMGEHEND AKTIV WERDEN KANN, IST IN »SHIMURAS HAND« EIN MICRODEVICE INSTALLIERT.
IGUCHI HAT ES GESCHAFFT!
DZZ
DZZ
VATER!!!
UND...
...

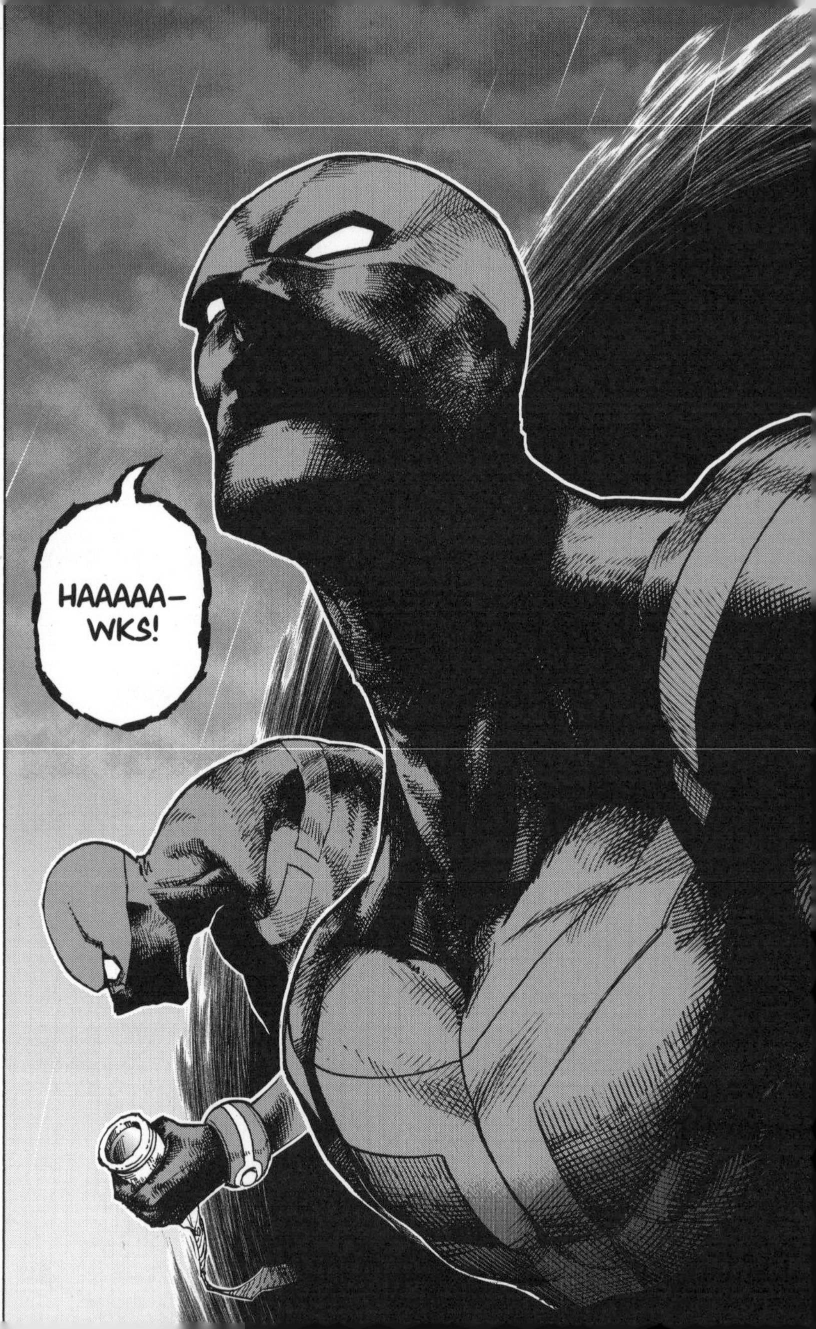
HAAAAA-
WKS!

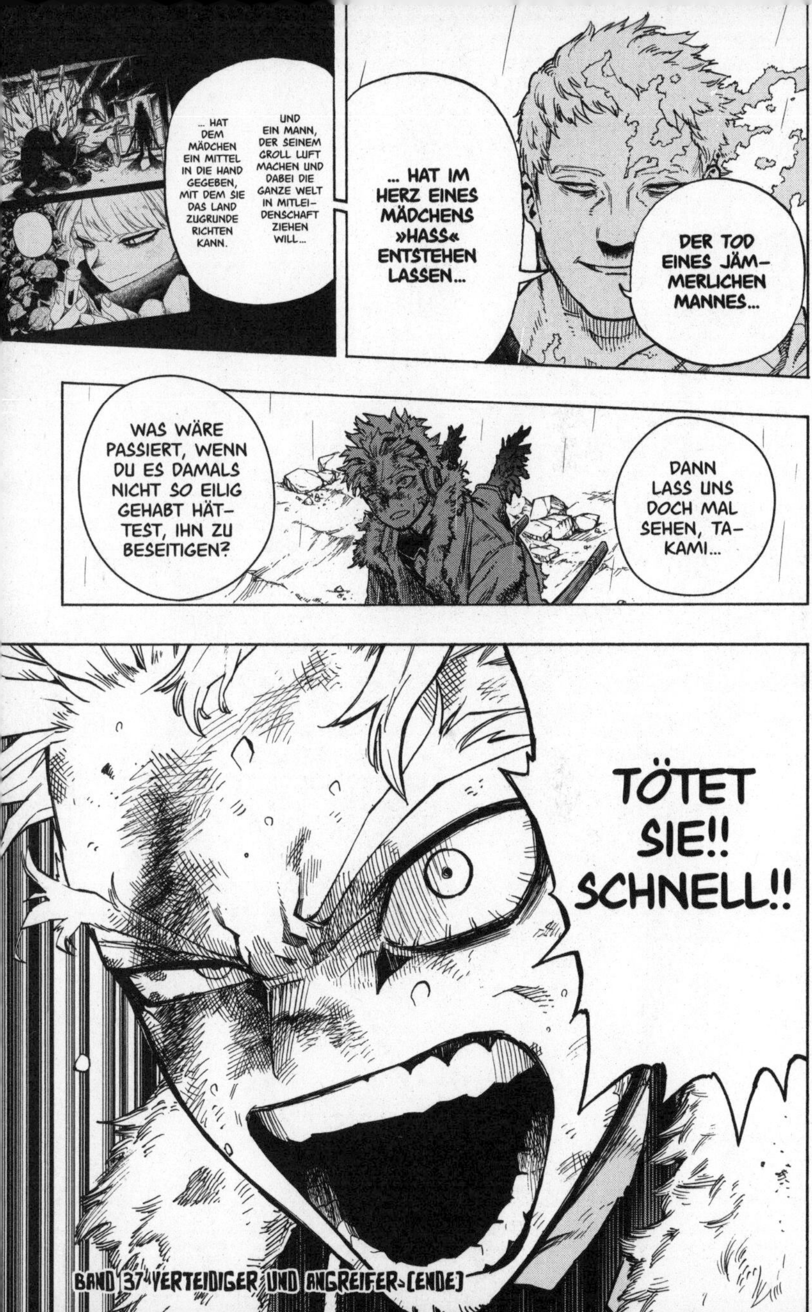

BAND 37 VERTEIDIGER UND ANGREIFER (ENDE)

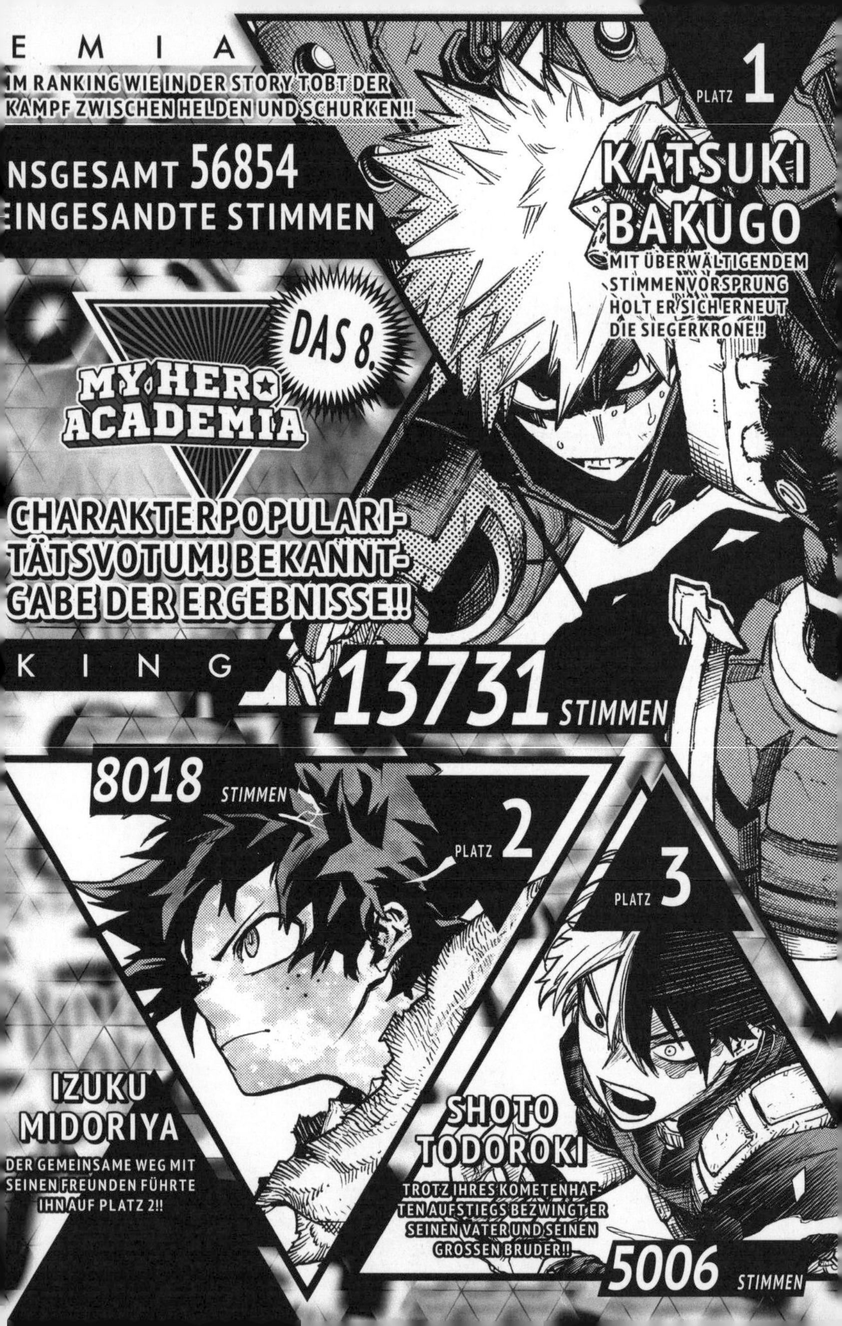

EMIA
IM RANKING WIE IN DER STORY TOBT DER KAMPF ZWISCHEN HELDEN UND SCHURKEN!!
NSGESAMT 56854 EINGESANDTE STIMMEN
DAS 8.
MY HERO ACADEMIA
CHARAKTERPOPULARITÄTSVOTUM! BEKANNTGABE DER ERGEBNISSE!!
KING
PLATZ 1
KATSUKI BAKUGO
MIT ÜBERWÄLTIGENDEM STIMMENVORSPRUNG HOLT ER SICH ERNEUT DIE SIEGERKRONE!!
13731 STIMMEN
8018 STIMMEN
PLATZ 2
IZUKU MIDORIYA
DER GEMEINSAME WEG MIT SEINEN FREUNDEN FÜHRTE IHN AUF PLATZ 2!!
PLATZ 3
SHOTO TODOROKI
TROTZ IHRES KOMETENHAFTEN AUFSTIEGS BEZWINGT ER SEINEN VATER UND SEINEN GROSSEN BRUDER!!
5006 STIMMEN

M Y H E R O A C A D

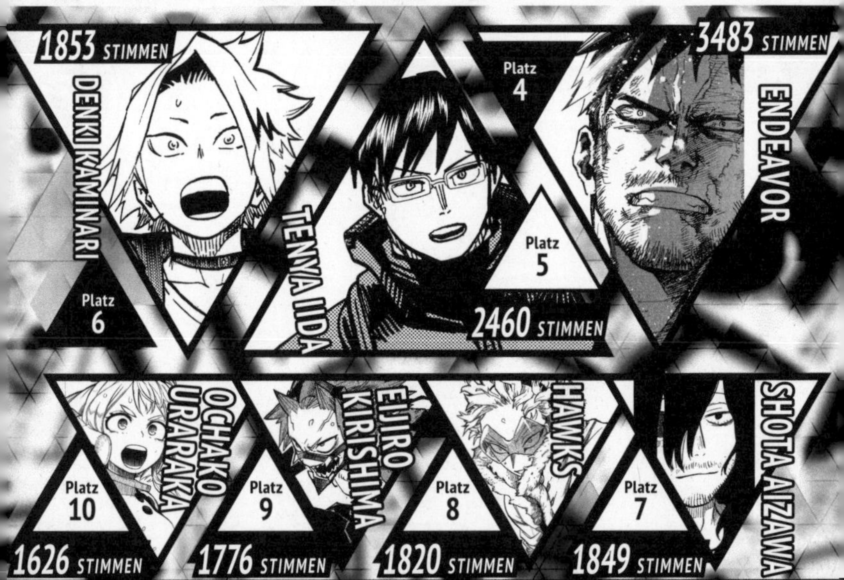

C H A R A C T E R R A N

Platz 11	1045 Stimmen	Dabi
Platz 12	981 Stimmen	Tomura Shigaraki
Platz 13	912 Stimmen	Mirio Togata
Platz 14	862 Stimmen	Hanta Sero
Platz 15	746 Stimmen	Rody Soul
Platz 16	721 Stimmen	Tamaki Amajiki
Platz 17	701 Stimmen	Present Mic
Platz 18	687 Stimmen	Hitoshi Shinso
Platz 19	683 Stimmen	Kyoka Jiro
Platz 20	597 Stimmen	All Might
Platz 21	587 Stimmen	Himiko Toga
Platz 22	530 Stimmen	Neito Monoma
Platz 23	523 Stimmen	Momo Yaoyorozu
Platz 24	420 Stimmen	Nejire Hado
Platz 25	350 Stimmen	Mirko
Platz 26	321 Stimmen	Fumikage Tokoyami
Platz 27	295 Stimmen	Yo Shindo
Platz 28	273 Stimmen	Ishikikondacchan
Platz 29	261 Stimmen	Tsuyu Asui
Platz 30	260 Stimmen	Best Jeanist
Platz 31	205 Stimmen	Mustard
Platz 32	203 Stimmen	Shin Nemoto
Platz 33	179 Stimmen	Mina Ashido
Platz 34	173 Stimmen	Overhaul
Platz 35	167 Stimmen	Sir Nighteye
Platz 36	138 Stimmen	Twice
Platz 37	132 Stimmen	Mezo Shoji
Platz 38	118 Stimmen	Seiji Shishikura
Platz 39	109 Stimmen	All For One
Platz 40	98 Stimmen	Mashirao Ojiro
Platz 41	91 Stimmen	Yuga Aoyama
Platz 42	85 Stimmen	Fat Gum
Platz 43	78 Stimmen	Toru Hagakure
Platz 44	76 Stimmen	Setsuna Tokage
Platz 45	72 Stimmen	Mei Hatsume
Platz 46	69 Stimmen	Minoru Mineta
Platz 47	68 Stimmen	Lady Nagant
Platz 48	57 Stimmen	Edgeshot
Platz 49	55 Stimmen	Mr. Compress
Platz 50	53 Stimmen	Baku Dog
		Magne

Platz	Stimmen	Name
		Unreinheit des Todes
		Nr. 13
		Dekus Sommersprossen
Platz 107	5 Stimmen	(Die seltene All Might Karte, die Izuku und Katsuki gleichzeitig gezogen hatten)
		Der Mann aus Kapitel 1
		Cementos
		Dark Shadow
		Tomoyasu Chikazoku
Platz 112	4 Stimmen	Yosetsu Awase
		Camie Utsushimi
		Kamui Wood
		Hiroshi Tameda
		Burnin
		Katsuki Bakugos Krawatte
		Manga Fukidashi
		Mawata Fuwa
		Ms. Joke
		Kendo Rappa
		Ryukyu
Platz 123	3 Stimmen	Tensei Iida
		Katsukis Freund in Band 1 (Undercut)
		Saiko Interi
		Wolfram
		Claire Voyance
		Serpenters
		Salaam
		Nana Shimura
		Mezo Shojis Maske
		Dabis verbrannte Piercings
		Rei Todoroki
		Torotoroki
		Naigai Mibunkaroki
		Nine
		Muscular
		Hiryu Rin
Platz 139	2 Stimmen	Kota Izumi
		Sen Kaibara
		Gigantomachia
		Crust
		Shishido
		Hikage Shinomori
		Mika Jiro
		Snatch
		Deku Sheep
		Toya Todoroki (nicht Dabi)
Platz 199	2 Stimmen	Katsuki Bakugos Handprotektoren
		Mitsuki Bakugo
		Juzo Honenuki
		Majestic
		Mr Trugbild
		Moonfish
		Ragdoll
		Re-Destro

Platz	Stimmen	Name
Platz 52	52 Stimmen	Kohei Horikoshi
Platz 53	48 Stimmen	Star and Stripe
Platz 54	44 Stimmen	Eri
Platz 55	41 Stimmen	En
Platz 56	36 Stimmen	Flect Turn
Platz 57	34 Stimmen	Yoichi Shigaraki
		Oboro Shirakumo
Platz 59	32 Stimmen	Gang Orca
		Yui Kodai
Platz 61	28 Stimmen	Gentle Criminal
Platz 62	25 Stimmen	Taneo Tokuda
Platz 63	24 Stimmen	Yokumiru Mera
Platz 64	22 Stimmen	Stain
Platz 65	21 Stimmen	Toya Setsuno
Platz 66	19 Stimmen	Black Deku
Platz 67	17 Stimmen	Inasa Yoarashi
Platz 68	16 Stimmen	(Front zur Befreiung des Paranormalen CARMINE No.3, die machomäßige mutmaßliche Frau mit dem fiesen Gesichtsausdruck aus dem Aktions-Stoßtrupp)
Platz 69	15 Stimmen	Wash
		Itsuka Kendo
Platz 71	13 Stimmen	Tetsutetsu Tetsutetsu
		Rektor Nedzu
		Monni
Platz 74	12 Stimmen	Shoto Cat
Platz 75	11 Stimmen	Fuyumi Todoroki
		Koichi Haimawari
		Katsuki Bakugos Augenbrauen
		Higari Maijima
		Midnight
		La Brava
Platz 82	10 Stimmen	Shihai Kuroiro
		Naomasa Tsukauchi
		Mandalay
Platz 85	9 Stimmen	Normalo-Frau
		Kinoko Komori
		Spinner
		Mt. Lady
Platz 89	8 Stimmen	Chronostasis
		Koji Koda
		Rikido Sato
		Natsuo Todoroki
		Manual
		Inko Midoriya
		Hisashi Midoriya
		Melissa Shield
Platz 97	7 Stimmen	Gran Torino
		Ibara Shiozaki
		Nirengeki Shoda
Platz 100	6 Stimmen	Kido
		Giran
		Getan
		Der dritte OFA-Nachfolger
		Der Boss der Acht-Silas-Gesellschaft der

CHARACTER RANKING

Platz 157 1 Stimme

Native
Noumu
Kazuho Haneyama
Yuyu Haya
Daigoro Banjo
Pixie Bob
Schlammschurke
Yu Hojo
Shikkui Makabe
Mummy
Habuko Mangusu
Miyashita
Yoroi Musha
Lala Soul
Lunch Rush
Recovery Girl
(Der Sidekick im Ninja-Heldenkostüm in Ryukyus Heldenbüro)
Rock Lock
Und viele andere

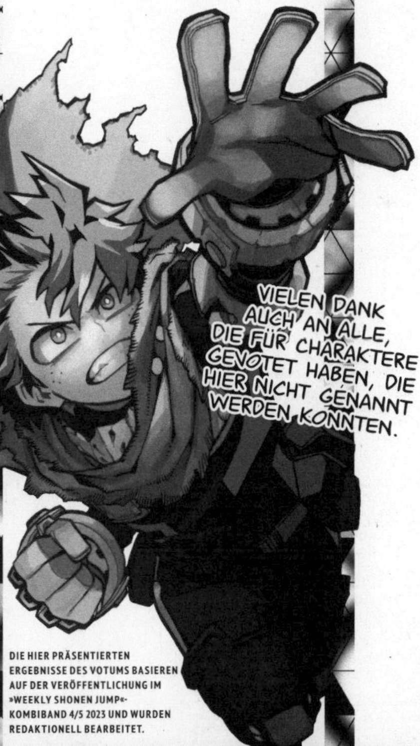

DIE HIER PRÄSENTIERTEN ERGEBNISSE DES VOTUMS BASIEREN AUF DER VERÖFFENTLICHUNG IM »WEEKLY SHONEN JUMP«-KOMBIBAND 4/5 2023 UND WURDEN REDAKTIONELL BEARBEITET.

Platz 157 1 Stimme

Ethan Drive
Das Mädchen aus der 1-C, das sich mit Shinso gut versteht (Mittelscheitel)
Innsmouth
Uwabami
Erichan-Kacchan
Ending
Onima
Kashiko Kashi
Rikiya Katsukame
Katsuki (als Sugarman)
Togaru Kamakiri
Der Mob-Chara mit der Giraffenmacke, der bei der Prüfung zum Erwerb der vorläufigen Heldenlizenz vorkam
Michimichiko Glubschauge
Kimera
Captain Celebrity
Curious
Kurogiri
Du, der diese Umfrage zusammenrechnet
Shota, der seine beste Kampfpositur gemeistert hat
Cider House
Katsuma Shimano
Das Mitglied der Acht Silas-Gesellschaft, das von Shigaraki getötet wurde
Der ausgesetzte Bakugo
Slice
Selkie
Sokiru
Soramitsu Tabe
Sansa Tamagawa
Die Person, die sagt »Ich hab ihn… Shin!«
Pony Tsunotori
Kosei Tsuburaba
Kenji Tsuragamae
Tiamat
David Shield
Der Junge mit den schwarzen Wuschelhaaren, mit dem Deku und Katsuki als Kinder befreundet waren
Itejiro Toteki
(Das Mädchen aus der Supporter-Fakultät, das konsterniert »Ihr macht eine Doku?!« sagt)
Shoto Todorokis Schneeleopard
Tomo
Knuckleduster

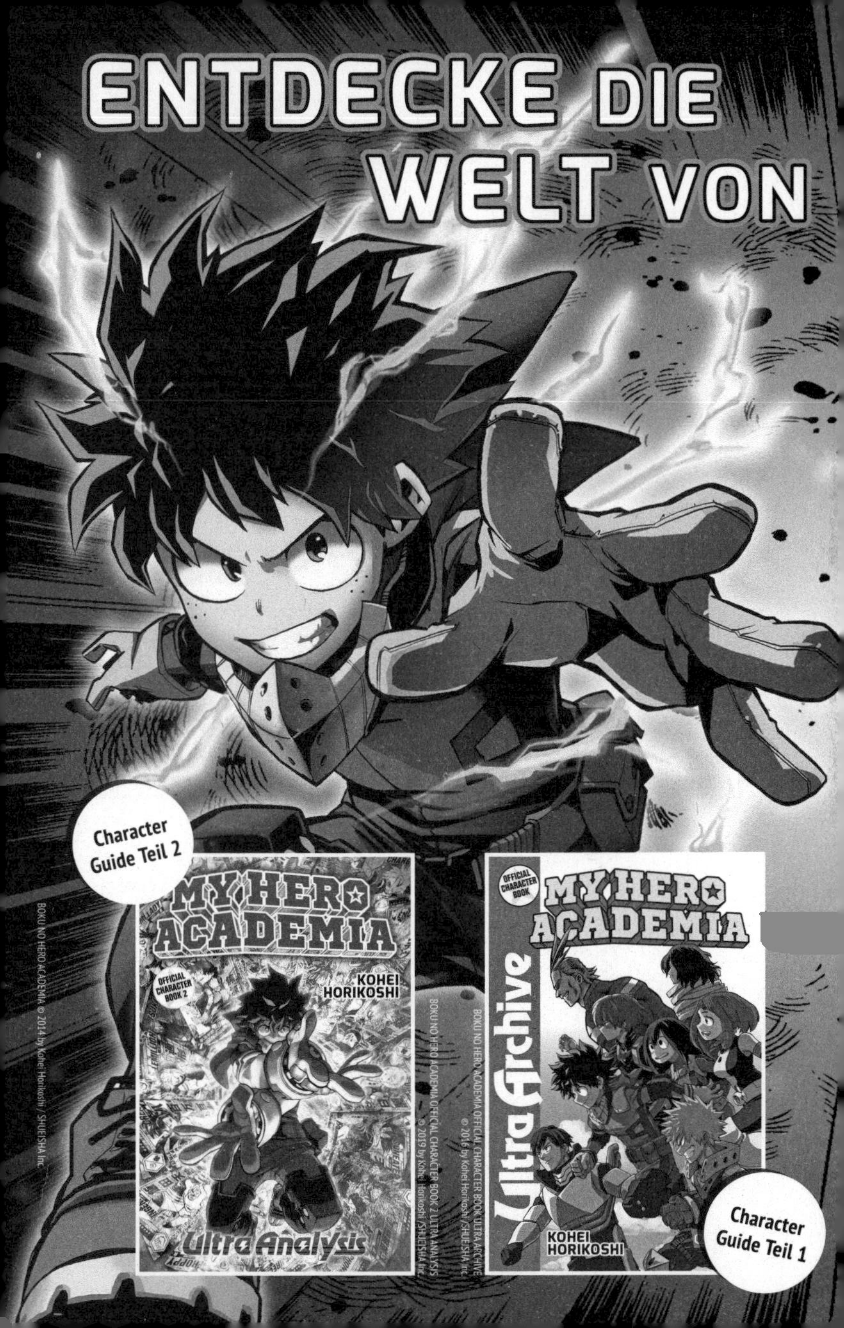
ENTDECKE DIE
WELT VON
Character Guide Teil 2
MY HERO ACADEMIA
OFFICIAL CHARACTER BOOK 2
KOHEI HORIKOSHI
Ultra Analysis
OFFICIAL CHARACTER BOOK
MY HERO ACADEMIA
Ultra Archive
KOHEI HORIKOSHI
Character Guide Teil 1
BOKU NO HERO ACADEMIA © 2014 by Kohei Horikoshi / SHUEISHA Inc.
BOKU NO HERO ACADEMIA OFFICIAL CHARACTER BOOK 2 ULTRA ANALYSIS © 2019 by Kohei Horikoshi /SHUEISHA Inc.
BOKU NO HERO ACADEMIA OFFICIAL CHARACTER BOOK ULTRA ARCHIVE © 2016 by Kohei Horikoshi /SHUEISHA Inc.

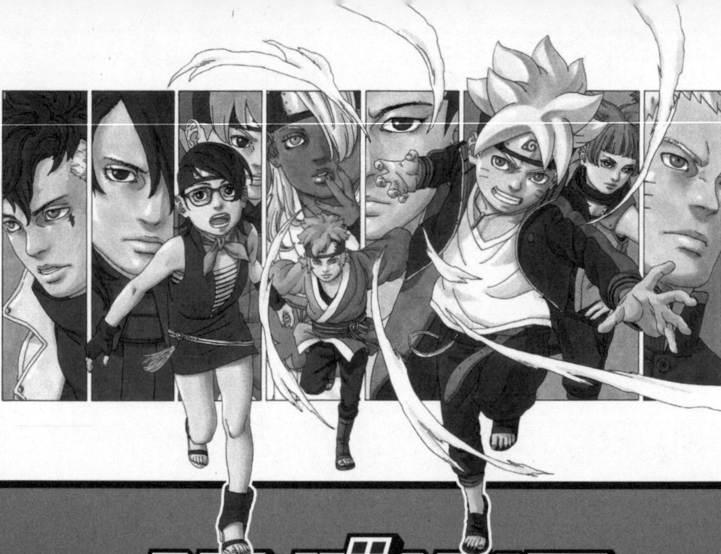

DIE NÄCHSTE NINJA-GENERATION!

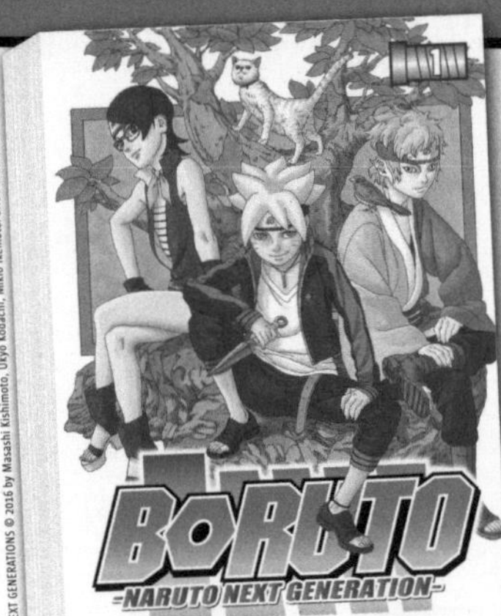

Naruto Uzumaki ist endlich Hokage und stolzer Vater von zwei Kindern. Sein Sohn Boruto gilt als Wunderkind und ist genauso rebellisch wie einst sein Vater. Boruto ist total genervt von seinem Vater, der nichts außer die Arbeit zu kennen scheint.
Er beschließt gegen die veraltete Denkweise der Ninja zu rebellieren und bittet Sasuke ihn zu trainieren, um ein besserer Ninja als Naruto zu werden ...

CARLSEN MANGA!

www.carlsenmanga.de

MASHLE
MAGIC AND MUSCLES

Story and Art by
HAJIME KOMOTO

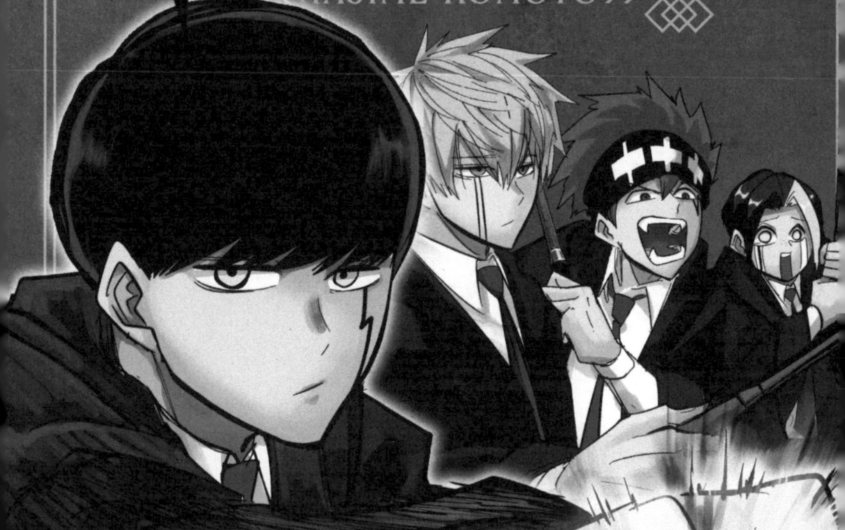

MAGIE IST GUT – MUSKELN SIND BESSER!

Im Reich der Magie wird der soziale Status durch die magischen Fähigkeiten bestimmt. Doch tief im Wald lebt Mash Burnedead, ein junger Mann, der seine gesamte Zeit damit verbringt, seinen Körper zu stählen. Er kann keine Magie benutzen, genießt jedoch ein friedliches Leben mit seinem Vater. Als das herauskommt, geraten beide in Gefahr. Die einzige Lösung: Mash wird in der Magieschule eingeschrieben, wo er die magische Konkurrenz schlagen muss! Wird sich Mash ohne einen Funken Magie und durch reine Muskelkraft einen Weg an die Spitze bahnen können?

CARLSEN MANGA! www.carlsenmanga.de carlsen_manga carlsenmanga

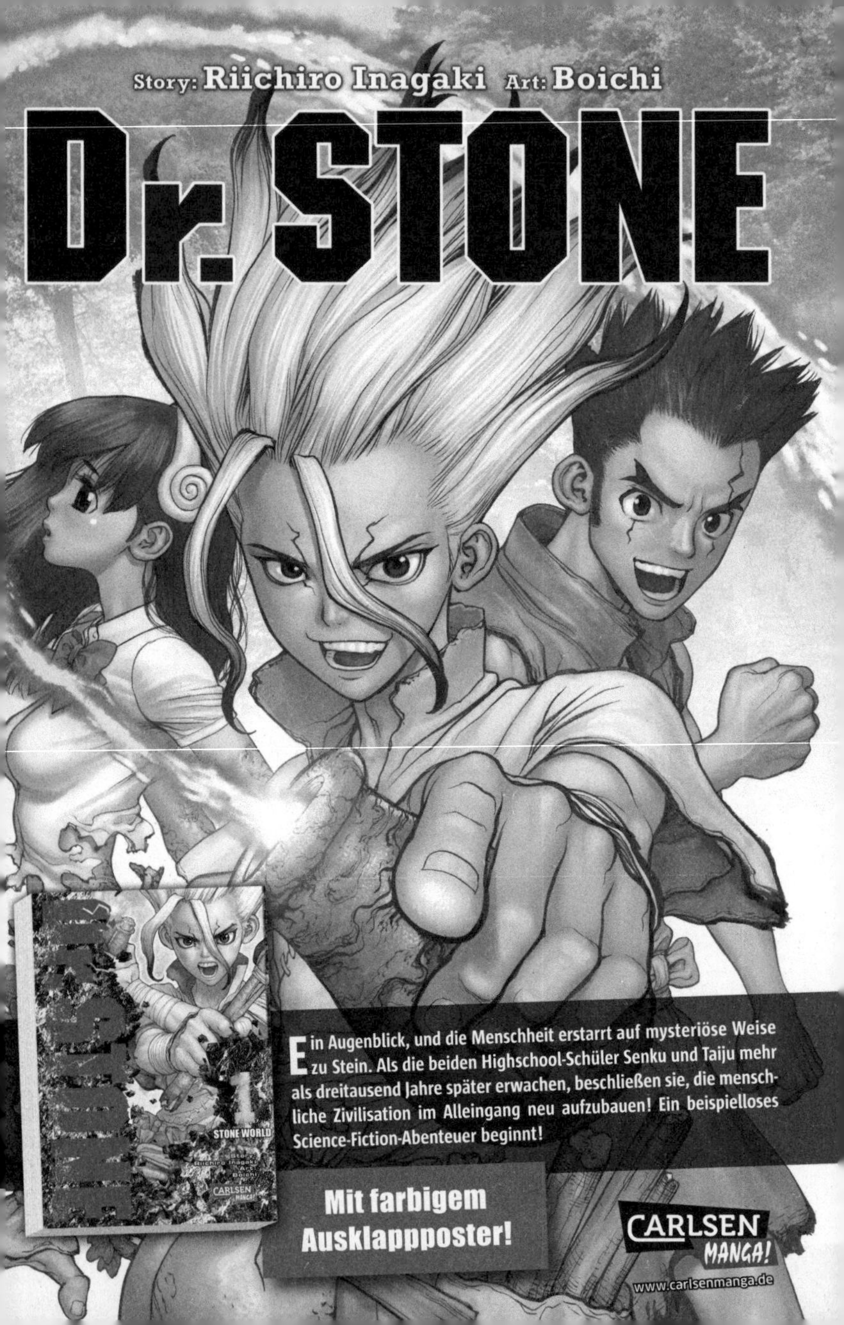
Story: Riichiro Inagaki Art: Boichi
Dr. STONE
STONE WORLD
Ein Augenblick, und die Menschheit erstarrt auf mysteriöse Weise zu Stein. Als die beiden Highschool-Schüler Senku und Taiju mehr als dreitausend Jahre später erwachen, beschließen sie, die menschliche Zivilisation im Alleingang neu aufzubauen! Ein beispielloses Science-Fiction-Abenteuer beginnt!
Mit farbigem Ausklappposter!
CARLSEN MANGA!
www.carlsenmanga.de

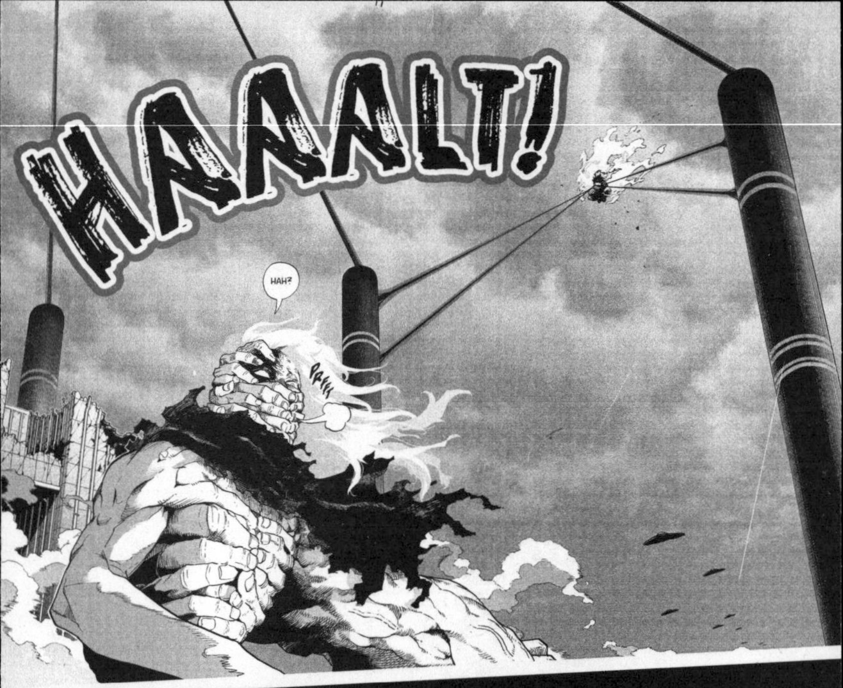

MY HERO ACADEMIA

ist eine japanische Serie, die originalgetreu von »hinten« nach »vorne« und von rechts nach links gelesen wird! Schlagt das Taschenbuch also »hinten« auf und blättert Seite für Seite nach »vorne« weiter! Auch die Bilder und Sprechblasen auf jeder Seite werden von rechts oben nach links unten gelesen, wie es in der Grafik gezeigt wird! Ihr seid alle Helden!

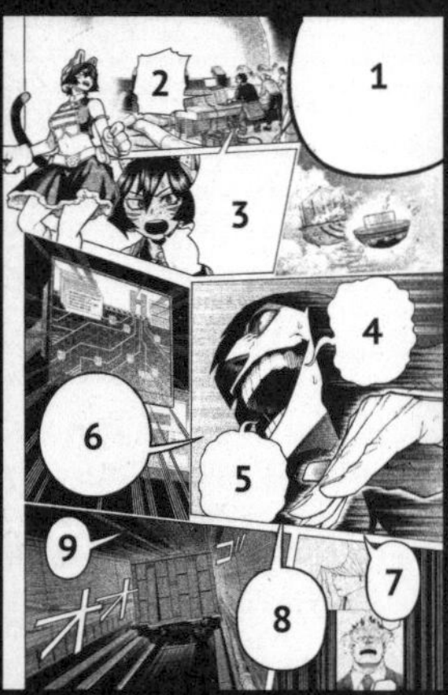

Wir produzieren nachhaltig

- Klimaneutrales Produkt
- Papiere aus nachhaltigen und kontrollierten Quellen
- Hergestellt in Europa